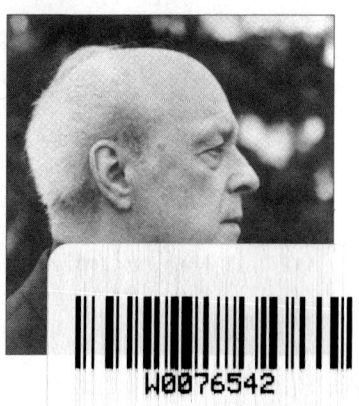

A. E. Johann hat als Auslandskorrespondent und freier Schriftsteller in fünfzig Jahren viele Länder der Erde bereist. Als
Chronist erlebte er vor Ort mit, was sich in der Welt verändert.
Geboren als Ernst Johann Wollschläger am 3. 1. 1901 in
Bromberg (heute Polen) war Johann Ende des Ersten Weltkrieges Kriegsfreiwilliger. Später studierte er als Werkstu-
dent in Berlin Theologie, Geografie und Soziologie. Anschlie-
ßend absolvierte er eine Banklehre und wurde Buch- und
Wirtschaftsprüfer. Relativ unvermittelt gab er seinen Beruf
auf und wanderte als Landarbeiter nach Kanada aus. Erste
Reiseberichte schickte er an die »Vossische Zeitung«, wurde
dann Sonderberichterstatter für den Ullstein-Verlag. Es folgten ausgedehnte Reisen nach Sibirien, Japan, China, Indone-
sien. Johann starb am 8. 10. 1996.
A. E. Johann ist Verfasser zahlreicher Romane, Erzählungen,
Sachbücher und Reiseschilderungen – ein hervorragender
Menschenkenner und Meister der anschaulichen Landschafts-
beschreibung. In »Das Glück des Reisens« zieht der bekannte
Romancier und Reiseschriftsteller die Summe seines Reise-
lebens.

A. E. Johann

Das Glück des Reisens

Ein Leben unterwegs

SIERRA

Die Deutsche Bibliothek – CIP-Einheitsaufnahme
Ein Titeldatensatz für diese Publikation ist bei
Der Deutschen Bibliothek erhältlich.

REISEN · MENSCHEN · ABENTEUER

Taschenbuchausgabe, 1. Auflage 2001
SIERRA bei Frederking & Thaler Verlag, München
in der Verlagsgruppe Random House GmbH
© 1982 Albert Langen, Georg Müller Verlag GmbH, München, Wien
Alle Rechte vorbehalten
Titelfoto: Agentur Gettyone Stone, John Callahan
Umschlaggestaltung: Atelier Seidel, Altötting
Produktion: Sebastian Strohmaier, München
Satz: Uhl + Massopust, Aalen
Druck und Bindung: Presse-Druck Augsburg
Papier: Das Papier wurde aus chlorfrei gebleichtem Zellstoff hergestellt
ISBN 3-89405-116-7
Printed in Germany

www.frederking-und-thaler.de

Inhalt

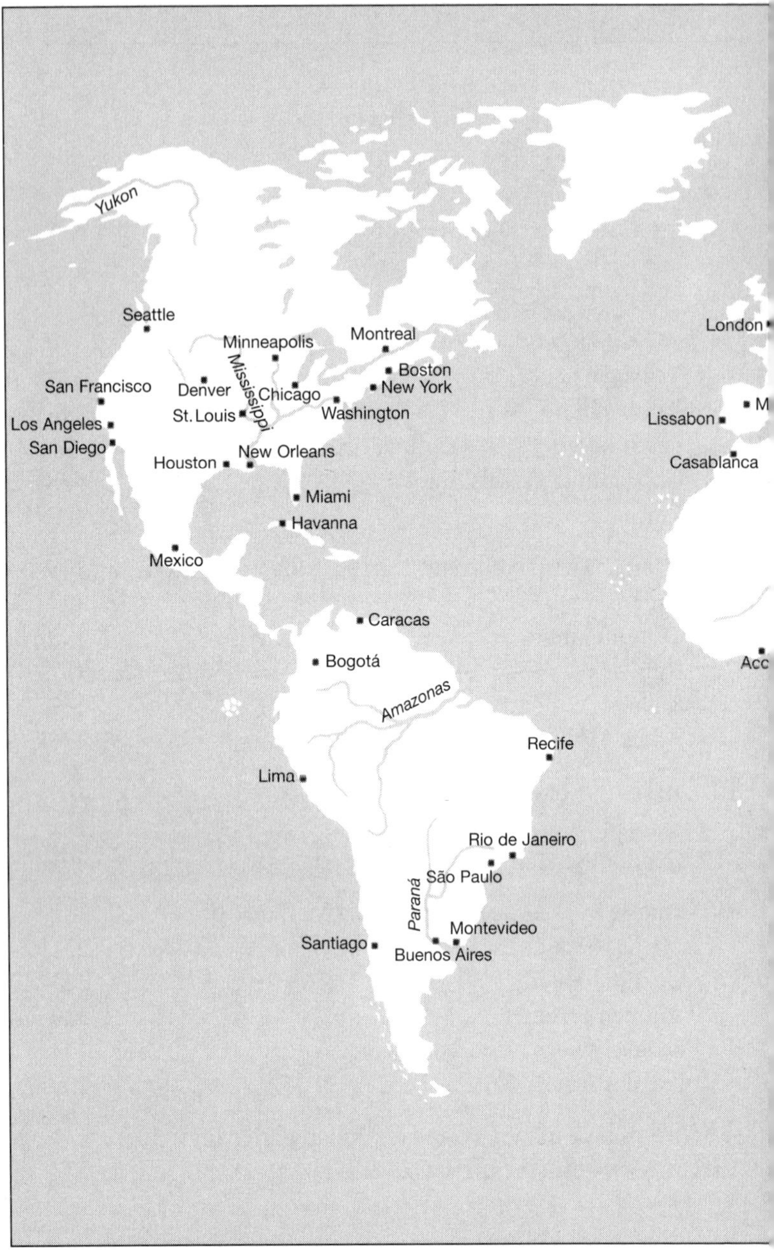
Yukon
Seattle
Minneapolis
Montreal
London
Mississippi
Boston
San Francisco
Denver
Chicago
New York
St. Louis
Washington
Los Angeles
San Diego
Lissabon
Houston
New Orleans
Casablanca
Miami
Havanna
Mexico
Caracas
Bogotá
Amazonas
Recife
Lima
Rio de Janeiro
São Paulo
Paraná
Montevideo
Santiago
Buenos Aires

I

Die Wunder,
die man nicht erwartet

Tsuruga

Es gibt Leute, die haben kein Sitzfleisch. Es gibt wahrscheinlich viel mehr Leute dieser Art, als man glauben möchte. Den meisten aber ist es nicht vergönnt, der Unruhe in ihren Hintervierteln nachzugeben, obgleich sie nach wie vor tief innerlich überzeugt sind, dass der altbewährt brave Spruch »Bleibe zu Hause und nähre dich redlich« nicht auf sie gemünzt ist. Denn warum soll man sich nicht auch anderswo mehr oder weniger »redlich nähren« können, vielleicht sogar viel besser als zu Hause!

Sobald jedoch einmal die Fesseln fallen, die sie an die angestammte Heimat oder einen bestimmten Arbeitsplatz binden – sei es, dass ihnen das Schicksal zu Hilfe kommt oder sie sich mit

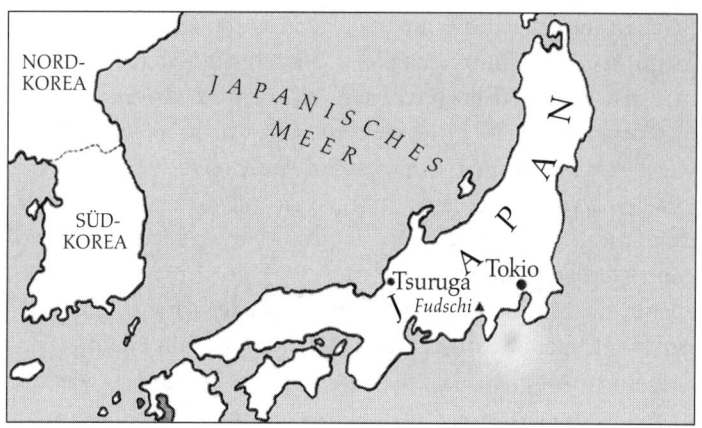

Gewalt befreien –, machen sie sich auf mit einer anderen ebenfalls altbewährten Wahrheit im Herzen: »Es gibt so manche Straße, die noch nimmer ich marschiert; und es gibt so manchen Wein, den noch nimmer ich probiert.«

Und, der liebe Himmel weiß es, das stimmt! Heut marschiert man allerdings nicht mehr oder nur noch selten, sondern fährt mit dem Auto oder fliegt mit dem Flugzeug, um die Anmarschwege abzukürzen. Damit gewinnt man Zeit, den jeweiligen Wein nachhaltiger zu probieren oder die noch nicht erlebte Straße zu erwandern, wo sie wirklich am schönsten und nicht nur unbegangen ist.

Allerdings ist sogleich anzumerken, dass nicht nur zum Kriegführen Geld gehört, sondern auch zum Reisen, wenn auch nicht ganz so viel wie zu Ersterem, und obendrein ist es noch viel besser angelegt. Denn wer wirklich die Augen und Ohren aufmacht, seine heimatlichen Vorurteile daheim in den Kasten gesperrt hat und bereit ist, sich wohlwollend zu wundern, der wird mit dem Gefühl zurückkehren, ungemein beschenkt zu sein; trotz geleerter Geldbörse ist er reicher als zuvor. –

Aber es sind nicht nur die fremden Weine und die fernen Straßen, die den dafür Empfänglichen aus der vertrauten Heimat fortlocken; es kommt noch etwas Weiteres hinzu, das schwerer in Worte zu fassen, noch schwerer zu erklären ist: Man will einfach unterwegs sein, nirgendwo zu Hause, nicht mehr und nicht wieder sesshaft – ohne genaues Ziel, sogar ohne Plan; sogar nur von dem Wunsch besessen, morgen woanders zu sein als heute, immer weit weg von dem Ort, an dem ich mich befinde, wobei es gar nicht darauf ankommt, ob der morgige Ort, dessen Namen ich noch gar nicht weiß, besser sein wird oder schöner oder erregender als mein heutiger. Nein, zu fahren, zu fahren, um woandershin zu kommen, das ist es, worauf es ankommt; auf die Lust nämlich, unterwegs zu sein, und morgen von neuem unterwegs!

Gewiss, man hat Pläne, hat Absichten und Aufgaben; aber wenn man ganz ehrlich sein will, so muss man bekennen, dass es sich dabei nur um Vorwände handelt; Vorwände, um die drängende Sehnsucht zu maskieren, abermals eine noch nie befahrene Straße unter den Rädern singen zu hören, dunklen Horizonten zuzurollen, hinter denen sich – vielleicht! – das Unwahrscheinliche verbirgt; den Glanz und die Schrecken einer neuen, ungeahnten Fremde bestehen und begreifen zu müssen – und sie dann hinter sich zu lassen. Denn die Parole heißt: Weiter, weiter, die Erde ist riesengroß – und sie ist rund! Auf einer Kugel aber gibt es keine Grenze und nie ein Ende. Man braucht nicht umzukehren, wenn man es nicht will. Heimat ist, wo ich meinen Hut an den Nagel hängen und mein Auto unterstellen kann. Heimat ist, unterwegs zu sein! –

Doch wenn ich fortfahre, mir dies gründlich zu überlegen, so meine ich, noch einen allergeheimsten Antrieb aufdecken zu können:

Wir werden getrieben von dem dunklen Verlangen, wenigstens einmal in unserem Leben, ach, wenigstens nur ein einziges Mal das ganz andere, das große Wunder, die berauschende Offenbarung zu erleben und nicht alle unsere Tage nach »des Dienstes ewig gleich gestellter Uhr« dahinschwinden zu sehen. Es soll sich irgendwann das Unerhörte, das Außerordentliche ereignen oder vor unseren beglückten Augen enthüllen. Unzählige Menschen leiden unter diesem Wunsch; manche wissen ihn klar und deutlich zu benennen; manche fühlen ihn nur unter der Schwelle des Bewusstseins wühlen und werden von Unrast und Unbehagen geplagt, weil sie nicht begreifen, was in und an ihnen nagt; sie haben ihren Alltag satt. Sicherlich kann sich das große, klärende – und verklärende – Wunder auch im allerengsten Kreise, im Allerprivatesten vollziehen, etwa im Erlebnis einer großen Liebe oder im Verhängnis einer großen Trauer oder

Enttäuschung. Oftmals aber offenbart es sich beim Anblick einer neuen Welt, einer leuchtenden Landschaft, einer fernen Küste, die man sich bis dahin nur vom gedruckten Wort her mühselig vorzustellen versucht hat und die sich dann plötzlich im hellen Licht des Tages als überzeugende Wirklichkeit enthüllt.

Ich meine sogar, dass dies der tiefste und im Geheimen stärkste Antrieb ist, der die Menschen des Westens – und die in der Mitte Europas eingezwängten Deutschen ganz besonders – antreibt, auf Reisen zu gehen, je weiter und ungewöhnlicher, desto besser! Einmal dazustehen und zu flüstern: Dies ist unbeschreiblich schön, ein Wunder wahrhaft! Oder auch: Dies ist unbeschreiblich großartig oder fremd und sonderbar; es macht mich erschauern, es weckt eine Urangst in mir, die mir die Fragwürdigkeit meines Daseins bewusst macht, wie es nie zuvor geschehen ist. Auch dies ist ein Wunder; vielleicht verwandelt es mein Leben.

Sind aber solche Überlegungen nicht viel zu feierlich und hochgestochen, als dass sie vor den grauen Umständen bestehen könnten, die sich einem aufmerksamen Beobachter allenthalben aufdrängen? Reisen nicht viele Leute nur deshalb, weil der Kollege im Amt oder in der Fabrik eben aus Gran Canaria zurückgekehrt ist, stolz darüber berichtet und den Zuhörern deutlich macht, dass sie nicht mehr mitreden können, wenn sie nicht schleunigst das nächste Reisebüro ansteuern und mindestens eine Fahrt nach Mallorca buchen?

Ganz gewiss, so spielt es sich in abertausend Fällen ab. Man lässt sich verfrachten, lässt sich mehr oder weniger gut beköstigen, lässt sich in der Sonne braten, gibt sein Geld aus und wird schließlich pünktlich – wenn nichts dazwischen kommt – wieder nach Hause spediert. Und wird dann dem Kollegen Krause mit seinem weidlich breit getretenen Gran Canaria endlich den

Mund stopfen. Gesehen und erlebt hat man ja in Wahrheit nicht viel, von Portugal, Spanien oder Italien begriffen noch viel weniger, weiß zwar, wie viel die Flasche Bier in Syrakus kostet und dass man am Mittelmeer oder gar am Bosporus höllisch auf seine Siebensachen aufpassen muss, wenn man nicht bestohlen werden will.

Aber auch diese Art von Allerwelts-Reiserei – ist nicht auch sie noch ein Gewinn? Würden sonst, wenn es anders wäre, Millionen von bürgerlichen und mehr noch kleinbürgerlichen Mitteleuropäern Jahr für Jahr ins Flugzeug steigen und »das Weite suchen«? Die Menschen sind äußerlich kaum verändert, wenn sie wiederkehren, um von neuem ihren Platz im Büro oder an der Maschine einzunehmen. Aber selbst, wenn sie schon nach kurzer Zeit die Namen der Orte, die sie unterwegs kennen lernten, durcheinander bringen und ihnen auch sonst mancherlei unklar blieb, sie sind doch ein wenig klüger wiedergekehrt, als sie ausfuhren. Sie haben erlebt, mit den eigenen Augen, Ohren und auch der Zunge, dass die Heimat nicht das Maß aller Dinge ist und dass es offenbar unermesslich viele Erscheinungen unter der Sonne gibt, von denen sich ihre Schulweisheit bislang nichts träumen ließ. Ob sie es wollen oder nicht, sie werden also – wenn sie sich nicht mit Gewalt wieder zurückdrehen – etwas offener und freundlicher über die Zustände anderswo und auch über die bei sich daheim urteilen. Das bleibt auf alle Fälle ein Gewinn. Und ein solcher bleibt es auch, wenn nichts weiter aus der Reise nach Tunis oder Split herausgekommen ist als die Erkenntnis, dass die Ungeduld, die man mit der Heimat gehabt hat, doch nicht ganz berechtigt ist.

Aber von solchen Reisen mag ich in diesem Buch gar nicht sprechen. Sie dienen, womit sie voll gerechtfertigt sind, der Erholung oder auch der von Zeit zu Zeit für jeden wachen Menschen unerlässlichen Abwechslung. Nein, ich meine hier die »Große

Reise«, die eine lange gehegte Sehnsucht stillt, auf die man sich vielleicht schon seit Jahren gründlich vorbereitet, für die man eisern gespart hat, von der man sich nicht oder nicht nur eine neue oder verbesserte Gesundheit verspricht, sondern geweitete Horizonte des Wissens, der Denkweise und des Gefühls. Vielfach wird in diesem Zusammenhang von »Bildungsreisen« gesprochen, aber das trifft, glaube ich, nur einen schmalen Ausschnitt aus der Fülle der Antriebe, die eine solche Reise trotz gewöhnlich vieler Hindernisse Wirklichkeit werden lassen. Sicherlich, der so Reisende will seine Bildung erweitern oder vertiefen, aber darüber hinaus wird er aus einer meist nicht bewussten Tiefe angetrieben (womit ich wieder bei meinem Ausgangspunkt angelangt bin), dem ganz Außergewöhnlichen und Wunderbaren die Möglichkeit zu gewähren, in sein Leben einzutreten.

Manchmal mögen sich solche das weitere Leben formende Eindrücke über eine längere Zeitspanne hinziehen, man mag sie in einem langen Taumel des Entzückens oder einer aufwühlenden Erregung an sich erfahren. Ebenso gut aber können sie auch schnell vorüberhuschen, gleichsam wie blendend aus grauem oder schwarzem Himmel stürzende Blitze eine weite, bis dahin ganz verborgene Landschaft bis in die letzte Einzelheit überscharf erhellen. Nach wenigen Sekunden – die sich auch zu Minuten dehnen können – ist alles vorbei. Aber der so Betroffene bleibt als ein Verwandelter zurück. Ein Vorhang hat sich vor seinem äußeren und inneren Auge gelüftet, ihm ist eine unverhoffte Gnade gewährt worden, von der er zuvor nicht einmal gewusst hat, dass und wie es sie gibt – wenn er sie auch vielleicht geahnt hat und sogar erhofft.

Allerdings müssen solche Erlebnisse auf einen vorbereiteten Boden fallen, um ihre Wirkung entfalten zu können. Man muss nach ihnen bewusst oder unbewusst gehungert, muss sie als eine Art von Rettung herbeigewünscht haben, um ihren warmen Glanz zu empfinden. In je stärkerem Kontrast zu dem, was vorausgegangen ist, das Neue sich aufdrängt, desto unvergesslicher ist der Eindruck, den dies Neue im Gemüt, ja im ganzen Wesen des Erlebenden hinterlässt. Viele Jahre, die dem Erlebnis folgen, und Erfahrungen ganz anderer Art vermögen doch, was in jener glücklichen Stunde geschenkt wurde, nicht zu überdecken oder gar aufzuzehren. Die Erinnerung bleibt und kann jederzeit mit ursprünglicher Stärke an die Oberfläche des Bewusstseins heraufgerufen werden. –

Doch nun ist es übergenug an grauer Theorie! Es empfiehlt sich längst, von echten Erfahrungen zu berichten.

Ich kam aus Wladiwostok, der wichtigsten Hafenstadt des russischen »Fernen Ostens«. Ein kleiner, aber sehr wackerer japanischer Dampfer hatte mich über die Japan-See getragen.

Es ist schon mehr als fünfzig Jahre her, dass sich ereignete, wovon ich hier erzählen will, und trotzdem sind mir jene Stunden und die Tage, die ihnen folgten, mit solcher Klarheit im Gedächtnis geblieben, als hätten sie sich erst gestern abgespielt.

Russland ist von jeher »groß gewesen, und der Zar weit«. Ich hatte erfahren, dass dies für das Russland unter dem roten Zaren Stalin genauso galt wie früher unter dem weißen. Damals, gegen Ende der Zwanzigerjahre des Jahrhunderts, war das Netz der politischen Kontrolle aller Hirne und Herzen noch nicht so eng und fest über das ungeheure Land zwischen der Ostsee und dem Pazifischen Ozean gebreitet, wie es heute in den Achtzigerjahren gespannt ist. Als junger Reiseberichterstatter der hochangesehenen, damals ältesten deutschen Zeitung, der »Vossischen« in Berlin, war es mir in Moskau bei dem physischen und psychischen Druck, der in der grauen Stadt auf den Menschen lastete und der auch den wenigen Ausländern wie mir das Atmen schwer machte, mit der Zeit sehr unbehaglich geworden, und ich hatte mich aufgemacht, endlich das »eigentliche« Russland auf meine bescheidene Art zu erkunden, das heißt, die »Sowjetmenschen« – was immer darunter zu verstehen sein mochte – sozusagen an der Quelle zu studieren, in den unabsehbaren Gebieten zum Ural-Gebirge hinüber, vor allem aber im fernen Sibirien, wo, wie es hieß, der »Erste Fünfjahresplan« ein neues, modernes und schließlich auch glücklicheres Russland anbahnen sollte.

Weiter und weiter hatte ich mich nach Osten vorgearbeitet, immer nach Osten, nur einmal weit nach Norden abbiegend in den nördlichen Ural und ein zweites Mal auf der Höhe des Winters (des Winters 1928/29) vom Amur aus zum oberen Aldan.

Es war die Zeit des allmählich auslaufenden »Kriegs-Kommunismus«. Die Kontrolle des Landes und seiner Menschen setzte sich erst langsam von der Zentrale Moskau nach Osten durch. Die politische Polizei war noch nicht allgegenwärtig, wenn auch dort allmächtig, wo sie schon Fuß gefasst hatte. Ich war, was heute fast unglaublich erscheint, stets auf mich selbst gestellt und ohne jede »Bewachung« oder »Führung« unterwegs, hatte mich fortbewegt, wie ich wollte, und war geblieben, wo es mir wichtig und aufschlussreich erschien. Nicht ein einziges Mal war ich irgendwelcher Kontrolle in die Arme gelaufen oder allzu neugierig nach Woher und Wohin gefragt worden. Zwar war mir das sehr recht gewesen, doch kam ich mir mit jeder neuen Woche, in der ich nicht nach meinen gestempelten Papieren gefragt wurde, vor wie der berühmte Reiter über den Bodensee, der sich erst am Schweizer Ufer darüber klar wird, warum sich sein Weg so glatt und eben darbot: jeden Augenblick hätte er durchs Eis brechen können. Das Gefühl der Unheimlichkeit hatte sich in meinen Gebeinen ständig verstärkt wie eine langsam steigende Flut. Ich hatte es mehr als einmal erlebt, dass die politische Polizei unter meinen russischen Bekannten oder den zufälligen Gefährten meiner Reise mit steinernen Gesichtern zugriff und

»jemand mitnahm« – der dann hinfort verschwunden blieb, als hätte es ihn nie gegeben. Und ich glaubte zu spüren: Es wagte hinfort auch niemand mehr, nach ihm zu fragen.

Ich hatte zwar in Moskau die unbestimmte, aber durch ein amtliches Papier beglaubigte Erlaubnis bekommen, nach Solikamsk, Swerdlowsk, Tscheljabinsk und Magnitogorsk (damals im Entstehen) zu reisen, was ich auch getan hatte. Aber damit war ich beinahe schon über den Ural hinaus ins westliche Asien eingedrungen; vor mir gegen Sonnenaufgang dehnten sich die unermesslichen Weiten Sibiriens; ich hatte der Versuchung nicht allzu viel Widerstand entgegengesetzt, mich weiter und weiter ostwärts verführen zu lassen; die Transsibirische Bahn setzte die Richtung wie von selber fest.

Ich fand keinen Widerstand; es griff mich auch keine Streife der Polizei auf, obgleich ich manchmal beobachtete, wie sie gerade in den Vorhallen und Wartesälen der Bahnhöfe nach verkappten – ja, nach was? – nach Gutsbesitzern, Militaristen, Kapitalisten fahndete, auch diesen oder jenen armen Teufel mitnahm, an dem ich nichts Auffälliges entdecken konnte, es sei denn ein etwas helleres Gesicht. Das große Russland wurde nach dem Ersten Weltkrieg ebenso oder noch gründlicher umgeschichtet als Deutschland nach dem zweiten. Zu hunderten lagen die entwurzelten Menschen auf den Bahnhöfen umher, tage-, wochenlang, und warteten darauf, dass irgendein Zug sie mitnähme, einer, der nicht so bis über die Dächer voll wäre wie die meisten.

In Swerdlowsk (das in der Zarenzeit auf den Namen Jekaterinburg hörte) versuchte ich in einen solchen Zug zu gelangen. Die ebenso end- wie hoffnungslose Schlange vor dem Schalter flößte mir Entsetzen ein. Die Stunden oder Tage, die da zu verwarten waren, hätte ich nie bestanden; ich hatte sie auch gar nicht übrig. Es war ein blinder Zufall, der mich am Ende der

Schalterhalle an einem kleinen Schild vorbeiführte, auf dem zu lesen stand, dass Fahrkarten für die »weiche« und »internationale« Klasse zwei Türen weiter ausgegeben würden.

Ich war »weiche Klasse« von Moskau gekommen, hatte auch nicht die Absicht, mich für die in Swerdlowsk noch amtlich erlaubte Weiterfahrt mit der »harten Klasse« abzufinden. Ich hatte allzu viele Leute in den Bahnhofshallen hocken sehen, die sich unerwünschte krabblige Untermieter aus den Hemden oder den Kragenrändern pickten und zwischen den Daumennägeln knackten. Ich hatte daraufhin beschlossen, dergleichen nur auf der Straße, auf dem Felde, am besten in der Kneipe oder im Gasthaus zu veranstalten, keinesfalls aber in tagelangem Zusammenliegen in der »harten Klasse« der träge dahinbummelnden Personenzüge.

Ich raffte also all meine Courage zusammen, vergewisserte mich, dass ich den Moskauer Ausweis griffbereit in der Innentasche trug und trat stramm in das Zimmer »zwei Türen weiter«. Ich wusste bereits, dass die »weiche Klasse« nur Kommissaren, Funktionären, Offizieren der Roten Armee und den seltenen Westeuropäern oder Amerikanern zustand, die damals in der noch nicht sehr fest konsolidierten Sowjetunion unterwegs waren, Journalisten, Industrieberatern und Kaufleuten aus Deutschland oder den USA, dazu gehobenen Kommunisten aus sozialistischen Bruder- oder auch anderen Ländern.

Der Fahrkarten-Beamte in dem kleinen Seitenraum machte zu meiner nicht geringen, wenn auch sorgsam verhehlten Überraschung, nicht einmal den Versuch, meinen Sonderausweis zu prüfen. Mein unverkennbar nicht russisches Russisch schien ihm Ausweis genug zu sein; er hatte mich mit einem schnellen, scheuen Blick von oben bis unten gemustert und sich dann sofort an die Ausfertigung der Fahrkarte nach Tscheljabinsk gemacht. Ich bezahlte und war nach knapp zehn Minuten wieder in der Freiheit.

So reibungslos hatte sich der Kartenkauf abgespielt, dass ich später nicht mehr von der Angst geplagt wurde, mit bohrenden Fragen bombardiert zu werden, die ich nur schwer hätte beantworten können. Ich hatte mich also durch das in tiefem Frost erstarrte Sibirien stets weiter nach Osten verlocken lassen und erreichte schließlich Irkutsk, wo ich mich aber nicht getraute, in dem staatlichen Hotel abzusteigen. Ich hatte in der Bahn mit einem amerikanischen Minen-Ingenieur Bekanntschaft geschlossen, der in Tulun zugestiegen war. Der hatte mir ein privates Hotel empfohlen (das gab es damals noch im moskaufernen Zentral-Sibirien!). Er wohnte dort selbst, noch sehr auf altrussische Weise, in einem geräumigen zweistöckigen Holzbau, in dem es nach mehrfach aufgewärmten Kohl roch und nach – pardon – Fäkalien. Denn das Haus verfügte natürlich – auch auf altrussisch und vielfach auch noch neurussisch – nur über ein Plumpsklo, das im ersten und zweiten Stock von dem übrigen Haus lediglich durch eine nicht besonders dichte Brettertür abgetrennt war. Vom zweiten Stock aus, wo ich wohnte, stürzte dann das Allzumenschliche in eine unergründliche dunkle Tiefe hinunter und landete dort nach einigen Sekunden mit ebenjenem Plumps, von dem die ganze Einrichtung ihren Namen bezieht. Da es Winter war und sehr kalt, hatte man mit weisem Vorbedacht alle Fensterritzen und sonstigen Öffnungen nach draußen verklebt, um die ohnehin nicht allzu üppige Ofenwärme im Hause festzuhalten; leider hielt sich nicht nur die Wärme, sondern auch der Geruch nach der offenen Kloake in der Tiefe im ganzen Haus.

Aber sonst war es mit meinem Mr. Gibson und einigen anderen Zeitgenossen aus nicht sozialistischen Ländern ganz gemütlich. Die ältlichen Wirtsleute gaben sich im Rahmen der sehr begrenzten Möglichkeiten viel Mühe, versuchten auch unter den veränderten Verhältnissen der russischen Gastlichkeit Ehre zu machen und begriffen gar nicht einerseits, dass ihre Tage als Privat-Kapitalisten gezählt waren, und andererseits, dass die Nichtrussen, von deren Mietzahlungen sie lebten, sich ständig über die Wanzen beklagten. Wanzen gehörten nun einmal zu einem sibirischen Gasthaus, gebaut aus den unverwüstlichen Bäumen der sibirischen Taiga; und außerdem, sie, die freundlichen Gastwirte, merkten gar nichts davon, sie wurden nicht mehr gebissen.

Nun ja, wenn man keine andere Wahl hat, gewöhnt man sich an vieles, auch an Wanzen und unerfreuliche Gerüche. Wir saßen manchmal in Gibsons Zimmer, einem großen Raum, wie er ihm als Berater in Goldminen-Technik zustand, und erörterten endlos die berühmten Rätsel der russischen Seele und die unabsehbaren Probleme der sowjetischen Wirtschaft und Politik, so wie sie sich jedem von uns in seinem jeweiligen Arbeitsbereich darstellten. Dazu tranken wir Wodka, alten, gut abgelagerten, aus Wassergläsern, wie es sich im allertiefsten Russland von selbst versteht. Danach schlief man dann selbst mit Wanzen fest und traumlos.

Eines Abends brachte ich das Gespräch auf die mich nach wie vor beschäftigende Frage, warum ich so erstaunlich geringe Schwierigkeiten beim Kauf von Fahrkarten hätte, die damals in Russland zu den begehrtesten Artikeln gehörten, und warum ich auch sonst merkwürdig wenig kontrolliert, befragt, amtlich belästigt würde.

Gibson, der schon zwei russisch-sibirische Jahre hinter sich hatte, hob mir sein Glas entgegen:

»Cheerio, du Unschuld vom Lande! Du zeigst dich doch der staunenden Mitwelt nur in deiner schwarzen gefütterten Lederjacke, nicht wahr?« –

»Ja, bei der Kälte ist sie gerade richtig. Sie stammt aus Alaska. Ich habe sie im vorvergangenen Spätherbst gekauft, als ich mit dem letzten Schiff, bevor der Fluss zufror, den Yukon aufwärts fuhr; nach Whitehorse; die Nächte und auch noch die Vormittage waren grimmig kalt.« –

»Und jetzt gondelst du also hier in Sibirien umher und führst deine schwarze Lederjacke spazieren – und ahnst anscheinend nicht, dass im heutigen Sowjetstaat unter Stalin nur die allmächtigen Kommissare der politischen Geheimpolizei über schwarze Lederjacken verfügen und sich damit für alle Eingeweihten als Angehörige dieses gefürchteten Institutes ausweisen. Leider habe ich mir keine schwarze Lederjacke aus Amerika mitgebracht. Es würde mir sicherlich manches erleichtern. Mit deiner Jacke kommst du unangefochten bis nach Wladiwostok, das kann ich dir schriftlich geben. Glück muss der Mensch haben. Du hast es mit deiner Lederjacke!« –

Bis zum heutigen Tage weiß ich nicht, ob die Erklärung, die mir der allerdings in allen sowjetischen Absonderlichkeiten sehr erfahrene Mr. Gibson damals gegeben hat, wirklich zutreffend gewesen ist. Tatsächlich bin ich mit meiner Lederjacke (die später vom Zweiten Weltkrieg verschlungen wurde) unbeschädigt nach Wladiwostok gelangt, der russischen Hafenstadt an der Japan-See, also am Stillen Ozean. Inzwischen war ein nasser, kalter, scheußlicher April heraufgezogen, der nicht dazu angetan war meine Lebensgeister anzufachen und mir Hoffnung einzuflößen. Nach Moskau zurückzureisen, das war ausgeschlossen. Ich wusste so genau, als hätte ich es bereits erlebt, dass ich trotz Lederjacke irgendwann, irgendwo aufgegriffen worden wäre. Wie sollte ich dann erklären, dass ich mich durchaus nicht mehr in jener Gegend befand, aus welcher über den »Ersten Fünfjahresplan« zu berichten, meiner Zeitung und mir gestattet worden war?

Ich wollte und musste den Sowjetstaat ostwärts verlassen. Aber wie war das zu bewerkstelligen? Dazu brauchte ich ein Ausreise-Visum. Dies aber war nur bei einer amtlichen Stelle zu beantragen, wo mir dann sicherlich allerlei »Papierchen« abverlangt werden würden, die ich selbst bei bestem Willen nicht herbeizaubern konnte.

Solange ich im damals noch sehr unaufgeräumten Sibirien auf eigene Faust und vogelfrei unterwegs gewesen war, mancherlei gesehen und erlebt hatte, was mir vorher nicht einmal im Traum eingefallen wäre, auch viele ausgefallene Menschen kennen gelernt hatte, war die ganze weite Reise mir wie ein großartiges, wenn auch zumeist recht unkomfortables Abenteuer vorgekommen. Dann waren langsam, je mehr ich mich der pazifischen Küste näherte, die Wasser der Ungewissheit um mich her gestiegen. Und als ich an einem widerlich kalten und nassen Abend in Wladiwostok aus der damals gleich allen russischen Bahnhöfen sehr verkommenen Endstation der Transsibirischen Bahn ins Freie stolperte, wahrlich, da stand mir das Wasser bis zum Hals. Es brannten nur seltene Lampen auf den Straßen. Die wenigen Leute, die in der großen grauen Stadt noch zu Gange waren, duckten sich an den Häuserwänden entlang, um den missmutig vom Meer hereinwehenden Regen möglichst zu vermeiden. Wo sollte, wo wollte ich hin? –

Ich hatte mich kaum je in meinem Leben so elend gefühlt, wie in jener trostlosen Nacht. Zwar hatte ich im Zuge erfahren, dass es auf der Swetlanskaja ein großes, jetzt verstaatlichtes Hotel geben sollte. Aber das wäre ständig bis auf das letzte Sofa mit Leuten der Regierung und Partei in offizieller Mission voll gestopft. Demzufolge würden dort nicht vorangemeldete Besucher äußerst kritisch unter die Lupe genommen. Das hatte meine Neugier vollkommen befriedigt. Über andere Nachtquartiere hatte ich nichts in Erfahrung bringen können. Aber vielleicht lachten mir auch in dieser abscheulichen Nacht der Zufall oder das Glück, wie schon mehr als einmal zuvor.

Sie lachten mir nicht – oder schließlich doch! Allerdings hatte ich vorher zu begreifen, welchen Jammer es bedeutet, obdachlos zu sein. Ich wanderte mit meinem längst bis auf ein winziges Köfferchen geschrumpften Gepäck durch die öden Straßen. Alle Häuser waren verrammelt. Nirgendwo brannte Licht hinter den Fenstern; zumindest war es durch die dicht verschlossenen Läden nicht zu erkennen. So hatte ich sie alle angetroffen, die Städte in Russland, nach den bitteren Zeiten der großen Revolution und den sich anschließenden jahrelangen blutigen Kämpfen um den Bestand der jungen, allmählich erst ihre Konturen entwickelnden »Union der Sozialistischen Sowjetrepubliken«.

Gegen Mitternacht war ich am Umfallen, hungrig war ich auch. Die Lederjacke hatte mich zwar einigermaßen gegen die unablässig aus dem finsteren Himmel wallende Nässe geschützt; aber mit der Zeit war sie dabei schwer und feucht geworden. Solange ich in Bewegung blieb, würde ich – zünftig russisch, wie ich aussah – keiner Streife der Polizei auffallen. Schließlich traute ich mich doch in das gleich anfangs von mir entdeckte staatliche Hotel in der Swetlanskaja. Dort hob man bedauernd die Achseln: Belegt bis auf den letzten Stuhl! Ob ich nicht wenigstens in der Halle in einer Ecke hocken könnte –? Das wäre nicht erlaubt, denn die Ecken wären keine meldepflichtigen Ruhestätten, wie sie von der Fremdenpolizei gefordert und kontrolliert würden.

Immerhin hatte ich bei dem Palaver mit dem verschlafenen und misstrauischen Nachtportier eine Viertelstunde Wärme und Trockenheit genossen. Umso verzweifelter war mir zu Mute, als ich meine Wanderung durch den Regen von neuem aufnehmen musste.

Als sich mir an einem Platz ein toter Zeitungskiosk anbot mit weit vorspringendem Dach und darunter einem breiten Brett, auf dem früher, vielleicht über Tag auch jetzt, die Zeitungen ausgelegt wurden, zögerte ich nicht lange, erklomm das Brett im

Schutze des Vordachs und streckte mich aus, wobei ich mein Köfferchen als Kopfkissen benutzte. Fast auf der Stelle fiel ich in einen tiefen Schlaf.

Wie lange ich da geschlafen habe – drei, vier Stunden vielleicht –, vermag ich nicht mit Sicherheit anzugeben. Auf alle Fälle war es noch stockdunkel, als ich mich unsanft an der Schulter gepackt und gerüttelt fühlte. Beinahe wäre ich von meinem Brett gestürzt, auf dem ich ausgestreckt in strammer Haltung gelegen hatte wie ein umgekippter Zinnsoldat in Präsentier-Stellung.

So kam ich also gleich wieder auf die Beine und durfte meiner ächzenden Knochen nicht achten.

»Nichts da, mach, dass du weiterkommst, Genosse! Hier darf man nicht schlafen.«

Ich murmelte etwas von überfülltem Hotel und dass ich den Morgen abwarten müsste, um mich bei der »Dienststelle« melden zu können. Der Nachtpolizist ließ mich laufen. Wahrscheinlich hatte meine spät, aber dann doch von ihm erkannte schwarze Lederjacke ihre Wirkung nicht verfehlt – zum geglückten letzten Mal, wie sich bald danach herausstellte.

Denn schon eine halbe Stunde später führte mich meine ziellos wieder aufgenommene Wanderung in einer totenstillen Straße an einem unübersehbaren Schild vorbei. Ich stockte. Ich betrachtete das Schild und das respektable Haus, an dem es hing, mit ungläubigem Staunen. War dies möglich –?

Aber da hing es und war nicht zu bezweifeln: Ein großes ovales Schild; es zeigte einen vertrauten Wappenadler auf goldenem Grund und rundum die Schrift: »Republik Deutschland. Konsulat.«

Ich hatte mir nicht träumen lassen, dass es das noch gab, hier im allerfernsten Russland am Stillen Ozean, eine konsularische Vertretung meiner deutschen Republik, der Weimarer. Eine Offenbarung war es, ein Wunder in jener bis dahin so entsetzlich hoffnungslosen Nacht. In einem deutschen Konsulat würde man wissen, was die »Vossische Zeitung« bedeutete; und vielleicht kannte man dort sogar meinen Namen. Als wäre es mir bereits verbrieft und versiegelt, so deutlich wusste ich, dass meine schlimmste Bedrängnis der Vergangenheit angehörte.

Ich drückte auf die Klinke der großen, schweren Tür neben dem so erfreulichen Schild. Aber die Tür war um diese immer noch nachtschlafende Zeit verschlossen. Das brachte mich zur Besinnung: Ich hatte auch hier Vorsicht walten zu lassen. Denn sicherlich würde es unter dem Personal des Konsulats von der lokalen Geheimpolizei eingeschleuste Aufpasser geben. Und ich durfte den oder die deutschen Beamten nicht in Verlegenheit bringen, wenn ich erwartete oder erhoffte, dass sie mir auch unter Umgehung der sowjetischen Ausreise-Vorschriften ein Schlupfloch nach draußen öffneten. Also durfte ich das Konsulat nicht durch die Vordertür betreten, sondern musste versuchen, eine Hintertür ausfindig zu machen, den Kücheneingang vielleicht. Denn, wie mir gut bürgerliche Gardinen im ersten Stockwerk verrieten, schien die amtliche Behausung des Konsulats zugleich die private Wohnstatt des Konsuls zu beherbergen.

So war es denn auch. Es machte mir nichts mehr aus, noch bis zum Hellwerden in der langen Straße auf und ab zu wandern, in welcher ich das trostreiche Adler-Schild entdeckt hatte. Und dann gelang es mir tatsächlich, noch vor Beginn der Bürozeit durch ein Seitentor auf den Hinterhof des Konsulats zu gelangen, die Hintertreppe in den ersten Stock zu ersteigen – und dem Konsul denkbar unvermutet »ins Haus zu fallen«.

Nie werde ich den Namen dieses großartigen Mannes vergessen: Es war der Konsul Balser, der mir damals mit Mut, List und außerordentlichem Geschick zu einem kleinen japanischen Frachtdampfer verholfen hat, mit dem ich dann das größte Land der Erde, das der Räte-Revolution, der Roten Armee, der Tscheka und GPU, der Zwangsarbeiterlager, der Fünfjahrespläne, der Stalin, Trotzki, Swerdlow, Frunse und Wyschinskij auf mehr oder weniger diskrete Weise wieder verlassen habe. In ihrem nicht mehr benutzten Kinderzimmer brachten mich die – auch noch heute, nach mehr als einem halben Jahrhundert – ganz unvergessenen Balsers unter; dort war ich am leichtesten unter Verschluss zu halten.

Dem klugen, mit allen Kniffen und Heimlichkeiten des Fernen Ostens vertrauten Manne verdanke ich es auch, dass ich wieder zu Geld kam. Ich besaß noch einen beträchtlichen Schatz von ausländischen Geldsorten, Dollars und engl. Pfunden insbesondere, die ich in einem geräumigen Brustbeutel heimlich durch ganz Russland und Sibirien getragen hatte, als eiserne Ration sozusagen. Ich hielt es für richtig, mich Balser in dieser Hinsicht anzuvertrauen. Er vergab sich nichts, der vorzügliche Diplomat. Aber er ließ einige Zeit später in ganz alltäglichem Gespräch wie nebenbei verlauten, dass jede zweite Nacht in einer Seitengasse illegal Devisen gehandelt würden, wobei für bares Westgeld geradezu unwahrscheinliche Preise in sowjetischen Rubeln gezahlt wurden. Es waren damals im nur scheinbar müden und verschlissenen Wladiwostok eine große Anzahl von Leuten versammelt, die allesamt das Reich des Proletariats verlassen wollten, koste es, was es koste, buchstäblich; Weißrussen, also verkappte Angehörige der ehemaligen russischen Oberschicht, Adel, Grundbesitzer, Kaufleute, Großbauern, hohe zaristische Beamte und Offiziere. Viele von ihnen hatten die Taschen voller Rubel. Die aber waren außerhalb des sowjetischen Bereichs nichts mehr wert. Für Dollars, Mark oder engl. Pfunde wurden also – in Rubeln – Fantasiepreise angeboten.

Ich habe mich an einem dunklen Abend aus dem Hause geschlichen und meinen Devisenschatz in besagter Seitengasse gegen eine märchenhafte Summe von Rubeln verkauft. Denn – und dies war das entscheidende »Denn«, das dem gewagten Geschäft vorausgegangen war! – einen Tag nach jenem, an welchem mir der Konsul von der »schwarzen« Devisenbörse berichtet hatte, fragte er mich ganz unschuldig, ob ich nicht meine Rubel loswerden wollte; er hätte nun meine Existenz, die Notwendigkeit meiner Ausreise und meine beruflich ja verständliche Eile der zuständigen Behörde begreiflich machen können, hätte auch einen Platz auf einem kleinen japanischen Frachter belegt, der als ersten Hafen seines Heimatlandes Tsuruga anlaufen würde. Damit aber hätte ich das Recht erworben, bis zur Höhe der eingeführten Devisen auch solche wieder auszuführen. Damit nähme man es im Übrigen nicht sehr genau, sondern täte dem deutschen Konsulat gern einen Gefallen. Sicherlich war man im damaligen russischen Fernen Osten mit der ältesten Fernost-Regel vertraut, nach welcher eine Hand die andere wäscht…

Ich hatte also »schwarz«, zu hohen Fantasiekursen, meine ausländischen Devisen gegen Rubel eingetauscht – und das Konsulat verwandelte bei der Staatsbank zu den amtlichen Kursen diese Rubel wieder in Dollar und englische Pfund – womit ich das schönste und schnellste Geschäft meines Lebens machte (mit einem Gewinn von ich weiß nicht wie vielen hundert Prozent). Und bei all dem hatte Konsul Balser sich nichts vergeben; er hatte mir nur in leichtem Geplauder ein wenig von den Zuständen in seinem Amtsbereich erzählt – mich allerdings ein paar Mal dabei angeblickt. Mein Anteil hatte lediglich darin bestanden, diese Blicke zu deuten. Und es war nicht umsonst geblieben, dass ich auf der Höhe der großen Inflation nach dem Ersten Weltkrieg bei der »Preußischen Staatsbank (Königlichen Seehandlung)« in Berlin das Bankfach erlernt hatte.

Hoch sollen sie leben, die klugen deutschen Konsuln aus der

Weimarer Zeit, in den überseeischen Ländern! Ich habe sie in bestem Angedenken! –

Ich muss bekennen, dass mir nicht allzu häufig in meinem langen Leben auf Reisen so leicht ums Herz gewesen ist wie an jenem diesigen Abend im April des Jahres 1929, als ich über der Heckreling der »Niigata Maru« lehnte, und die Lichter der Hafeneinfahrt von Wladiwostok hinter dem Schiff blasser und blasser wurden und schließlich vergingen. Ich war unbeschädigt wieder in die Freiheit gelangt – ich kann das Gefühl von damals nicht anders kennzeichnen – und obendrein reicher an Geldmitteln als zuvor. Mehr konnte ich wirklich nicht verlangen, und wahrlich, ich tat es auch nicht. – Ich wandte mich und stieg zum ersten Mal in den kleinen Speiseraum des Schiffes hinunter, wo dem Kapitän, seinen drei Offizieren und mir, dem einzigen Passagier, das Abendessen serviert wurde, dampfender Reis und viele Schüsselchen mit – für mich – undefinierbaren Zuspeisen. Es wurde mit Stäbchen gegessen – was ich damals noch gar nicht geprobt hatte (und später auch niemals zur Vollkommenheit erlernt habe). Der Kapitän erkannte mein Ungeschick und ließ den Steward eine Gabel holen; nach einiger Zeit wurde ein so fremdartiges Instrument auch tatsächlich in der Küche aufgetrieben, dazu sogar ein Löffel. Jetzt brauchte ich angesichts des Reisberges wenigstens nicht zu verhungern. – Ich sprach kein Wort Japanisch, die Schiffsoffiziere verfügten über kein Wort der russischen oder deutschen Sprache, radebrechten aber ein rudimentäres Englisch. Wir unterhielten uns etwas holprig, aber freundlich, sehr höflich und ganz ohne Arg, Misstrauen oder gar Furcht. Wie lange hatte ich das nicht mehr erlebt! Selbst bei Balsers hatte man immer noch miteinander gesprochen, als hätten die Wände Ohren.

Dem Himmel sei Dank! Ich war auf See. Kurs nach Südost. Jenseits des dunstigen Horizonts unter einem verschleierten Himmel, aus dem nur wenige Sterne blinzelten, wartete auf mich ein anderes Land, das der »aufgehenden Sonne«. Ich kannte Japan noch nicht, hatte es aber seit Jahren angelegentlich studiert, so weit das aus Büchern möglich ist. Außerdem hatte mir ein sehr verehrter akademischer Lehrer seine Vorliebe für dieses Land übertragen.

(Hier wäre wohl darauf hinzuweisen, wie sehr sich die Verhältnisse innen und außen auf der Welt in den letzten fünfzig Jahren verändert haben. Was sollte heute ein deutsches Konsulat in Wladiwostok noch für einen Sinn haben? Welcher Mann aus dem Westen könnte heute noch ohne Aufpasser im Ural oder in Sibirien unterwegs sein? Wer könnte sich heute, Russe oder Nichtrusse, der Kontrolle durch einen allgegenwärtigen, allmächtigen und selbst noch die Gedanken vorschreibenden Staat – und Polizei-Apparat – entziehen? Sowjetisch-kommunistische Vorstellungen haben sich bis in den hintersten Winkel des ungeheuren Landes im Osten Europas und in ganz Nordasien durchgesetzt, und die alten Männer im Kreml zu Moskau hüten die heiligen Güter der Revolution, wie sie sie verstehen, mit steinerner Konsequenz, dulden keine Freiräume und weben im Namen der alles rechtfertigenden Weltrevolution unablässig am immer weiter gespannten Netz ihres Einflusses.)

Der Kapitän hatte mir bedeutet: »Morgen früh gegen sechs Uhr wird die japanische Küste in Sicht kommen und gegen acht Uhr, denke ich, werden wir an der Pier von Tsuruga festmachen. Ich werde dann, sobald der Agent meiner Reederei an Bord ist, veranlassen, dass Sie richtig vom Schiff kommen und in den richtigen Zug nach Tokio gesetzt werden. Sie brauchen keine Sorge zu haben, Mr. Johann. Es gehört zu guter japanischer Lebensart, Fremden gegenüber höflich zu sein. Ablehnend sind wir seit hundert Jahren nicht mehr!«

Er hatte dabei gelacht, als wüsste er, dass er der historischen

Wahrheit ein wenig Gewalt antat. Aber das nahm ich mit Vergnügen hin. Wir hatten uns bei der gemächlichen Reise über die Japan-See (damals träumte man noch kaum von Flugverbindungen) durchaus gut verstanden, und ohnehin: Was ist Wahrheit? –

Ich stand also gegen sechs Uhr morgens auf dem Vorschiff über dem Bug des brav vor sich hinstampfenden Dampferchens, war mir doch das ganze Schiff erlaubt gewesen, wenn ich nur nirgendwo der Mannschaft bei ihrer Arbeit in die Quere kam.

Unter mir bauschte sich und schäumte silbern die Bugwelle in der sanft bewegten See. Die Luft wehte von Südost mir entgegen, weich und warm, wie ich's seit vielen Monaten nicht mehr erlebt hatte. Und es roch nach Land, roch nicht mehr nach Schnee und Frost und erstarrten Wäldern, auch nicht mehr salzig nach der offenen See.

Ich begriff es schnell: Aus dem späten schmutzigen Winter am unteren Sujfun und um Wladiwostok waren wir auf der Fahrt nach Südosten in den Bereich des Frühlings vorgestoßen. Und der Lenz schickte uns auf den Schwingen des leichten Windes, in den wir hineinfuhren, die Düfte der erwachenden Erde, des ersten Grüns und der ersten Blüten entgegen. Über dem dunklen Strich der Küste, halb links von meinem Vorschiff, war eine große, rot glühende Sonne aufgegangen, als wollte sich gleich am ersten Tage das Land, dem ich entgegenfuhr, mit seinem uralten Symbol, dem roten Ball der aufgehenden Sonne, großartig beweisen. Und dann und dort über dem gleichmäßig auf und ab sich schwingenden Bug des Schiffes und in den zwei Stunden, bevor der Trubel und auch die Spannung der Ankunft und des Empfangs der »Niigata Maru« mich mit Beschlag belegten, erlebte ich zum ersten Mal das ganz große Wunder, das wahre und eigentliche Glück des Reisens:

Das Land war allmählich näher gerückt und entschleierte sich. Schon ließen sich dunkle Wälder an den Hängen der Berge erkennen. Aber immer deutlicher wurde leuchtendes Grün am Fuß der breit hingelagerten Hügel. Feine, sanft gewundene Querlinien zeichneten sich ab. Ich sagte mir: Reis muss es sein, der dort schon grünt, und die Querlinien, das sind sicherlich die Stütz- oder Grenzmauern, die Säume der Reisterrassen. Weißliche, runde Tupfen wurden am Ufer sichtbar – ach, ich ahnte es: Land der aufgehenden Sonne, aber auch Land der Kirschblüte. Dort blühten sie über und über, die Kirschbäume, Sakura, auch sie Symbole des Landes der Sonnengöttin; ich hatte meine japanische Litanei ganz gut gelernt.

Und schließlich, als ich schon – ich irrte mich kaum – die Hafeneinfahrt von Tsuruga ausmachen konnte, unterschied ich auch die ersten Dörfer der Bauern und Fischer an der Küste. Was für wunderbare Häuser waren das: sehr hoch gegiebelt, mit schweren dunkelbraunen Strohdächern, welche die weiß gestrichenen Mauern der Wohnungen darunter fast zu erdrücken oder auch übersorgsam zu schützen schienen.

Sie winkelten ineinander, diese gewaltigen Dächer, merkwürdig kunstvoll verschränkt und liebevoll ineinander gezeichnet, nein, gemalt in warmen, satten Tönen.

Und ich sah auch, als wir schon dicht unter dem Ufer dahinfuhren, und täuschte mich nicht: Dies Land war gepflegt und geformt bis in den letzten Winkel, strahlte in der Sorgfalt, die darauf verwendet wurde, leuchtete vor Sauberkeit.

Mir schlug das Herz schneller. War es nur der kaum glaubhafte Gegensatz, der mich bewegte: die spätwinterlich schmutzige russische Hafenstadt, die ich verlassen hatte, mit ihrer ewigen Angst im Hintergrund, ihrer Ungewaschenheit, so vielen verlorenen Menschen – und nun hier, vor meinen Augen, nach wenigen Tagen Seereise der Anblick eines friedlichen, frühlingsbunten Landes, das wie aus einem alten Holzschnitt in die Wirklichkeit hinübergezaubert war? Ja, Frieden, Ruhe, Sicherheit, auch eine verstohlene Heiterkeit schien mir das Bild zu durchwalten wie zarter goldener Nebel. Ich brauchte nicht zu zweifeln. Es war so!

Mein Atem dehnte sich und wurde tiefer. Ich füllte meine Lungen mit den schönen Düften, die vom Lande herüberfluteten. Eine neue Welt öffnete sich mir weit, ehe ich sie noch betreten hatte. Wie mit einem Schlage war vergessen, was hinter mir lag. Ein Wunder, ein wahrhaftiges Wunder war an mir geschehen. Von einer schier maßlosen Freude erfüllt war ich – und spürte eine ungeheure, grenzenlose Bereitschaft, mich diesem Wunder anheim zu geben.

Ich frage mich noch jetzt, was mir da eigentlich geschah in jener wunderbaren Stunde, die mir noch heute, nach mehr als fünfzig Jahren, so gegenwärtig ist, als hätte sie sich erst gestern ereignet.

War es nur die zauberhafte Einheit von Frühling, süßer, warmer Luft, der Anmut eines alten, mit seiner Vergangenheit und Kultur herrlich einigen Landes, der Friede über einer seit ungezählten Generationen mit Liebe und Hingabe gepflegten Landschaft (und gewiss auch der Kontrast zu dem, was ich zuvor erlebt hatte), war es nur mein seit vielen Monaten aufgestauter Hunger nach wieder etwas Schönheit und freundlicher Einfalt – oder was war es sonst, das mich damals beinahe mit der Kraft einer neuen Geburt, einer wahrhaften Wiedergeburt überwältigte?

Ich wünschte mir, dass dergleichen vielen Menschen geschenkt würde. Denn in jener Stunde, als ich auf dem Vorschiff der höchst anspruchslosen »Niigata Maru« von lautlosem Sturm aus der Tiefe einer neuen, noch unbekannten Welt umbraust wurde, dass ich mich unwillkürlich an der Reling festklammerte, obgleich das Schiff längst unter Land gekommen war und ruhig dahinrauschte, in jener Stunde ist mir eine Liebe – und das heißt auch stets ein Verständnis – für das bewunderungswürdige Land Japan eingepflanzt worden, die auch unter den zahllosen Enttäuschungen und Irritationen der späteren Jahrzehnte nicht mehr verwelkte.

Damals waren entlegene Kleinstädte wie Tsuruga noch tiefste japanische Provinz, die von der hektischen Betriebsamkeit auch schon des damaligen Tokio oder Osaka noch völlig verschont geblieben waren. Und nicht nur Tsuruga – ich kann gleich weitere, dem Außenstehenden gewöhnlich unbekannt bleibende »Provinznester« aufzählen, in denen ich mich – wie soll ich es nennen? – auf eine merkwürdige Weise »wie nach Hause gekommen« fühlte, wie etwa die Städtchen Tsu, Matsuyama, Ashikaga oder selbst das weit in den Norden verschlagene, zuweilen unter Bergen von Schnee verschwindende Shizukuishi. In ihnen allen lief das Dasein der Menschen noch im alten japanischen Rhythmus ab, wechselte zwischen bunt und heiter gestimmten Festen, der vielfach durch und durch stilisierten Lust an den in der Tat unerschöpflichen Herrlichkeiten der japanischen Natur – und den vielen, vielen Tagen harter Arbeit in Haus und Beruf. Dies Land, so begriff ich gleich am Anfang, ist zwar unvergleichlich schön mit seinen hohen Gebirgen, den schnellen kurzen Strömen und Bächen, den dunklen Kiefernwäldern, den Bambushainen, den Wasserfällen und den kunstreich in die Hänge gestuften Reisterrassen, auf denen im langsam ziehenden klaren Nass das »Brot Asiens« wächst, das von den Landleuten viel härtere und auch geduldigere Arbeit verlangt als bei uns etwa der Roggen oder der Hafer – ja, manchmal beinahe atemberaubend schön bietet sich die japanische Landschaft; aber zugleich auch war mit Händen zu greifen, dass dies Land der aufgehenden Sonne von Natur sehr arm ist, dass es nur karg mit den Schätzen bedacht ist, die anderswo einen fortwährend sprudelnden Quell der Wohlhabenheit bilden – ist doch, wie ich gelernt hatte, nur knapp ein Sechzehntel des japanischen Bodens überhaupt bebaubar und nutzbar – längst nicht genug, um die Fülle der auf den schönen Inseln beheimateten Menschen ohne Zuschüsse von außen zu ernähren.

Womit im Grunde auf sehr simple Weise die Verärgerung zu erklären ist, die das heutige Japan in der ganzen westlichen Welt erregt. Wer arm ist und gedrängt lebt, in nicht zu erweiternder Inselenge, der pflegt sich bedenkenlos die Mittel zum Überleben anzueignen, die sich anderswo bieten. Es geht dabei einfach um Leben oder Sterben. Und zugleich genießt der arme, nur nachahmende »Spätkommer« den außerordentlichen Vorteil, die Kosten der Vorbereitung und Entwicklung gespart zu haben, die Mängel des bisher Erreichten unvoreingenommen, durch keine lange Vorgeschichte belastet, schneller zu erkennen, als der originale Hervorbringer dazu fähig ist. Es war also schon vor einem halben Jahrhundert vorauszusehen, dass Japan seine westlichen Vorbilder, die Amerikaner, Deutschen, Schweizer und so weiter besonders auf Gebieten ein- und überholen würde, die seinen alten Eigenschaften am besten entsprechen, jenen Eigenschaften, die Japan in seiner strengen, kargen Abgeschlossenheit seit vielen Jahrhunderten entwickelt hat: Fleiß vor allem, Einfügung in eine patriarchalisch-feudal getönte, aber fest gefügte und sicher tragende Gesellschaftsordnung, Sorgfalt und Kunstsinn, die sich auch am einfachsten und bescheidensten Material äußern können, auch die innere Übereinstimmung mit, die Lust an auch eintönig schwerer Arbeit, wie sie der Reisbau seinen Betreibern abverlangt – denn die übergroße Mehrheit des japanischen Volkes hat noch bis weit in dieses Jahrhundert hinein aus Bauern und Fischern, Waldarbeitern und Handwerkern bestanden. Die darüber sich breitende Schicht der Priester, Krieger und Standesherren war nur hauchdünn, wenn sie auch fast allein das Bild bestimmte, das der Westen sich von Japan machte.

Das japanische Mittelalter reicht bis in dieses Jahrhundert hinein. Ich habe es selbst noch in den Zwanzigerjahren wie die Offenbarung von einem andern Stern erlebt. Die große Revolution oder besser Reformation kam in den letzten Jahrzehnten des vorigen Jahrhunderts von oben, nicht von unten, wurde dem Volke vom Kaiserhaus verordnet, das der heiligen Überlieferung nach unmittelbar von der Sonnengöttin abstammte – in bis in grauste Vorzeit zurückreichender Folge. Gegen die so anbefohlene große Wandlung gab es keinen Widerspruch. Ohne Übergang gingen die alten Tugenden der ritterlichen Zeit, Treue, Standhaftigkeit, Mut, Opferbereitschaft, Fleiß, Sorgfalt und Gehorsam, in das neue, unvermeidlich gewordene Zeitalter der Technik, Industrie, Konkurrenz und gewinnorientierter Wirtschaft über. Eine alle alten Werte zernagende Aufklärung, der gewaltsame Umsturz einer der Verrottung verfallenden Gesellschaftsordnung wie in der Französischen Revolution, die üble, menschenverachtende Gier des Frühkapitalismus und die als sein Gegenstück fast naturnotwendig aufkommende Idee des Klassenkampfes und der anzustrebenden Herrschaft des Proletariats – all dies blieb der japanischen Gesellschaft erspart – und wird ihr wohl auch weiter erspart bleiben, da ja die fortschreitende Ermattung, das Mit-sich-selbst-Zerfallensein der westlichen Welt von Jahr zu Jahr deutlicher wird.

Japan hat die technischen und wissenschaftlichen Leistungen des Westens mit großem Geschick übernommen, ohne die historischen und ideellen Voraussetzungen dafür mitzuübernehmen, und hat dies neue Reis auf den alten, kerngesunden Stamm seiner eigenen Kultur und Zivilisation gepflanzt, wo es sich schnell, von frischen, starken Säften geschwellt, für die Welt seiner Herkunft Furcht erregend entfaltete. Ja, sollte man sich heute besonders in Amerika sagen, blieb denn den Japanern etwas anderes übrig, als dem Westen seine Hauptwaffe, seine Technik und Wirtschaft, zu entwinden und sich damit durchzusetzen, nachdem die Sieger im Zweiten Weltkrieg alle japanischen Versuche, sich im weiten Asien Luft zu verschaffen, unterbunden hatten, und außerdem alle Japaner, die außerhalb ihrer engen Inseln Fuß gefasst hatten, wieder in das schon überfüllte japanische Kernland zurückdrängten, aus der Mandschurei, aus Korea, aus China, aus Taiwan, aus ganz Südostasien und der Südsee? Genauso, wie es in Deutschland die »Flüchtlinge« aus den verlorenen Ostgebieten waren, die in ihrer Armut und Not im übrig gebliebenen Rumpfdeutschland – auch in Mitteldeutschland – für einen unwiderstehlichen Auftrieb sorgten und wesentlich mit das »Wirtschaftswunder« bewirkten, das, bei Licht besehen, gar kein Wunder, sondern das Ergebnis härtester Bemühung war – genauso sind es in Japan die von den verlorenen japanischen Außenstellungen einströmenden Rückwanderer gewesen, die an dem japanischen »Wirtschaftswunder« und seinen heutigen, sich immer noch fortsetzenden Triumphen entscheidenden Anteil hatten. – Es macht sich in der internationalen Politik so gut wie nie oder immer nur ganz kurzfristig bezahlt, sich von Sieger- oder Fortschritts-Arroganz, von Vorurteilen, von Hass, Neid und Vergeltungssucht oder Rachegefühlen lenken zu lassen, wenn es auch immer wieder an allen Enden geschieht. Solche vor ruhiger Vernunft nicht vertretbare Verfahrensweise schlägt stets auf den Urheber zurück, wenn auch manchmal erst zu einer Zeit, in welcher die ursprünglichen Veranlasser schon das Zeitliche gesegnet haben. Die böse Suppe muss dann von den Nachfahren ausgelöffelt werden.

Oft allerdings ist es nicht so sehr das Übelwollen oder die Machtgier, welche die Akteure der internationalen Politik auf verhängnisvolle Abwege oder sogar ins Verderben führt, son-

38

dern ganz einfach schiere Dummheit und Unwissenheit – wogegen übrigens viel schwerer anzukommen ist als gegen nackte Bösartigkeit.

Von all solchen Überlegungen eines alt gewordenen Mannes war ich noch weit entfernt, als ich damals vor der Ankunft in Tsuruga an den ersten japanischen Dörfern vorbeifuhr, die wie von einem großen Zauberer in die frühlingsbunte Landschaft hineinkomponiert zu sein schienen. Der Vorhang hob sich mir vor einer Bühne, auf welcher sich viel Schönes und Seltsames abspielen sollte; es war mir in einigen unwägbaren, kaum durch Worte zu kennzeichnenden Viertelstunden zugesagt, offenbart worden. Dem so hochgemuten Anfang folgten in der Tat keine Enttäuschungen, sondern nur Bestätigungen.

Der Kapitän hielt sein Wort. Ich wurde, ohne mich bemühen zu brauchen und ohne eines Wortes der japanischen Umgangssprache mächtig zu sein, durch die Pass- und Zollkontrolle geschleust, lernte es zum ersten Mal kennen, wie man sich in einem japanischen Hotel zu bewegen hat, war einigermaßen verschüchtert, als mich ein reizendes, winziges japanisches Zimmermädchen ins Bad geleitete, nachdem ich mich bereits in den ausgelegten Hotel-Kimono gehüllt hatte, und mir dort unter viel Gelächter und Gekicher umständlich klarmachte, dass das heiße Wasser in jenem großen Bottich für mich bereitstünde, sie mir aber vorher noch gern den Rücken und die Schultern abgeseift und geschrubbt hätte.

Wie gut, dass ich schon lange zuvor von Lafcadio Hearn, Engelbert Kämpfer und anderen Kennern Japans aus ihren hinterlassenen Schriften erfahren hatte, wie es in Japan zugeht! Ich fügte mich also ins Unvermeidliche, das dann auch mit viel Dezenz und heiterer Selbstverständlichkeit vonstatten ging.

Und so blieb es. Die Deutschen waren damals in Japan wohlgelitten. Viele von den Gefangenen des Ersten Weltkrieges, die den Japanern in der ehemaligen deutschen Besitzung Kiautschau und Tsingtau in die Hände gefallen waren, fanden in der sehr milden Gefangenschaft so viel Geschmack an Japan, dass sie nach dem Kriege sich in Japan heimisch machten, japanische Frauen heirateten und Japanern mit großem Erfolg beibrachten, dass Leberwurst und geräucherter Schinken sehr gut schmecken, wie man Weizenbrot bäckt und gute Semmeln – oder auch, dass sich japanische lyrische Gedichte erfolgreich ins Deutsche übersetzen lassen, wenn es auch den Deutschen sehr schwer fiel, sich mit den verschiedenen japanischen Schriften vertraut zu machen (durch die übrigens die japanischen Kinder schon früh auf erstaunliche Leistungen des Gedächtnisses und eine hohe Empfindlichkeit für genaue Formen gedrillt werden). Ich habe später solche dem japanischen Wesen gern verfallende Deutsche in vielen Schichten der japanischen Gesellschaft kennen gelernt; ebenso auch und noch viel mehr natürlich Japaner, die in Deutschland studiert hatten: Medizin, Maschinenbau, Bilanzkunde und westliche Waffen- und Kriegstechnik. Heute übrigens ist der deutsche Einfluss in Japan stark zurückgegangen. Die Amerikaner sind die neuen Lehrmeister, die man allerdings auf verschiedenen Gebieten schon so weit überholt hat, dass die Amerikaner bei den Japanern in die Lehre gehen müssen.

Der Zauber, den Japan bei der Ankunft in Tsuruga auf mich ausgeübt hatte, setzte sich, noch immer steigend, in den Tagen und Wochen danach fort. Ich fuhr am sagenumwobenen Biwa-See vorbei, sah ihn in der Ferne unendlich blitzen, kämpfte mit den Essstäbchen, bemühte mich mit untergeschlagenen Füßen zu sitzen, erblickte kurz vor Hamamatsu die grenzenlose Weite des Stillen Ozeans, erlebte dann zwischen Shizuoka und Numazu nördlich des hier ostwärts rollenden Zuges die feierliche Würde des Berges Fudschi, des Fudschi-San, wie die Japaner sagen, des verehrungswürdigen »Herrn Fudschi«. Von der Höhe des wunderbar gleichmäßig aufsteigenden Kegels glänzte der Schnee zu mir hernieder so makellos rein und weiß, wie ich es noch nie gesehen zu haben meinte.

Ich hatte den Fudschijama (was nichts weiter als Fudschi-Berg bedeutet) schon viele Male auf Abbildungen gesehen und brauchte nicht zu fragen, was sich meinen Blicken bot. Und doch übertraf die Wirklichkeit jedes Bild und auch jeden Traum von ihr. Fudschi, der heilige Fudschi, der bei den Japanern göttliche Ehren genoss – ! Ich begriff dies ganz und gar, als der majestätische Berg langsam am Fenster des Numazu entgegenrollenden Zuges vorüberwanderte: in den tiefblauen, wolkenlosen Himmel gehoben, der in vollkommen geschwungener Kurve zu weit über dreieinhalbtausend Metern aufragende, in den Himmel drängende, erloschene, vielleicht auch nur schlafende Vulkan! Japans Symbol, die aufgehende Sonne, aber ebenso sehr auch der vielleicht nur schlafende Vulkan – war ich nicht schon in jenen ersten japanischen Tagen dem Wesen dieses beunruhigenden Landes sehr nahe gekommen? Solche Symbole sind trächtig von Sinn. Man muss nur hinhören. Verrieten sie in diesem Falle nicht das Bewusstsein einer elementaren, nicht einzudämmenden Kraft, auch Angriffslust? Einer Kraft, die sich mit einem hohen Verständnis für die Schönheit der natürlichen Dinge paarte? Im Grunde hatte ich das alles schon in jenen ersten zwei Stunden begriffen, als sich mir, von der leeren See kommend und aus der von ständiger leiser Angst umwitterten sowjetischen Welt, die traumhaft schöne Küste an den Flanken der lang gestreckten Bucht von Tsuruga in der Provinz Ishikawa im Morgenglanz darbot. Ich brauchte mir später die dort wie vom Himmel gefallene Offenbarung lediglich noch in den Einzelerscheinungen auf allen Gebieten des japanischen Lebens und Wirkens bewusst zu machen – und habe auch heute, nach mehr als einem halben

41

Jahrhundert, nicht viel hinzuzufügen. Wobei ich zugeben muss, dass das im Zweiten Weltkrieg sich mit unerhörter Arroganz militärisch aufbäumende kleine Japan und das in den Sechziger- und Siebzigerjahren mit ebensolcher Vehemenz wirtschaftlich angreifende und erobernde Japan mir großen Schrecken eingejagt hat, obgleich ich mir hätte klarmachen müssen, dass der Boden Japans ständig unter den fürchterlichen Gewalten aus dem Erdinnern zittert – sah ich doch schon auf der ersten Reise von Tsuruga nach Tokio bei der Fahrt durch Yokohama, dass die weiten Trümmerfelder des letzten großen Erdbebens noch längst nicht fertig aufgeräumt waren.

Und ich frage mich heute, in den Achtzigerjahren, dies: Die blutrot aufsteigende Sonne japanischer politischer und militärischer Ausdehnung wurde durch die materielle Überlegenheit Amerikas, die im Abwurf der Atombombe auf die japanischen Städte Hiroshima und Nagasaki gipfelte, gewaltsam zum Stillstand gebracht. Wird es nicht im Bereich der Wirtschaft, in welchem sich Japan mit dem amerikanisch/europäischen Westen ebenso in einen bitteren Wettstreit eingelassen hat wie während des Zweiten Weltkrieges im Kampf um die Vormacht in Ostasien und Südostasien, gleichfalls früher oder später so etwas wie eine Atombombe geben, die dem anscheinend unaufhaltsamen Vormarsch der japanischen Exportwirtschaft ein Ende setzt? Ist das von der Natur mit Schönheit und einem bewundernswerten Menschenschlag ausgestattete, an verwertbaren Bodenschätzen und Energie jedoch sehr karg bedachte Japan nach menschlichem Ermessen überhaupt im Stande, sich auf die Dauer mit so reichen und protzend starken Gebilden wie den USA, auch der Sowjetunion und im weiteren Abstand dem nach wie vor zerstrittenen Westeuropa auf einen Wettkampf einzulassen?

Wohin das alles in der Wirklichkeit führen wird, weiß kein Mensch. Darauf kommt es auch zunächst nicht an. Es handelt sich vielmehr darum, das andere Land – jedes andere Volk und Land – nicht nur sachlich und mit den Mitteln der Vernunft und der Wissenschaft zu erfassen, sondern es von innen her in seinem eigentlichen Wesen als ein lebendiges, überpersönliches Individuum zu begreifen, was wohl nur auf dem Wege der Intuition, der Offenbarung, möglich ist.

Ein solches Wunder – denn es ist ein Wunder! – habe ich zum ersten Mal im Frühling 1929 in der Bucht von Tsuruga erlebt. –

Damit zugleich aber auch das große Glück des Reisens. Nie erlebt dergleichen, wer zu Hause bleibt. Solche Wunder ereignen sich nur, wenn man Ärger, Kosten, verlorene Zeit nicht scheut, oft genug auch Mühsal und Gefahr auf sich nimmt und sich, zagend im Geheimen, doch voll von Erwartung einer großen Reise anvertraut.

Kilimandjaro

Wenn man auf eine große Reise gehen will, so muss man sich vorher darüber klar werden, was man sich, wie man nun einmal geartet ist, zumuten darf und was nicht. Um es einmal ganz simpel auszudrücken: Wer schon in der gemäßigten Heimat sehr zum Frieren neigt, sollte Spitzbergen, Grönland oder die Tierra del Fuego von seinem Programm streichen. Was meine Person anlangt, so komme ich sowohl mit Hitze wie mit Kälte leidlich aus, finde jedoch ständige Schwüle wie etwa in Djakarta oder Singapur schwer erträglich und kann mich ihr auf die Dauer nicht anpassen, was anderen Europäern offenbar recht mühelos gelingt.

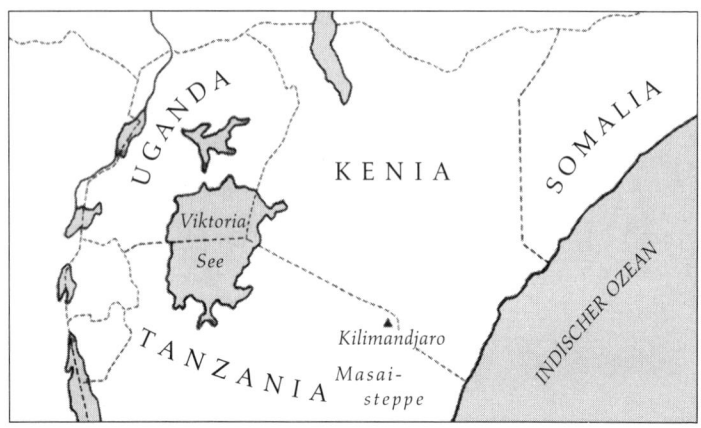

Um – mit Verlaub – bei mir zu bleiben: Ich habe begriffen, dass ich ein Mensch der weiten Ebenen bin, der großen Flächen, wie sie den Norden und den alten Osten des ehemaligen Deutschen Reiches erfüllen. Gebirge und Felsenwände sind grandios und oft von schier überwältigender Herrlichkeit, aber auf die Dauer zwischen oder unter ihnen leben und wohnen möchte ich nicht. Sie verstellen mir die Fernsicht und kesseln mich ein, und am liebsten habe ich sie, wenn sie am fernen Rand des Horizonts wie fremdartige Träume, als schmale Bordüren der freien Ebene hingelagert bleiben.

Es lag mir daher auch von jeher fern, ein Bergsteiger zu werden. Wozu sollte ich auf einen stolzen Berg hinaufsteigen, Kopf und Kragen dabei riskieren, um an der Spitze angelangt, nichts weiter mehr verrichten zu können, als wieder hinunterzusteigen, was manchmal, habe ich mir sagen lassen, noch schwieriger zu bewerkstelligen ist als hinauf? Gelangte ich aber irgendwann mit einer Schwebebahn oder dergleichen auf eine hohe Bergeskanzel, so hatte ich stets mit einer verteufelt in mir aufwallenden Sucht zu kämpfen, mich in den sonderbar saugenden Abgrund unter mir zu stürzen, ein ziemlich qualvoller Zwang, den man nicht gern zum zweiten Mal erlebt.

Hohe Berge zu ersteigen liegt also außerhalb meines Bereichs, und ich habe in dieser Hinsicht mit keinerlei heroischen Unternehmungen aufzuwarten. Und doch habe ich die Ersteigung eines wirklich hohen Berges ein einziges Mal sozusagen gegen die eigene Natur versucht und auch einigermaßen geschafft. Ich verdanke diesem leidlich gelungenen Versuch ein anderes der seltenen Wunder großer Reisen.

Ich war damals – vor dem Zweiten Weltkrieg – mit einem Schiff der englischen Castle Line über Suez um das Große Horn von Afrika gefahren, hatte ein wenig in die ostafrikanische Küste hineingerochen, war in Lourenço Marques, wie es damals noch hieß, der Hauptstadt der damaligen portugiesischen Kolonie Moçambique, ausgestiegen und mit der Bahn, um den Weg zu kürzen, nach Kapstadt in Südafrika gegondelt. Dort wollte ich mich mit einem tüchtigen Auto versehen und dann das Afrika südlich der Sahara in weit gedehnter Zickzackfahrt auf meine Weise erkunden (was schließlich alles in viele Zeitungsartikel und ein dickes Buch münden sollte und auch gemündet hat).

Auf dem Schiff hatte ich mit einem englischen Kolonialbeamten Bekanntschaft und bald auch Freundschaft geschlossen, der als District-Commissioner höchst entlegen im äußersten Norden des damaligen Nordrhodesien (heute Zambia), unweit des Südendes des gewaltigen Tanganjika-Sees saß und in einem Dörfchen mit dem höchst unafrikanischen Namen Abercorn residierte. Dieser vorzügliche Rupert Yetholm Esq. hatte mir viel vom Alltag und der Wirklichkeit im innersten Afrika berichtet und mich schließlich, bevor er in Beira ausstieg, auf seinen Sitz eingeladen (dieser Einladung bin ich später gefolgt und habe bei Yetholm in Abercorn die Praxis der englischen Kolonial-Verwaltung aus nächster Nähe kennen gelernt).

Rupert Yetholm war weit im damals englischen Afrika umhergekommen, erzählte mir unter vielem anderen auch von einem herrlichen »Kibo-Hotel« hoch am Südhang des höchsten afrikanischen Berges, des Kilimandjaro (nahezu 6000 Meter hoch), und dass man von diesem Hotel aus, das von einem deutschstämmigen Südafrikaner vorzüglich geleitet würde, sich für eine bergsteigerische Expedition auf den höheren der beiden Kilimandjaro-Gipfel, den Kibo, ausrüsten lassen könnte. (Der andere, fast unersteigliche Gipfel heißt Mawenzi.) Er, Yetholm, sei durchaus kein geübter Bergsteiger und habe schließlich doch am sechsten Tag nach dem Abmarsch vom Kibo-Hotel im Wadschagga-Lande den vergletscherten Gipfel bezwungen und dabei einen der großartigsten Augenblicke seines Lebens erlebt.

Dieser Hinweis schlug in meinem Hirn Wurzel. Warum sollte mir nicht auch gelingen, was der um zehn Jahre ältere Yetholm anscheinend so selbstverständlich bewältigt hatte? Den Kibo-Gipfel des Kilimandjaro zu besteigen – es wurde fast zu einer fixen Idee!

So zogen wir also los an einem strahlenden und herrlich kühlen Morgen. Das Hotel hatte mir noch ein prächtiges deutsches Frühstück beschert und mich dann in die Obhut des erfahrenen Bergführers, eines zähen, dürren Schwarzen vom Stamm der Wadschagga, entlassen. Für mich war ein recht stämmig aussehender Esel bereitgestellt, der mich wenigstens bis auf den weiten, leeren, schon längst über der Baumgrenze liegenden Bergsattel zwischen Kibo und Mawenzi tragen sollte, wenn mir das Marschieren zu viel wurde. Zu Esel den Berg anzugehen widerstrebte mir sehr. Ich hängte dem braven Tier lediglich mein Handgepäck, meine Kameras und meine Wasserflasche an den Sattel und wanderte lieber der Kolonne der ewig schwatzenden Träger, sechs an der Zahl, weit voraus – der Pfad war nicht zu verfehlen, nachdem wir erst einmal die Kaffee- und Bananenhaine des klugen Volkes der Wadschagga hinter uns gelassen hatten.

Mit unserem Führer kam ich von Anfang an nicht gut zurecht, er zeigte sich unwirsch und ganz gegen Bantu-Art redeunlustig. Doch stellte sich heraus, dass er seine Leute gut im Zuge hatte. Und auf der Höhe des Gebirges, als unsere Lage ungemütlich wurde, erwies er sich allen Widrigkeiten und auch Gefahren auf großartige Weise gewachsen. Erst ganz am Schluss, als wir alle die Rückkehr zum Kibo-Hotel und in die heimatlichen Gefilde des Führers und der Träger, erschöpft zwar, aber unbeschädigt bewältigt hatten, strahlte der dürre, aber unheimlich zähe Mann zum ersten und einzigen Mal aufs Freundlichste auf – als ich ihm nämlich über den mit dem Hotelbesitzer, dem alten, weltberühmten Herrn Kloss, vereinbarten Lohn hinaus einen sehr respektablen Bonus in die faltige Hand mit der sonderbar hellen Innenseite legte, war er doch seiner Aufgabe mit Bravour und Geschick, alles in allem genommen, gerecht geworden

»Oh, Bwana, ich glauben du sein geizig. Du geben kein Handgeld. Bwana Kloss sagen, du halten dein Maul. Aber jetzt ich sehen, du richtig deutsch: erst Arbeit, dann zahlen, aber dann erste Klasse!«

Er hätte ja gern ein Handgeld vor Antritt des Ausflugs auf den höchsten Berg Afrikas haben können; aber leider hatte der gute Meister Kloss vergessen, mich darauf aufmerksam zu machen, dass ein Handgeld vorweg im Lande der Brauch war. So hatte ich mich also während der ganzen ereignisreichen zehn Tage mit einem mürrischen Führer und nicht viel freundlicheren Trägern abzufinden und war bereits zu dem Schluss gekommen, dass die berühmten Wadschagga vom Kilimandjaro zwar so tüchtig und zuverlässig seien, wie man ihnen nachsagte, aber leider auch ein sehr unliebenswürdiges Völklein. Wie viele Urteile über andere Völker oder einen anderen Menschenschlag mögen auf ähnliche Weise zu Stande gekommen sein: durch im Grunde harmlose Missverständnisse, auf beiden Seiten ohne jeden bösen Willen.

Die raschelnden, rustelnden Bananenhaine, die sauber gepflegten Maniok-Felder, hier und da auch die blitzsauber gehaltenen Kaffee-Gärten des stets lernbegierigen und friedlichen Dschagga-Völkchens waren in den breiten Streifen neuer Rodungen übergegangen, die in kommenden Jahren zu immer sorgfältiger kultivierten Feldern und Gärten werden, aber den breiten Urwaldmantel um den Sockel des Kilimandjaro-Massivs wiederum um einige Quadratkilometer schmälern, ihn höher den Berg hinauf drücken würden. Auf solche Weise aber würden sie den mächtigen Schwamm beschneiden, in dem die Feuchte gesammelt und erhalten bleibt, welche weiter unten die Felder der Schwarzen und die Kaffee-Plantagen der Weißen tränkt. Die Dschagga hatten schon unter den Deutschen gelernt, wie Kaffee anzubauen ist und dass sich damit das Geld verdienen lässt, mit dem man all die begehrten schönen Dinge aus der Welt des weißen Mannes käuflich erwerben kann. Denn wenn man sich schon von den guten Männern und Frauen der protestantischen »Leipziger Mission« zum Christentum hatte bekehren lassen und gern im ganzen Dschagga-Lande sonntags dem Ruf der Kirchenglocken folgte, so hatte man doch wohl auch ein Anrecht auf die Annehmlichkeiten erworben, welche offenbar weißhäutigen Christenmenschen selbstverständlich waren!

Meine kleine Karawane war also bereits auf dem Marsch, ein Esel, ein Weißer aus Berlin mit dem damals noch üblichen Tropenhelm auf dem Schädel, ein schwärzlich vertrockneter, staksig dürrer Führer mit mürrischem Gesicht – als wäre es in Holz geschnitzt – und sechs Träger, bepackt mit Bündeln und Kisten, keine Last schwerer als sechzig Pfund – es ist kaum zu glauben, wie viel Proviant, Ausrüstung, Bettzeug in die kalten Höhen über 3000 Meter mitgeschleppt werden muss. Ich hatte mich um nichts zu kümmern brauchen; der alte Kloss wusste aus langjähriger Erfahrung (auch hatte er selbst ein halb Dutzend Mal auf dem Gletscherrand des Kibo gestanden), was alles für die zehn Tage, in denen der Esel und acht Männer vollkommen auf sich allein gestellt sein würden, notwendig, vor allem auch vorsorglich mitgenommen werden musste. Meine kleine Karawane hatte die letzten Bananenwedel im frischen Bergwind am Wegrand Abschied nehmend sich neigen sehen – und immer hatte im grünen Hintergrund ein neugieriges Wadschagga-Mädchen oder eine Frau gestanden, allesamt in hellweiße, mit bunten Mustern geschmückte Baumwoll-Kleider oder auch nur Tücher gehüllt – und alle immer lachend und winkend und freundlich –, ganz anders als meine im Gänsemarsch mit abweisenden Gesichtern hinter mir hertrottenden Männer, denen ich mich samt Esel (der bis zum Schluss recht umgänglich blieb) so weit voraus wie möglich entzog.

Plötzlich dann, ohne jeden Übergang, stiegen wir, denn es ging ja unablässig bergauf, aus dem hässlichen, noch hier und da vom Klärbrand geschwärzten Gürtel frischer Rodung in den unberührten Urwald hinein. Nur mit Widerwillen oder Trauer hatte ich die vielen, weiße Rauchfahnen emporsendenden Haufen verglühenden und verglimmenden Holzes und Gestrüpps auf den beraubten, oft stark geneigten Rodungsflächen zur Kenntnis genommen. Das Verhängnis, das sich da vollzog, wurde mir damals schon – vor mehr als vierzig Jahren – klar: Die Deutschen und dann die Engländer (der Kilimandjaro liegt ja in der ehemaligen deutschen Kolonie »Deutsch-Ostafrika«; diese stand dann als »Tanganjika« unter britischer Mandatsverwaltung und bildet heute das um Ruanda-Urundi verkleinerte selbstständige Tanzania – mit Daressalam als Hauptstadt nach wie vor), die Deutschen und dann die Engländer haben mit westlicher Heilkunde die Seuchen und anderen Krankheiten eingedämmt, mit verbesserter Hygiene, Ernährungsweise und Kinderpflege die Sterblichkeit besonders der Kleinkinder verringert, das durchschnittliche Lebensalter erhöht, besonders aber mit mehr oder weniger sanfter Gewalt das Land befriedet, sodass also die wilden Hirtenstämme aus der heißen Steppe, die Masai im Westen und Süden des Kilimandjaro, nicht mehr Jahr für Jahr in Raub- und Kriegszügen ihren Blutzoll den ackerbauenden Wadschagga um die Südhänge des Kilimandjaro-Gebirges abfordern konnten.

Das Volk der Wadschagga nahm daher unter der Kolonial-Herrschaft viel schneller zu als in den vorausgegangenen Jahrzehnten und Jahrhunderten. Wahrscheinlich nahm es in seiner sicherlich schon langen Geschichte überhaupt zum ersten Mal wesentlich zu. Das Bauernvolk brauchte mehr Ackerland, um seine Menschen zu ernähren. Bergabwärts ließen sich die Felder nicht erweitern. Dort gelangte man bald in die Steppe, wo der Regenfall für den Ackerbau nicht mehr ausreicht. Außerdem war in dieser Richtung eine seit alters wirksame seelisch-geistige Barriere errichtet, kam man doch dort den gefürchteten, unberechenbaren Masai in die Quere. Ihre Gebiete in die Steppe hinunter auszudehnen, die sich rings um das Kilimandjaro-Gebirge unabsehbar dehnt, war für die Bauern vom Berge innerlich und äußerlich unvollziehbar.

Es blieb ihnen nichts anderes übrig, als an der Obergrenze ihrer schönen, reichen Ackerfluren weiter in den Urwald vorzudringen, ihn zu beseitigen, jenen Urwald, der ihnen das günstige feuchte Klima für ihre Kulturen, den nässenden Nebel für den Kaffee, das Wasser für die weit verzweigte künstliche Bewässerung ihrer Felder und Gärten lieferte. Oft genug – wir haben es inzwischen annähernd begriffen – erweisen sich die nicht immer voraussehbaren Spätfolgen von ursprünglich wohlwollend und hilfreich unternommenen Eingriffen in bestehende, sozusagen eingeschaukelte Zustände als so verhängnisvoll, dass die guten Absichten, die am Anfang standen, nicht zur Wirkung gelangen, ja sich in ihr Gegenteil verkehren.

Aber von dergleichen peinlichen Einsichten wollte ich an dem prachtvollen Vormittag meines Abmarschs aus den Fluren des Dschagga-Dörfchens Madschame, in dem das Kibo-Hotel des knorrigen Herrn Kloss gelegen war, nichts wissen, gar nichts! Ich war darauf aus, den Kilimandjaro zu erleben, den Berg, der Afrika bedeutet wie keine andere geografische Gegebenheit, es sei denn der Kongo.

Kaum hatte uns der Urwald aufgenommen, waren die Fluren und Dummheiten der Menschen vergessen. Der schmale Fußpfad wand sich in einem Bachtal in spürbarer Steigung aufwärts. Ich war der Kolonne, unbelastet wie ich war, so weit vorausgewandert, dass ich ihren Führer bei den vielen Windungen des durchaus nicht zu verfehlenden Weges – es gibt nur diesen einen zum Berg! – nicht mehr erblicken konnte. Nur der Esel hatte sich dicht an meine Fersen geheftet, als wüsste er, für wen er bestimmt war. Vielleicht wusste er es tatsächlich. Wenn ich mich gelegentlich nach ihm umsah, so war er stets nur um wenige Schritte entfernt, flappte ein wenig mit den langen Ohren und sah mich aus klugen, schwarzen Kugelaugen an, als wollte er sagen: »Na, man los, weiter! Brauchst dich nicht umzublicken. Ich bin ja da. Auf mich kannst du dich verlassen. Ich werde mich hüten, dir nicht hinterher zu bleiben. Da hinten hängt mir doch bloß einer von den Burschen seinen Packen an den Sattel, einen rechts und einen links. Ich aber, der Esel aus Klossens Stall, gehöre allein zu dir. Du hast ja schließlich für den ganzen Lack genug bezahlt, und ich weiß, was sich gehört.«

Ich war sehr gerührt. Wenigstens einer, der nicht mit mir murrte! Ich griff in die Tasche, wo ich mir ein Käsebrot für unterwegs aufgehoben hatte. Der Esel ergötzte sich daran mit Behagen. Sicherlich betrachtete er diese Gabe als sein Handgeld, ohne dass ich solches ahnte, und hielt sich fortab stets in meiner Nähe, selbst des Nachts, wenn er seine Abendweide beendet hatte.

Der Bach sprang neben mir zu Tal, wie die Bäche in jedem Gebirge springen, ließ sein glasklares Wasser über große graue Felsen vulkanischen Gesteins schäumen. Aber der dicht verwachsene Wald ringsum hatte nur wenig mit unseren Wäldern gemein. Riesige alte Bäume von mächtigem Umfang bauschten gewaltige, dichte Blätterkronen über den Pfad. Darunter gab es kaum einen Fußbreit freien Bodens. Von den mächtigen Zweigen in der Höhe hing in langen, schlanken Bärten Baum-Moos hernieder. Im Unterholz nicht ein einziges Blatt, ein einziges Kraut, das mir bekannt vorkam. Kein Vogel sang im Gezweig. Wenn ich stehen blieb, blieb auch der Esel stehen und spitzte die Ohren – wie ich auch. Doch herrschte in diesem Wald vollkommene Stille, wie sehr ich auch horchte. Außer dem gleichmütigen Gemurmel des Baches war nichts zu vernehmen.

Erst später, als wir bereits in die kühl-schwüle Region des eigentlichen Nebel- und Regenwaldes eingetreten waren – nun war der Wald kein Wald mehr, sondern ein Dschungel von üppigstem, kaum durchdringlichem Pflanzenwuchs –, begleitete den Esel und mich für lange Zeit so etwas wie ein Eichelhäher mit ähnlich klingendem, misstönigem Gekreisch, ohne dass es mir je glückte, das die ganze unsichtbar bleibende Waldbevölkerung vor uns warnende Vogeltier genauer zu erkennen. Stets zogen die Flatterflügel unbestimmt einen Steinwurf weit vor oder neben mir durchs Ast- und Blattgewirr. Schnatterte der hartnäckige Warner seine Signale durch die stickige Luft in der grünen Dämmerung der Waldestiefe, so tat er dies stets hinter dichten Laubschleiern verborgen. Ich merkte, dass auch dem Esel die Sache ungemütlich wurde. Vielleicht wollte der Vogel gar nicht die anderen Waldbewohner vor uns warnen, sondern uns vor irgendeiner im Dickicht lauernden Gefahr.

Doch das focht mich nicht an, und auch der aufmerksam mit den Ohren spielende Esel dachte nicht daran, mich nicht nach wie vor dichtauf, eher noch dichter, zu begleiten.

Ebenso plötzlich wie der lärmende Störenfried aus dem Nichts aufgetaucht war, verschwand er nach einer guten halben Stunde wieder ins Nichts und ward nicht mehr gehört, erst recht nicht gesehen.

Sollte ich nicht vielleicht doch warten, bis meine Leute wieder mit mir aufgeschlossen hatten? Schusswaffen hatte keiner von uns mitgenommen. Waldelefanten gab es am Berg und gelegentlich Leoparden. Aber wenn man ihnen nicht zu nahe trete, seien die wilden Tiere froh, wenn sie sich so heimlich, wie die Umstände es erlaubten, beiseite drücken konnten, hatte mir der alte Kloss versichert. Ich habe auch weder Elefanten noch Leoparden zu Gesicht bekommen, wenigstens nicht da oben am Berg. Ein einziges Mal blickte von nahebei ein offenbar sehr überraschtes Pärchen von kleinen, zierlichen Affen mit langen Schwänzen zu meinem Esel und mir herüber; sie keckerten aufgeregt los, nachdem sie sich erst einmal gefasst hatten, und turnten dann mit überlangen Armen und Beinen schleunigst in den Schutz dichten, feuchten Gezweigs davon. Sonst hätte man meinen können, dass der Urwald überhaupt kein lebendes Wesen beherbergte.

Doch wurde ich eines anderen belehrt. Der Pfad zog abseits vom Bach durch eine so gut wie ebene Mulde, wo dieser in einigen Armen zerfloss und im Laufe der Zeit nach schweren Platzregen grau-braunen Sand und auch schwärzlichen Schlamm angespült und ausgebreitet hatte. Das volle Licht des Tages fiel in diese etwa hundert Schritt lange und halb so breite Lichtung, die von dem Geflecht des hier ganz sachte rinnenden Bachs durchrieselt wurde. Es hatte wohl seit Tagen nicht geregnet, und der Erdboden zeigte sich trocken. Und da konnte ich nun im Sande lesen wie in einem aufgeschlagenen Buch: Sie zeichneten sich deutlich ab, die Spuren vieler Huftiere; es musste also Wild genug im Unterholz geben. Auch andere Spuren, von Pfoten und Krallen, auch von kleinstem Getier, ließen sich erkennen. Und dann, schon von weitem wurde ich ihrer gewahr, die mächtigen Trittsiegel der grauen Säulen, auf denen Elefanten durch die Wälder ziehen, unhörbar meistens, wenn sie nicht gerade äsen und sich mit lautem Gekrache und Geknalle Äste von den Bäumen brechen, um sie ihres Blattwerks zu berauben.

Die Elefantenspuren waren noch ganz frisch, wie mir schien,

waren erst am Morgen zuvor in den feuchten Boden getreten. Unwillkürlich blickte ich mich um, ein wenig besorgt. Wer wird schon gern auf freier, leerer Fläche aus dem Waldrand von wilden Elefanten beobachtet? Auch mein Esel schnupperte an den unverkennbaren, tiefen und runden Eindrücken im feuchten Sand. Doch schien er sich nicht besonders dabei aufzuregen, war nur neugierig. Das beruhigte mich. Afrikanische Esel kennen sich sicherlich besser mit Elefanten aus als mehr oder weniger zivilisierte Mitteleuropäer. Auch war der Esel, wie ich gehört hatte, schon an die zwei Dutzend Mal auf den Berg gewandert und heil wieder heruntergekommen; er würde also seine Erfahrungen gesammelt haben. Und, obgleich ich mit Vergnügen berichten würde, ich hätte plötzlich eine ganze Herde von Elefanten unter den Bäumen des Urwalds wie aus Stein gemeißelt stehen und zu mir herüberstarren sehen, und die Leitkuh hätte mit erhobenem Rüssel, Trompetengeschmetter und weit abgespreizten Flatterohren einen Scheinangriff veranstaltet, wurde mir dieser erregende Anblick nicht zuteil. Es blieb alles still ringsum. Die Nachmittagssonne brannte vom Himmel. Über der Feuchte der Schwemmland-Ebene des Baches taumelte in wirrem Spiel eine lockere, kleine Wolke von bläulichen Faltern. Sehr hoch in der blauen Weite und nur durch Zufall mit dem Auge zu entdecken, zog ein Geier seine weiten Kreise, oder war es ein Adler? Grün-schwarz, dunkel und undurchdringlich umstanden mich die Wände des Urwalds, stumm und sehr fremd. Die langen Zungen des Baummooses, die aus den Kronen herniederhingen, bewegten sich im leichten Wind, täuschten Leben nur vor. Die Geisterstunde schlägt nicht des Nachts in Afrika; denn nachts kann man sie durch ein großes Feuer bannen. Die wahre Geisterstunde ist die des hohen Mittags, wenn alles sich vor dem senkrecht aus der Höhe seine Glut verströmenden Tagesgestirn verkriecht, vollkommenes Schweigen herrscht und keine andere

Rettung bleibt als zu warten – zu warten, dass die Sonne sich neigt.

Aber sie neigte sich längst an jenem Nachmittag. Auch tauchten schon meine Männer auf. Der Tunnel des Urwaldpfades entließ sie einen nach dem andern. Der Führer warf nur einen kurzen Blick auf die Elefantenspuren:

»Hier immer Elefanten. Kommen trinken jeden Abend. Noch halbe Stunde. Dann Bismarckhütte. Dort wir bleiben über Nacht.«

Er nahm den Stock, an dem sein bescheidenes Bündel hing, über die andere Schulter und wanderte weiter. Eine Minute lang hatte der Gänsemarsch der Lastenschlepper hinter ihm innegehalten. Nun zogen sie alle ernsten Gesichts an mir vorbei, ohne mich anzublicken, und verschwanden am oberen Ende der kahlen Fläche wieder im Urwald.

Ich dachte mir, sie sollen ruhig eine halbe oder ganze Stunde Vorsprung gewinnen, dann ist im Nachtlager schon alles vorbereitet, wenn ich ankomme, und ich kann mich nach dem Abendessen hinsetzen und einiges notieren. Hier muss sich gegen Abend doch irgendwas ereignen – so viele Spuren im feuchten Sand! Die Leere und Einsamkeit ist nur scheinbar. Die Bismarckhütte lerne ich noch früh genug kennen.

Bismarckhütte – sie stammte noch aus der deutschen Zeit, wie der Name eindeutig verriet. Die Engländer hatten ihn erstaunlicherweise nicht verändert, ebenso wenig wie den der weiteren Peters- und, der letzten, höchsten, der Kibo-Hütte.

Sonst waren sie überall sehr eifrig, in und nach dem Ersten und Zweiten Weltkrieg die Namen, die an eine deutsche Vergangenheit erinnerten, in englische abzuwandeln.

Ich suchte mir einen versteckten Platz im Waldrand, nahe der Stelle, wo der Pfad wieder ins Dickicht tauchte; und wartete. Von meinem Posten auf dem schwarzen Stamm eines gestürzten Baumes konnte ich die Lichtung mit dem verzweigten Wasserlauf gut beobachten, ohne selbst entdeckt zu werden. Der Esel hatte eine Weile nahebei an Laub und Kraut genibbelt, schien nicht sehr einverstanden mit dem, was er fand, und stand nun regungslos ein paar Schritte abseits mit hängenden Ohren; er schlief.

Stille und Verlassenheit waren vollkommen. Nichts wollte sich regen – irgendwie oder irgendwo. Ich versank in meinen bevorzugten Zeitvertreib, ins Grübeln.

Afrika – viel davon lag schon hinter mir, mindestens ebenso viel noch vor mir. Afrika, Steppe mehr als alles andere, auch Wüste – hatte ich doch schon die Namib erlebt, die vollkommen wasserlose Küstenwüste vom nordwestlichen Kapland über Südwest bis hinauf ins südwestliche Angola. Und nun umringte mich der feuchte Urwald zum ersten Mal, wie er Zentral- und Westafrika erfüllte, das mir noch bevorstand. Und in diesen Tagen stieg ich einem Höhepunkt entgegen, dem Gipfel des höchsten afrikanischen Berges, einem »Höhe«-punkt nicht nur, so hoffte ich, in geografischer Hinsicht, sondern auch insofern, als er mir vielleicht dazu verhalf, Afrika als einen der großen Gedanken des Schöpfers zu begreifen, als welcher der Kontinent gemeint sein musste.

Denn darauf kommt es an bei einer großen Reise: Nicht, dass man ein paar Sensationen, Merkwürdigkeiten, Besonderheiten kennen lernt wie die Kunststücke und Überraschungen in einer Zirkusvorstellung, sondern dass man irgendwann ein Zipfelchen vom einmaligen Wesen, sozusagen von der Idee des fremden Landes oder Erdteils zu fassen bekommt; wodurch dann später vieles, was in jener fernen Welt passiert, viel besser oder überhaupt erst verständlich wird – obgleich die Reise längst vergangen ist.

Hier gab es also Berghütten. Europäer, Weiße, in diesem Einzelfall Deutsche, hatten sie errichtet, um den höchsten Gipfel des Kontinents leichter ersteigbar zu machen, nachdem sie ihn zuvor als erste Menschen erstiegen hatten. Die schwarzen Völker am und um das gewaltige Massiv, der Rasse nach Bantu und Hamiten, hatten nie den Wunsch verspürt, den Berg zu ersteigen, dessen silberner Firn seit Jahrhunderten oder gar Jahrtausenden zu ihren Vorfahren herniedergeleuchtet hat. Die Europäer indessen hatten den Berg bezwungen, nur wenige Jahrzehnte nachdem sie ihn zum ersten Mal erblickt hatten.

Man kann die Gedanken endlos wandern lassen, wenn man einigermaßen ermüdet und nach ungewohnter Wanderung mit wehen Füßen an einem Waldrand hockt und sehnsüchtig darauf wartet, dass sich etwas Afrikanisches ereignet, man weiß nur nicht was. Nun, es ereignete sich gar nichts an jenem späten Nachmittag unterhalb der Bismarckhütte, einzig dies, dass zwei Schwärme von Wildtauben einfielen, um ihren Durst zu löschen. Die Tauben trippelten hin und her, wagten sich schließlich ins Wasser, wo es am flachsten war, senkten die Schnäbel ins Nass und hoben jedes Mal danach die zierlichen Köpfchen, um den Tropfen die Kehle hinunterrinnen zu lassen. Wie auf ein scharfes Kommando hob sich der Schwarm jähe in die Luft und strich auf knatternden Flügeln ab. Was ihn aufgeschreckt haben konnte, entdeckte ich nicht. Auch der Esel erwachte von dem Geknall der Flügel und blickte dumm. – Es wurde spät. Ich wusste nicht, wie weit ich noch zu steigen hatte. Die Nacht fällt in diesen Regionen dicht unter dem Äquator nach nur ganz kurzer Dämmerung sehr schnell ein. Ich hatte keine Lust, das letzte Stück des Tagesmarsches womöglich im Dunkeln durch den Wald zu stolpern. Außerdem hatte sich der Esel den Tagelohn, den ich für ihn bezahlen musste, noch nicht verdient. Ich bestieg ihn also; er leistete auch keinen Widerstand, sondern trug mich ohne zu zögern weiter durch den dunkelnden Wald, bis ein Dach unter hohen Bäumen auftauchte. Vor dem Hause brannte ein loderndes Feuer, über dem ein paar geschwärzte Töpfe baumelten. Aus ihrem Innern stieg ein verheißungsvoller Duft.

Im Blockhaus selbst verbreitete im Hauptraum eine Petroleum-Lampe mildes gelbes Licht und für mich war, ob man es glaubt oder nicht, richtig ein Tisch gedeckt. Matthias, der Führer – und Koch – servierte – was sonst? – Safari-Adler, gebratenes Huhn, dazu gab's kräftiges Brot aus dem Ofen des Herrn Kloss, Butter, Orangen-Marmelade und Tee – und alles schmeckte hervorragend.

Ich sah danach noch einmal nach der Nacht – sie zeigte sich milde und voller Sterne – und lag bald in meinem warmen Schlafsack in dem harten, aber vor allem Tau und Ungemach schützenden Schragen der Hütte mit dem Namen des letzten großen Staatsmannes der Deutschen.

Nach der Wanderung des nächsten Tages machten wir bei der nächsthöheren, der Peters-Hütte, für vierundzwanzig Stunden Rast. Wir hatten die 3000-Meter-Grenze längst überschritten. Der Wald war magerer geworden, der Pfad steiniger, steiler und beschwerlicher. Die Bäume des Regenwaldes wichen stets lockerer stehenden Kiefern und anderen Nadelbäumen. Von tropischen Temperaturen hier auf nur etwa drei Grad südlicher Breite war nichts mehr zu spüren. Wir mussten unseren Herzen und Leibern Gelegenheit geben, sich an die Höhe und Kühle zu gewöhnen. Die Träger hockten um große Feuer und wärmten sich. Feuchtkalter Nebel strich vom Berg herunter. Die Männer zerrten ihre Wolldecken dichter um die Schultern. Ich setzte mich zu ihnen und versuchte, ein Gespräch in Gang zu bringen. Ohne Erfolg, sie blieben verschlossen, wenn auch nicht feindlich. Ich hatte sie alle erst in der Stunde des Abmarsches vom Kibo-Hotel kennen gelernt, hatte mich ganz darauf verlassen müssen, dass der alte Kloss mich mit zuverlässigen Leuten auf den Berg schickte. Sie haben, wie gesagt, ihre Aufgaben mit großer Gewissenhaftigkeit erfüllt und haben mich, obgleich sie mir gram waren, keinen Augenblick lang im Stich gelassen. Sie bestätigten mir so, dass Treue und ein natürlicher Anstand zu den vornehmsten Eigenschaften der Schwarzen gehören.

Die Träger sollten mich nur bis zur letzten, der Kibo-Hütte begleiten, sollten dort Proviant und Ausrüstung für zwei Tage absetzen und dann, bis auf zwei, wieder zurückmarschieren. Nur der Führer Matthias und ich allein würden dann den letzten eigentlichen Aufstieg zum hohen, mit ewigem Eis gekränzten Kraterrand des Kibo-Gipfels unternehmen, nachdem wir vorher noch einmal einen Tag lang uns der Höhe anzupassen versucht haben würden. Der Esel würde sogar meine Rückkehr bei der mittleren Hütte abwarten müssen, lag die doch schon fast an der Baumgrenze. Höher hinauf finden selbst genügsame Esel nicht mehr genug zu fressen.

Wir hatten den breiten flachen Sattel zwischen dem brüchigen, halsbrecherischen Mawenzi-Gipfel und dem als Kraterrand abgeflachten Kibo-Gipfel nahe dem Mawenzi erreicht und mussten nun die gewölbte Fläche der Länge nach überqueren. Wir befanden uns auf etwa 5000 Meter Höhe. Die Sonne stach mit beinahe schmerzend starker Helligkeit vom schwarz-blauen, von keiner Wolke getrübten Himmel. Die Luft war gläsern klar und sehr leicht, allzu leicht, wollte es mir erscheinen. Ein dünner Wind strich von Norden, also aus der Amboseli-Steppe (die schon in Kenia liegt) über den Sattel hin, bitterkalt und schneidend. Diejenige Seite meines Gesichts und Körpers, die von der allmächtigen Sonne angestrahlt wurde, brannte, als würde sie angesengt; auf der anderen Seite, die im Schatten war, fühlte ich eisige Kälte. Ich maß die Temperaturen auf der Sonnenseite und im Schatten eines großen Felsblocks. Vorn hatte ihn die Sonne auf 25 Grad erhitzt; auf der Rückseite herrschten minus 5 Grad Kälte!

Während ich von solchen Scherzen, wie es mir stets ergeht, völlig besessen, meine Messungen anstellte, war mir meine Kolonne weit vorausgeeilt. Wie eine Kette von winzigen Ameisen zog sie vor mir über den vollkommen toten, leeren Sattel. Die allerletzten Spuren des Lebens waren zurückgeblieben. Hier, fast unter dem Äquator, nur kümmerliche fünf Kilometer über dem Spiegel des Indischen Ozeans, vermochte sich kein allerbescheidenster Rest organischen Lebens mehr zu behaupten. Mir wurde bewusst, wie überaus schmal, wie begrenzt die Zone um den Erdball ist, in welcher sich alles Leben, auch das menschliche mit seiner stolzen Geschichte, seinen selbstbewussten Kulturen und seinem nie endenden Zank und Streit abspielt. Eintagsfliegen-Spiel ist es, beschränkt auf den vergleichsweise hauchdünnen Luftmantel um den Erdball – und seine Dauer wie der winzigste Bruchteil einer Sekunde, gemessen an dem Alter unseres kleinen Dunkelsterns, das nach Millionen und Milliarden von Jahren zu zählen ist.

Aber dann sah ich weit vor mir meine Kolonne innehalten, und der Führer Matthias winkte mir eifrig zu, dichter aufzuschließen, damit ich sähe, was dort offenbar zu sehen war. Nach weiteren zehn Minuten war ich bei meinen Leuten angelangt.

Den scharfen Augen des Führers war es nicht entgangen:

Auf einem Abschnitt des Weges zur Kibo-Hütte (die ich im Fernglas am unteren Hang des der Hochfläche aufsitzenden Kibo-Kegels schon erkannt hatte) war eine sanfte Mulde zu überqueren, die von allerfeinstem Sand, besser Staub, angefüllt war, der aber recht fest gepackt zu sein schien, denn meine Stiefel hinterließen zwar deutliche, aber nicht allzu tiefe Abdrücke.

Ich erkannte sofort, was Matthias mir zeigen wollte oder musste, denn dergleichen gehörte zu seinen Aufgaben als Führer. Von der Kenia-Seite her überquerte eine tierische Fährte schnurgerade das Sandfeld, lotrecht zu unserer Marschroute, schnurstracks nach Süden zielend.

Der Stimme des Führers war einige Erregung anzumerken.

»Sieh dir das an, Bwana! Hier oben! An die zehn Meilen zwischen Wald auf Kenia-Seite und Wald auf Tanganjika-Seite, Spuren von großer Leopard. Er nicht rundherum, er wie Vogel fliegt über kalten Sattel zwischen Kibo und Mawenzi.

Dies das erste Mal, dass ich sehe Fährte von Tier so hoch oben.«

Der Leopard hatte es sehr eilig gehabt und war über die Höhe des Bergmassivs von Norden nach Süden gewechselt, hatte sich offenbar weder in der Richtung noch im Ziel seines Schweifens getäuscht. Woher wusste das Tier, dass es jenseits der vollkommen lebenslosen, eisigen Hochfläche, diesem riesigen kahlen Felsensattel, wieder mit Wald und Wärme und jagdbarem Getier rechnen konnte? Hatte es sich nur verlaufen? Aber das schien nicht wahrscheinlich, denn die Fährte des Leoparden zog schnurgerade heran und verlief sich ebenso gerade in gröberem Grund, wo die Sand- oder Staubfläche wieder in festeres Gestein überging. Nein, der Leopard war aus Kenia heraufgekommen in der Absicht, tanganjikische Gefilde zu erreichen. Die papierene Grenze, die im Norden und Osten auf halber Höhe um das Bergmassiv herumführt, hatte ihn dabei nicht gekümmert. Was also erst der weiße Mann als besondere Leistung zu Stande brachte, und der schwarze erst vom weißen lernte, das haben die Leoparden wohl schon seit jeher zum Schatz ihrer Erfahrungen gerechnet.

Hatte ich schon jemals so entsetzlich gefroren wie an jenem weltraumstillen Morgen, als wir es unternahmen, die letzte Etappe des Anstiegs zum vergletscherten Kraterrand des Kibo-Gipfels des Kilimandjaro zu bewältigen? Zugleich aber kam ich mir vor, als schwitzte ich geradezu maßlos, war doch auch die Anstrengung, die ich mir abzuverlangen hatte, allem Anschein nach ebenso maßlos und selbst mit zusammengebissenen Zähnen kaum zu vollbringen. Und der verdammt steile Schutthang unter mir, über mir, wollte sich endlos bergauf dehnen, verschwamm vor mir, über mir in ungewisser, blasser Finsternis. Wenn ich den Kopf weit zurücklehnte, sah ich in scheinbar ganz unerreichbarer Höhe einen feinen Silberstreifen im zaghaften Licht der kaum erst über dem östlichen Abgrund des Himmels aufgetauchten Mondsichel schimmern. Das war die Gletscherkante, die ich mit Matthias, dem Führer, ersteigen sollte. Sie wollte mir unerreichbar fern vorkommen.

Hatte ich mich schon jemals so fürchterlich quälen müssen, voranzukommen, wie an jenem letzten Morgen, an dem es allerdings nun wirklich steil bergauf ging? Ich keuchte, kam mir selber ganz fremd vor. Die Lunge pumpte Luft, allzu dünne Luft, in verzweifelter Bemühung, genügend Sauerstoff in den Körper zu saugen. Aber der leise, jedoch schneidend kalte Wind wehte mir von oben entgegen, brachte die dünnere Luft aus der Höhe zu mir herunter. Das Herz schlug mir hart wie ein Hammer im Käfig der Brust, als wollte es sein Gitter von innen her aufbrechen. Das einzig noch Gesunde und Kräftige in mir war der verbissene Wille, nicht nachzugeben und meinen Abstand zu Matthias, dem Führer, der halb rechts oberhalb von mir mit der gleichen mühseligen Langsamkeit wie ich selber hangauf strebte, nicht weiter werden zu lassen, als er ohnehin von Anfang an gewesen war.

Wir waren gegen halb zwei Uhr morgens von der Kibo-Hütte aufgebrochen. Die Träger hatten einen Vorrat an Brennholz und Proviant für zwei Tage vom Waldrand bei der mittleren Hütte heraufgeschleppt und hatten sich dann sofort auf den Rückmarsch zur Peters-Hütte gemacht – bis auf zwei, die kräftigsten, die nach der Besteigung des Gipfels für den Rücktransport des Bettzeugs und der Kochgeräte sorgen sollten, überhaupt als Eingreif-Reserve gedacht waren. Matthias und ich hatten – wie schon ge-

sagt – auf schon über 5000 Meter nochmals einen Rasttag eingelegt, um uns noch ein wenig besser an die ungewohnte und vielleicht allzu schnell erreichte Höhe anzupassen. Mir war die Rast
nicht geglückt. Im Freien sengte die gnadenlose Äquatorsonne die
Haut, wo diese nicht beschirmt war – und im Schatten biss der
harte Frost mit scharfen Zähnen. In der sehr beengten Hütte
konnte ich den Schwarzen ihr entnervend plätscherndes Gespräch nicht verbieten. Auch schwand das Brennholz in dem kleinen Kanonenöfchen schnell dahin. Wir mussten sparen, somit
wurde auch das Obdach der Hütte ungemütlich. Nach wie vor be-
handelten mich die Männer, mit denen ich gern ein wenig ver-
traulich geworden wäre, wie einen unvermeidlichen, aber gleich-
gültigen Außenseiter – was mir ein Rätsel blieb, war ich doch
sonst mit Bantu-Menschen stets leidlich ausgekommen.

Um ein Uhr morgens hatte mich Matthias geweckt. Viel zu
wecken war da nicht gewesen. Ich hatte ohnehin vor Kälte, Auf-
regung und Erwartung nur wenig oder gar nicht geschlafen.
Feuer im Ofen hatte Matthias nicht entzündet. Der Rest von
Brennholz musste für unsere Rückkehr aufgehoben werden. Die
beiden Träger schliefen, zu warmen Bündeln verpackt, auf zwei
mit Lederriemen verspannten Schragen und kümmerten sich
um unseren Aufbruch nicht. Ich fror wie ein Schneider, sagte mir
aber, dass mich die Kraftprobe des nun im Ernst beginnenden
Anstiegs schon warm machen würde – was sich aber, wie schon
gesagt, nicht erfüllte.

»Warme Sachen anziehen und feste Stiefel mit Nägeln«, hatte
Matthias anbefohlen und hinzugefügt:

»Und dunkle Sonnenbrille nicht vergessen und Wollmütze!«

Den Tropenhelm war ich für diesen Tag wenigstens los. Ich
habe das harte, ungeschickte Möbel von jeher gehasst – und
schon seit längerer Zeit ist es ja auch total aus der Mode gekommen.

Als meinen Matthias und mich kurz nach zwei Uhr die knarrende Tür ins Freie entließ, vergaß ich die Unbilden der Nacht und des langen Anmarschs in den Tagen zuvor auf der Stelle, hörte auch kaum, dass Matthias mich noch anwies: »You just follow me, Bwana!« – »Mir nur immer hinterher, Herr!«, und dann langsamen, vorsichtigen Schrittes den Weg bergauf nahm – gleich oberhalb der Hütte ging es über einigermaßen gangbares Geröll mit der Steigung einer steilen Treppe den Hang hinauf.

Welch eine Nacht! So hatte ich noch keine Nacht erlebt wie diese Nacht am Äquator auf eisiger, dem Menschen längst nicht mehr gemäßer Höhe. Die Sterne brannten mit kaltem, irisierendem Licht wie abertausend winzige Lämpchen. Der Mond war noch nicht hoch. Wenn ich noch am Abend zuvor nicht hatte glauben wollen, dass wir so spät in der Nacht oder so früh vor dem Morgen genügend Helligkeit haben würden, in den Berg zu steigen, wo er nun wirklich steil wurde, so sah ich mich eines Besseren belehrt: Die Sterne gewährten ein zwar nur zart fließendes Licht, in welchem jedoch alle Einzelheiten des Felsbodens und der weiteren Umgebung ohne jede Unschärfe in Erscheinung traten.

Ich blickte mich um, nachdem ich erst einmal dem wie zögernd und wählerisch den leichtesten Weg durch die Felsen suchenden Führer für eine Viertelstunde gefolgt war. Die Hütte war schon nicht mehr zu erblicken. Eine vorspringende Felsnase hatte sie unseren Blicken entzogen. Kam ich schon ins Keuchen? Schon nach einer Viertelstunde? Auch Matthias hatte einen Steinwurf weit über mir innegehalten und stützte sich auf seinen Bergstock mit dem Eisenzacken; einen ebensolchen hatte er auch mir mitgegeben; er leistete gute Dienste.

Mühe und mangelnder Atem sollten mich nicht daran hindern, die hohe afrikanische Nacht mit allen Sinnen in mich aufzunehmen, hatte ich am Abend zuvor beschlossen. Dass ich nun wahrscheinlich zum einzigen Mal in meinem Erdenleben einen Sechstausender bezwang, darauf kam es nicht an. Was bedeuten solche Zahlen anderes als den unzulänglichen Versuch, die Unermesslichkeit und Erhabenheit der Natur messbar zu machen? Aber den Urwald und die Bergnacht, die Felsenwelt und die eisige Höhe schon weit über der dem Menschen zugewiesenen Welt, das alles wollte ich mir ein für alle Mal ins Gedächtnis prägen.

Das Schweigen lastete ungeheuer über der mächtigen Öde. Die Luft, die aus der Höhe sachte herniederstrich, floss lautlos an mir vorbei zu Tal. Und doch dröhnte mir die Musik der Sphären in den Ohren (oder war es nur der sich schon bemerkbar machende Sauerstoffmangel?). Die unzählbare Schar der Sterne schüttete ihr Licht, einen allerfeinsten Schaum, überallhin, erzeugte aber nirgendwo einen Schatten. Das war es, was die Nacht so unirdisch machte: Licht überall, zartestes, unendlich fein gesponnenes Licht, aber nirgendwo Schatten! Jeder Kiesel am Boden, jeder zackige Brocken war genau zu erkennen.

Und die groben, senkrechten Zinnen des Mawenzi zeichneten sich wie mit spitzer Nadel in Kupfer gestochen gegen den silbern glimmenden Himmel im Osten ab. Blickte ich aber bergab, so ruhte da der große Sattel und darüber hinaus unbestimmt und ohne Kontur die übrige Welt, ein dunkler, warmer Leib, sehr fern, eine schlafende Tiefe, die Bezirke der Menschen.

Die Kälte machte mich schauern. Wir mussten weiter! In vier bis fünf Stunden, wenn die Sonne aufging, wollten wir den Kraterrand erreicht haben. Matthias stieg schon wieder.

Wenn auch mit jagendem Herzen und fliegendem Atem, hielt ich drei Stunden lang leidlich durch. Ich tat, wie mir geraten war: anfangs noch zehn bis fünfzehn Kletterschritte und dann zwei oder drei lang stille stehen – und so langsam, immer langsamer, schließlich schon nach zwei Schritten für die Dauer von zwei

Schritten stehen bleiben und dem Herzen eine kleine Pause gönnen! »Aber nicht nachlassen, Bwana, nicht nachlassen!«, hatte Matthias gemahnt. »Wenn Pause zu lang, dann Kraft futsch!« Matthias wusste, was er sagte; ich konnte mich auf seine Anweisungen verlassen.

Ich war längst bei zwei Schritten bergauf und zwei Schritten Pause angekommen. Das war nicht viel, aber es schien meiner Leistungsfähigkeit zu entsprechen. Matthias war mir nun doch recht weit voraus und höher hinauf geraten. Er sah sich ab und zu nach mir um, schien dann aber zufrieden mit mir zu sein und zerrte sich weiter dem Ziel entgegen. Die weißlich glimmende Gletscherkante war allmählich – Gott sei Dank, es war wirklich so –, sie war nun schon ganz deutlich herabgerückt, lag nicht mehr in ungewisser Himmelsferne über uns. Allerdings hatte ich nicht mehr die Kraft, mich um den Zauber der Hochgebirgs-Nacht und die schimmernde Sternenflur über mir zu kümmern. Meine ganze Existenz wurde beansprucht durch den alle anderen Regungen in sich einschlingenden Zwang: zwei Schritt weiter, zwei Schritt Pause! Eine Maschine war ich, die die letzten Tropfen Betriebsstoff strecken muss, so weit sie kann! Die einmalige Nacht um mich her – sie hatte sich fortgehoben, war nicht mehr vorhanden. Zwei Schritte weiter, höher und noch zwei – nichts anderes war noch gültig.

Und dann gelangten wir aus dem groben, aber immerhin trittfesten Gestein und Gefels an einen etwa um eine halbe Senkrechte geneigten Hang, der, wie mir schien, ohne Unterbrechung bis zur Gletscherkante hinaufführte. Im ersten Anschauen wollte er mir sogar einen leichteren Anstieg gewähren als die Halde groben Gerölls, die schon hinter uns lag. Matthias hatte auf mich gewartet. Er keuchte nicht so stark, wie ich zu keuchen hatte. Sein Körper mochte die früheren Besteigungen, die er unternommen hatte, noch nicht vergessen haben. Er merkte natürlich, dass mit meiner Kraft kein großer Staat mehr zu machen war. Aber er tröstete: »Bwana ganz gut, ganz gut! Noch zweihundert Meter bis Eis. Dann ganz leicht wie Treppe. Noch zehn Meter und dann ganz oben! Kannst du dann in Krater hineinsehen und bis Indischen Ozean, wenn Sonne aufgeht.«

Ich muss gestehen, all dies war mir gleichgültig geworden. Wenn nur diese grausige Plackerei endlich aufhörte! Zweihundert Meter – das musste noch zu schaffen sein, und dann fand die Tortur den Abschluss. Sonne aufgehen? Wieso? Noch immer umzingelte uns unverändert die verwunschene Nacht. Am liebsten hätte ich kehrtgemacht. Aber durfte ich mich vor Matthias derart jämmerlich bloßstellen? Ich wusste, was ich mir schuldig war, so albern und dumm mir dergleichen auch stets vorgekommen ist:

»Also los, Matthias! Dies letzte Stück schaffen wir auch noch!«

Wir schafften es nicht, das heißt, ich schaffte es nicht. Schon nach den ersten zehn Minuten musste ich erkennen, dass alles Vorhergegangene nur ein Kinderspiel gewesen war gegen das, was als letztes Hindernis vor dem Eis nun noch zu überwinden war. Der Hang bestand nämlich aus ganz tiefgründigem, lockerem Kies, Staub, körnigem Geröll, in dem der aufwärts tastende Fuß keinen Halt fand, ebenso wenig der Bergstock, den man vor sich in die Halde schlug, um sich daran, wie es in dem festeren Grund weiter unten möglich gewesen war, hochzuzerren. Der Stock mit dem Haken fand keinen Widerstand; man zog ihn leicht wieder frei, so fest man ihn auch einschlagen mochte. Und den Füßen erging es ähnlich. In dem lockeren Geschiebe, man mochte die Fußspitzen noch so energisch einbohren, rutschte man, sowie das Gewicht des Körpers auf den Fuß zu liegen kam, um einen halben oder den ganzen Schritt wieder abwärts. Oft genug fiel ich dabei nach vornüber auf beide Hände. Dabei entglitt schon nach der ersten halben Stunde der Stock und segelte auf der geneigten Halde auf Nimmerwiedersehen in die Tiefe. Hol ihn der Geier! Er war sowieso zu nichts mehr nütze!

Matthias hielt sich jetzt dicht neben mir. Auch sein Atem. keuchte wie der meine, wenn auch in etwas langsamerem Rhythmus. Mir hallten die Worte durchs leere Hirn: weiter, weiter, nicht nachgeben, weiter!

Tatsächlich, ich kam noch immer voran! Mehr als zwei Drittel des Weges bis hinauf zum Eis waren schon hinter uns, wenn auch nach zwei Schritten bergauf stets nur einer als echter Fortschritt übrig blieb; den anderen war man zurückgerutscht.

Als ein größerer Felsbrocken unter meinem rechten Fuß mir etwas festeren Halt zu gewähren schien, hielt ich wieder einmal inne, um auszumachen, wie weit die ersehnte Kante des Eises noch über mir entfernt war. Ich presste die Hand auf mein wie wild klopfendes Herz: noch zehn oder zwanzig Meter, dann war es geschafft. Ich schaffte es, schaffte es! Das Eis würde fest sein. Vielleicht musste ich mich auf alle Viere niederlassen. Aber dann war ich oben. Oben! Matthias winkte mir von rechts herüber und zeigte mit dem Finger aufwärts! Stimmt, Matthias, dies letzte Stück bezwingen wir auch noch!

Doch in diesem Augenblick, als ich zurückwinken wollte, löste sich unter meinem rechten Fuß der große Stein aus seinem unsicheren Lager, rutschte unter mir weg, kam frei und kullerte in immer größer und schneller werdenden Sprüngen talwärts davon.

Ich war urplötzlich des Halts, auf den ich mich verlassen hatte, beraubt. Der linke Fuß hatte ohnehin in lockerem groben Kies eine nur unsichere Unterlage gehabt. Ich sackte nach rechts weg mit wild schlagenden Armen und stürzte. Wenn ich auch im Fallen mich auf den Rücken drehte und Arme und Beine so weit wie möglich nach rechts und links von mir spreizte, so genügte doch die Wucht meines Aufpralls, die Oberfläche des äußerst locker geschichteten Berghanges unter meinem abwärts zerrenden Gewicht um mich her in Bewegung zu setzen.

Es gab kein Halten! In einer kleinen Lawine von Sand, Kies und Geröll schlitterte ich den ganzen, so mühsam erklommenen Hang wieder talab. Es nutzte auch gar nichts, dass ich versuchte, meine Absätze als Bremse zu gebrauchen. Auch meine Ellenbogen grub ich ein.

Ich fand keinen Halt. Ich kam erst wieder zum Stillstand, als am Fuße des Hanges gröberer Kies und schließlich Geröll meinen Füßen Widerstand boten, auch gelinder werdendes Gefälle die Eile des Abrutschens minderte.

Ich befühlte mich völlig benommen, richtete mich zu sitzender Stellung auf. Die Ärmel meiner dicken Jacke waren zerfetzt. Der Ellenbogen blutete. Aber gebrochen hatte ich nichts. An Schrammen und blauen Flecken würde kein Mangel sein. Aber die heilten bei mir stets schnell wieder ab.

Wie lange ich wie betäubt im Sande hockte, weiß ich nicht. Ich musste nach dem Schock erst wieder zu mir kommen. Das Erste, was mir einfiel, war: Den Hang zum Eis noch einmal versuchen? Unmöglich! Ich hatte getan, was ich konnte! Mehr konnte ich nicht! Es reichte! Hohe Berge sind nichts für dich, mein Junge! Ein für alle Mal aus mit der Bergsteigerei! Nichts für dich, du Produkt der weiten Ebenen des Ostens. Man muss wissen, wann man sich geschlagen geben muss. Ich wusste es.

Ich hatte keine Eile mehr. Die schnelle Fahrt aus der Höhe hatte mich in etwas günstigere Zonen befördert. Ich meinte zu spüren, dass mein Herz sich leicht beruhigte. Matthias? Er hatte mir natürlich nicht helfen können. Er würde einen schweren Schrecken davongetragen haben und nun sehr darauf Acht geben, nicht auch ins Gleiten zu geraten, und sachte absteigen. Gebrochene Knochen durfte er jetzt erst recht nicht riskieren. Allmählich fand ich mich wieder zusammen. Ich wuchtete mich mühsam mit schmerzenden Gliedern hoch, sah mich nach meinem Bergführer um: Ja, schräg zum Hang hatte er sich mit vorsichtig tastenden Schritten im Zickzack auf den Abstieg gemacht. Es würde eine beträchtliche Zeit dauern, ehe er auf diese sehr bedachte Weise meinen Platz erreichte.

Ich hatte wieder einigermaßen festen Grund unter meinen Füßen und suchte mir ein paar Schritte bergab einen ersten größeren Felsblock, auf dem ich mich niederlassen und ausruhen konnte. Merkwürdigerweise hatte mich das Gefühl der Kälte fast vollständig verlassen. Ich befühlte noch einmal meine Arme und Beine: Nein, nichts gebrochen oder verrenkt! Der Berg war im Grunde freundlich mit mir verfahren, hatte lediglich mich, der ihm nicht gemäß war, abgeschüttelt. Nun gut, ich hab's begriffen, Berg, und vielen Dank!

Ja, ein sonderbares Gefühl der Freude und des Dankes wallte plötzlich in mir auf. Wo war ich denn? Immer noch auf 5700 oder 5600 Meter Höhe über dem Meeresspiegel! Ganz respektabel für einen Flachland-Bewohner. Und schlappgemacht hatte ich auch nicht, sondern war von stärkerer Gewalt geworfen worden. Ruh dich ruhig ein Weilchen aus alter Junge! Sieh, es graut dir schon ein neuer Morgen!

Ein bisschen feierlich, wie ich mich da tröstete auf meinem repräsentativen Felsblock hoch am Hang des Kibo-Gipfels! Aber ich war aus meinem Alltag längst herausgestoßen, hatte mit steigender Intensität das Besondere dieses Ausflugs in große Höhen erlebt und war nun vollends durch den Absturz oder besser Abrutsch über die Halde – nachdem ich ihn so gut wie unversehrt überstanden hatte – wie mit einem neuen Leben beschenkt. Eine kleine Weile sinnierte ich darüber, warum ich nicht von einer ganzen Lawine des lockeren Gekiesels und Staubes verschüttet worden war. Aber der Hang war ja von selbst in der richtigen, einer dauerhaften Neigung zur Ruhe gekommen und konnte nur dort und nur ganz an der Oberfläche in Bewegung gebracht werden, wo ein größerer, flacher Gegenstand, wie es mein Körper mit abgespreizten Armen und Beinen gewesen war, auf ihm abwärts glitt.

Ich war wie neu geboren. Die alte Regel, die für Kriege ebenso gilt wie für große und gelegentlich nicht ungefährliche Reisen, hatte sich wieder einmal an mir bewährt: Dicht daneben ist auch vorbei! (Man muss das auf Berlinerisch aussprechen, dann erst kommt die nüchterne, achselzuckende Wahrheit richtig heraus!)

Mein ganzer Rücken war voll Sand. Meine Haare waren voll Sand. Meine Wollmütze war abhanden gekommen. Die Schrammen an meinen Ellenbogen krusteten sich schon zu. Ich dehnte mich. Auch meine Handflächen waren zerschunden. Doch war es, als gehörte das alles gar nicht zu mir…

All die Misshelligkeiten der vergangenen Stunden sanken plötzlich von mir fort, als wäre ein Zauberspruch geflüstert. Ich blickte mich zum ersten Mal, seit ich mich nach dem Abgleiten gefangen hatte, mit vollem, jedoch verändertem Bewusstsein um:

Es tagte! Es tagte mit noch nie so erlebter Macht und Schnelligkeit!

Und es war zugleich, dass sich mir in jenem lautlosen, geheimnisvollen Augenblick eine der ganz seltenen Offenbarungen, einem echten Wunder gleich, öffnete, die man zu erleben sich sehnt, wenn man gegen alle Schwierigkeiten und Widerstände sich anschickt, eine große Reise zu beginnen. In dieser so jähe wie nirgends in gemäßigten Breiten und geringerer Höhe aufbrechenden Morgenhelle enthüllte sich mir Afrika in seinem einmaligen Wesen.

Von meinem Platz aus blickte ich etwa nach Südosten. Ein wie Opale flirrendes Licht war zu meiner Linken über den Horizont aufgeglitten, hatte ihn überhaupt erst sichtbar gemacht. Schon nach wenigen Minuten war die Kimm wie eines langen Messers Schneide erkennbar geworden. Rötliche Töne mischten sich bald in die aus silbrigem Grau ins Grünliche hinüberspielenden ersten leisen Farbenklänge. Licht schäumte lautlos von Osten her über die noch im Dunkel schlafende Erde. Plötzlich erfasste ich es: der schwarze, feine Streif tief unter mir – der Saum der Wälder, wohl an die anderthalbtausend Meter tiefer! Und wenn ich den Kopf hart nach links drehte: Dort reckte sich der Mawenzi, nicht mehr nur ein Schattenriss; er hatte Farbe bekommen, bräunliche, fast bis ins Schwarze hinein, warf auch helle Blitze zurück, wo die für mich noch hinter dem Erdball versteckte Sonne sich an seinen hier und da sehr glatten, senkrechten Wänden spiegelte.

So sah ich es schon, das nahende Gestirn, ehe es noch leibhaftig aus dem Osten heraufschwebte; der Ort, wo es geschehen musste, war durch die halbe Rosette von zunehmend roter, dann zu Gold sich steigernder Glut unverkennbar bezeichnet.

Schon schoss sie mir ihren ersten Glutblitz in die Augen. In einer oder zwei weiteren Minuten hatte sich meine Kugelheimat Erde so viel weiter in den Aufgang hineingedreht, dass das gesegnete Tagesgestirn unseres Planeten voll sichtbar geworden war. Und der Glanz, der damit zu meiner Höhe hinaufbrandete, wurde den Augen unerträglich; sie mussten sich abwenden.

Die Sonne war aufgegangen, die große Herrscherin Afrikas, die von der ältesten und einzigen Hochkultur, die Afrika hervorgebracht hat, der ägyptischen, zur Gottheit erhoben wurde, der jener sonderbar aus der priesterlichen Tradition ausscherende Pharao Echnaton seinen »Sonnengesang« widmete, lange vor unserer Zeitrechnung, eines der frühesten und sogleich großartigsten Dokumente der Verehrung überirdischer Macht!

Afrika, das Königreich der Sonne, der leuchtendsten, bis zur

Unerträglichkeit hellen Tage und der härtesten Schatten! Eine Stimme von irgendwo flüsterte mir dies zu. Ich rührte mich nicht. Nur meine Augen ließ ich wandern – und spürte es mit einmal auf der Haut meines Gesichts und meiner Hände: Sie wärmte schon, die starke, afrikanische Sonne – und schwebte noch nicht einmal eine Handbreit über dem Horizont!

Licht nun über der ganzen Welt, so weit mein Blick auch schweifte! Nein, noch nicht ganz: Im äußersten Westen glitt der Erdschatten so sachte, aber unaufhaltsam abwärts, wie im Osten das Gestirn des Tages hochstieg. Dort herrschte noch die Nacht; sie war aber auch dort schon auf der Flucht und würde in einigen Minuten vergangen sein.

Ja, Licht überall, aber nicht jene scharf umreißende Klarheit, die sich nur bei räumlicher Nähe ergibt. Wenn ich mich um etwa einen rechten Winkel auf meinem hohen Söller von der Sonne fort nach rechts, nach Süden also, wandte, so sah ich dort über den Saum des Urwaldes hinweg und unter ihm über die Felder und Gärten des Dschagga-Volkes eine fahle, krause Zone wie einen Gürtel um das Bergmassiv gelegt, sah weit, unbestimmbar weit in die öde Masai-Steppe hinaus; sie verschwamm in bläulich-milchigem Dunst in eine nicht absehbare Ferne. Blickte ich nach Südosten, so hoben sich dort wie samten dunkel aufgeworfene Falten die dem Meere zustrebenden Reihen der Pare- und Usambara-Berge, nicht hoch genug, als dass ihre Kämme schon in die waldlose Zone hinaufreichten.

Afrika also, der große, immer noch – für uns – in seinem Wesen dunkle Erdteil der Sonne. Dort unten, in den unabsehbaren, mit grandioser Eintönigkeit bis zum Kapland hinunter, bis zur vollen Wüste der Sahara und zum abessinischen Hochland hinauf sich endlos dehnenden Gras-, Busch- oder Baumsteppen, in den kaum je etwas feuchteren Savannen mit den hausdicken Baobab-, den Mammut-Bäumen, den Schirm-Akazien, den

Kameldorn-Bäumen, in den flüsternden, verschwiegenen Dorn-busch-Steppen im Südwesten, Afrika, ein dürrer, brennendhei-ßer (am Tage), aber auch bitterkalter (des Nachts), ein harter Kontinent – von meinem Hochsitz auf 5600 oder 5700 Metern blickte ich ihm mitten ins Herz, erkannte ihn in seiner Härte und – Trauer.

Und die in diesen Steppen-Erdteil merkwürdig unvermit-telt und abgegrenzt eingelagerten großen Placken feuchtschwü-ler Urwälder, im riesigen Kongobecken, an der Westküste um den Golf von Guinea und schließlich in kleineren Inseln um die Sockel der höheren Gebirge und Einzelberge im Osten, diese überreich beregneten Zonen, über welche beinahe an jedem brü-tenden Nachmittag wild gewaltsame Gewitter hereinbrechen, schienen es noch besonders deutlich machen zu wollen, dass die Natur des Erdteils Afrika aus lauter schwer oder gar nicht zu ver-einbarenden Gegensätzen verquer und grob zusammengehauen ist, als wäre Afrika noch gar nicht recht fertig.

Afrika in all seiner Härte, seiner Widersprüchlichkeit, seinen leeren, sich gähnend dehnenden Räumen, der sonderbar bezwin-genden Schönheit und Melancholie seiner Steppen, mit seinen einst unermesslichen Scharen von wilden Tieren, die heute durch eine übertrieben schnell sich mehrende Menschheit verdrängt und vernichtet werden – nie zuvor und nie nachher erschloss sich mir Afrika in seinem vollen Wesen so unmittelbar und bis auf den Grund wie in jener ersten Sonnenstunde am Hange des Kibo, des-sen Gipfel sich mir verweigert hatte.

Ein paar kleine Steine kollerten an mir vorbei und kamen in dem sanfteren Abhang unter mir zur Ruhe: Matthias!

»Gott sei Dank, du heil geblieben, Bwana! Sonst wir müss-ten dich runtertragen. Kostet sehr viel Schweiß für arme Neger. Kappe hast du verloren, Bwana! Geht nicht! Mach dir Kappe aus Taschentuch mit vier Knoten. Sonst bald Sonnenstich! Und jetzt abwärts! Müssen heute noch bis Peters-Hütte. Kein Brennholz mehr!«

Gewiss, gewiss, Matthias! Mein Taschentuch war mir, wenn auch verstaubt, erhalten geblieben.

Peace River

Unter den Kontinenten, vom heimatlichen Europa einmal abgesehen, steht mir seit mehr als einem halben Jahrhundert Nordamerika am nächsten. Ich habe Kanada und die Vereinigten Staaten, die zusammen Nordamerika erfüllen, von Anfang an wie eine Art von befreitem Europa empfunden, Länder europäischer Menschen – in der überwiegenden Mehrzahl wenigstens –, in denen aber die schon lächerlich und lästig gewordenen alten Vorurteile, Sympathien und antiquierten Antipathien Europas überwunden und mehr oder weniger in Vergessenheit geraten sind, in der Tat nur manchmal mehr, manchmal auch weniger. Amerika, ein Europa, in dem nicht mehr einer dem andern allzu

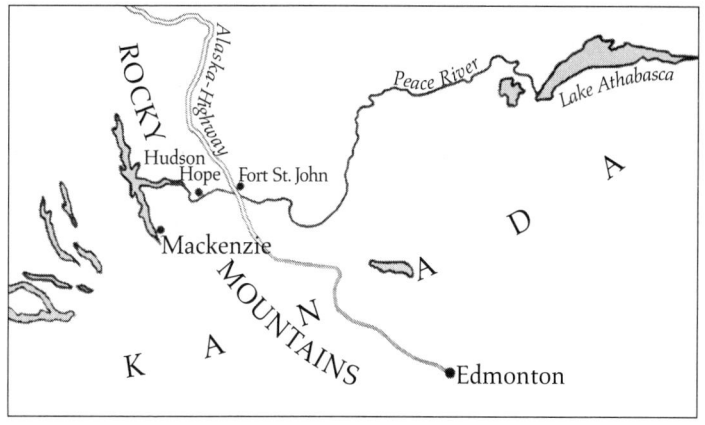

nahe auf den Pelz zu rücken gezwungen ist, wo man dem andern Platz und damit sein Recht auf seinen Lebensstil, zur Not auch auf seine Marotten lassen kann, wo Raum vorhanden ist, für Europäer unvorstellbar viel Raum, sich abzusetzen, alte, leidgewordene Bindungen von den Gliedern zu schütteln, sich ein Leben nach eigenem Geschmack zu zimmern.

Gewiss, für viele bleibt diese Freiheit auch in Amerika ein Traum. Gewiss, auch in Amerika haben sich die Menschen in drei riesigen Ballungsgebieten, längs der Ostküste, um den Süden der großen amerikanischen Binnenseen und längs der Westküste, zusammengedrängt, während viele herrlich schöne Staaten, im Westen vor allem, weithin leer blieben, ja, sogar noch Menschen an die Ballungsgebiete abgeben.

Die USA und Kanada wurden mir im Laufe der Jahrzehnte und – ich weiß längst nicht mehr wie vieler – ausgedehnter Reisen über die ganze Länge und Breite des Kontinents wahrlich wie eine zweite und auch immer wieder neu ersehnte Heimat vertraut, obgleich es mir nie gelingen wollte, mich ganz von der alten zu lösen.

Es hat viele, manchmal ganz unerwartet vom Himmel fallende Gelegenheiten gegeben, die mich glauben machten, des Landes Kanada oder der USA in ihrer eigentlichen Beschaffenheit, in dem Charakter, der sie für mich so unwiderstehlich machte und weiter machen wird, wie großer lebender Wesen inne zu werden.

Zum letzten Mal, im vergangenen Jahre 1980 erst, passierte mir dies im mittleren Nordosten British Columbias, der gebirgigen, westlichsten Provinz Kanadas.

Ich hatte erleichtert in Fort St. John an der Alaskastraße Station gemacht. Es herbstete schon beträchtlich. Weiter im Norden, von Watson Lake kommend, hatte ich bereits üblen ersten Schnee und zähen, gelben Schlamm angetroffen, der die Alaskastraße in einen Albdruck verwandelt hatte. Aber schon nördlich von Fort St. John hatte ich wieder festes Zementpflaster erreicht und rollte ungehindert dahin.

Als ich am nächsten Morgen in dem höchst angenehmen Motel, in dem ich übernachtet hatte, erwachte, schien sich das Herbstwetter darauf besonnen zu haben, dass es herrlicher strahlen kann als jeder Sommertag. Ohne lange zu zögern, entschloss ich mich, der Nummer 97, die in ihrem Nordteil, von Dawson Creek ab, Alaskastraße genannt wird, für annähernd hundert Kilometer nicht weiter zu folgen, sondern einen Abstecher zu dem mächtigen Staudamm bei Hudson's Hope zu unternehmen, der den Peace River und seine beiden gewaltigen Quellflüsse, den Finlay und den Parsnip, zu dem Hunderte von Kilometern langen Williston-See aufstaut. Die Provinzstraße 29 folgt dem tief eingesenkten Urstromtal des Peace River auf seiner Nordkante mit einem Ausläufer bis zu der gewaltigen Stauwand und wendet sich dann unterhalb des Dammes bei dem Städtchen mit dem freundlichen Namen »Hudsons Hoffnung« über den aus dem Stausee abfließenden Peace hinweg wieder nach Süden zur großen Magistrale 97 hinunter.

Ich war schon mehr als einmal auf dieser Nebenstraße 29 zum Williston-Lake unterwegs gewesen, aber das Wetter hatte sich mir nicht wohl gesonnen gezeigt. Ich hatte die Landschaft ohne Glanz erlebt, die Ferne verschleiert, den Himmel getrübt. Doch hatte ich wohl in Erinnerung behalten, dass die Straße auf der hohen Kante über dem gewaltigen Peace, den ich kenne und liebe vom oberen Parsnip bis zu seiner Mündung in den Slave, wo der Slave aus dem Lake Athabasca austritt, in der Tat, dass diese Straße an Großartigkeit schwer zu übertreffen ist.

An diesem Tage, Ende September 1980, lachte eine noch immer wärmende Sonne vom wolkenlosen Himmel. Die Espen und Birken in der kleinen, aber sehr geschäftigen Stadt Fort St. John (das alte Urwaldfort der Pelzhändler hat sich nur noch im Namen der Siedlung erhalten) und auch der Ahorn hier und da hatte bereits seine herbstlichen Prunkgewänder in Gelb und Gold und Blutrot angelegt und würde in der freien Landschaft noch viel bunter strahlen als an den städtischen Straßen und Alleen. Ich fuhr ein Stückchen auf der Alaskastraße wieder zurück und fand ohne Schwierigkeiten den Abzweig auf die 29 nach Hudson's Hope und zum W.-A.-C.-Bennett-Staudamm.

Ich war noch keine ganze Stunde unterwegs. Die Straße hatte sich auf die Höhe der Nordkante des Urstromtals geschwungen, in dessen Tiefe der Peace River sich auf den weiten, weiten Weg zum See Athabasca gemacht hatte, der unvergleichliche Peace!

Die Sonne überschüttete die herbstgoldene Welt mit unerhörtem Glanz. Alle Fernen zeigten sich, mit feinstem Griffel gezeichnet, durchsichtig klar nach den vielen Regentagen, die diesem makellosen Tage vorausgegangen waren. Die Espen- und Birkenwäldchen an den Hängen und in der Tiefe leuchteten in so königlich warmen, reinen Farben von zartestem Gelb bis zu tiefstem Purpur, dass es des Kontrastes der unverändert grünschwarzen Fichten gar nicht bedurft hätte, ihre bunten Staatsgewänder für das große Abschiedsfest des Sommers zur Geltung zu bringen.

Ich merkte, dass ich kaum noch Augen für die Straße hatte. Meine Blicke wurden stets von neuem nach links in die Tiefe, in die Weite abgelenkt. Es war besser, anzuhalten und auszusteigen.

Jetzt erst entfaltete die wunderbare Welt, in die ich hineingefahren war, ihren Zauber – ich war nicht mehr beengt durch den Käfig des Autos. Und wiederum bieten sich nur wenige armselige Worte an, um eben nur anzudeuten, was sich den entzückten Blicken bot: welch ein Glanz, wie herrlich leuchtend die Weite, welch selige Reinheit der Luft – und im leichten Aufwind aus der Tiefe des Tals welche Fülle von herbem und zugleich zartem Duft, wie viel goldenes Licht über Hängen, Wäldern, dem ganzen weit gespannten Tal!

In der Tiefe wand sich der riesige Strom durch Fluren von smaragdenem Grün. Ein paar Farmen, winzig wie Spielzeug, versteckten ihre weißen Häuser, ihre ziegelroten Scheunen und Ställe in Gärten und Hainen von hohen Bäumen dort, wo die Hänge zum Talgrund abflachten.

Der Strom blitzte herauf. Im Westen lagerte als blassblaue, schmale Begrenzung zwischen der farben- und formenreichen Erde und dem zu tieferem Blau sich hochwölbenden Himmel der ferne Wall des Hochgebirges, der Rocky Mountains. Von ihnen her kam der große Strom. Diese von meinem Standort aus kaum zu ahnende, in Wahrheit aber unverrückbar harte und abweisende Barriere hatte der Strom durchbrechen müssen, ehe er sich unter mir in der Tiefe wie erschöpft zu vielen Armen teilte und in schönen Kurven ausbreitete. Eine tiefe Furche hatte sich der Strom, wie ich wohl wusste, durchs Felsengebirge gegraben, hatte sich den Weg nach Osten in die großen Ebenen freigekämpft. Dort, wo er sich seit Jahrtausenden in schäumenden Schnellen und donnernden Fällen den Durchbruch durchs Gebirge freigehalten hat – das fließende Wasser ist stärker als der härteste Fels! –, dort hat der Mensch unseres Zeitalters ihm den Bennett-Staudamm sperrend quergestellt, sodass er dahinter sein langes, langes Urstrom-Tal mit den Wassermassen auffüllen muss, die der Himmel Jahr für Jahr zur Erde herniederregnen lässt. Welch ungeheure Menge an klarstem, süßem Wasser das ist, begreift man erst, wenn man von der Krone des Staudamms den Blick über das nicht absehbare Meer des Williston-Stausees schweifen lässt. All dies Wasser regnete in Myriaden von Tröpfchen aus den Wolken zur Erde! Wer vermag das zu glauben? Und doch ist es so!

Wo ich da aber ausgestiegen war auf der Höhe über dem

Strom – irgendwo auf halbem Wege zwischen Fort St. John und Hudson's Hope –, dort war der Bennett-Damm noch fern und auch gar nicht zu glauben, denn der Strom in der Tiefe floss in seinem weit verzweigten Bett sicherlich wie seit je und ohne dass ein vorwitziger Mensch Hand an ihn gelegt hätte. (Denn der Stausee war, wie ich später sah, nach den reichen Niederschlägen in den Wochen zuvor bis zum Rande gefüllt und konnte den gesamten Zufluss aus dem Mittellauf und den beiden Quellflüssen ungehindert über die Staumauer in die tiefe Felsenschlucht unterhalb des Kraftwerks auf die weite Reise durch die Ebenen zum Athabasca-Lake hinausschicken.) Und so zeigte er sich mir ungehemmt, der ich immer noch an der Motorhaube meines Autos lehnte, nicht müde wurde, die beglänzte Weite in mich einzutrinken, und darüber die Weiterfahrt versäumte.

Wie es sich selbst der begabteste Zeichner oder Maler aus der Zeit des Jugendstils nicht hätte ausdenken können, so wunderbar gekurvt zeichneten sich die Windungen des gemach mäandernden Stroms in das beinahe prahlende Grün des Talgrundes. Hier hatte der Strom die Wut ganz und gar vergessen, mit welcher er ein paar Dutzend Kilometer stromauf sich durch das felsige Gebirge hatte schneiden und sprengen müssen. Hier begab er sich aufatmend in beinahe schwärzlicher Bläue auf die weite Reise, die seine Wasser schließlich ins arktische Nordmeer führen würde.

Auf leisen Sohlen schlich mich der Gedanke an, dass sich vor nicht ganz zweihundert Jahren (1793) kein viel anderes Bild geboten haben mochte als das, was mir vor Augen war und mich berückte – vor annähernd zweihundert Jahren, als der erste weiße Mann, wahrscheinlich, nein, sicherlich der erste Mensch überhaupt, den nordamerikanischen Erdteil zu Lande vom Atlantischen zum Pazifischen Ozean überquerte und damit bewies, dass Nordamerika eigentlich eine Brücke darstellte zwischen den beiden größten Weltmeeren – als der fast schon zur Sage gewordene Alexander Mackenzie den Peace heraufgepaddelt kam mit seinen französisch-kanadischen Voyageurs als Ruderer im Birkenrinden-Kanu. Die Indianer hatten dem Schotten berichtet, dass der Peace mit schäumender Gewalt sich seinen Weg durchs Hochgebirge bahnte und dass für viele Meilen kein Kanu gegen die jagenden Wasser, die um tückische Felsen brausenden Stromschnellen, die Wirbel und saugenden Strudel ankämpfen könnte. Wenn man aus dem »Weißen Wasser« in stilleres, wieder befahrbares Wasser weiter stromauf gelangen wollte, so musste unterhalb der Schnellen das Kanu entladen, aus dem Wasser gehoben und mit den vielen hundert Pfund der Ladung über die Uferberge stromauf getragen werden.

Vielleicht ist damals Alexander Mackenzie, während die Gefährten in der Tiefe am stillen Strom schon lagerten, das Abendessen und die Nacht vorbereiteten, auf ebendiese Höhe, auf welcher ich an meinem Auto lehnte, hinaufgestiegen, um dem großen Fluss, an welchem er überwintert hatte, welchen er im Jahr zuvor vom Fort Chipewyan am Lake Athabasca heraufgeglitten war, von dieser hohen Warte aus entgegenzublicken, denn schon zeichnete sich das hohe Gebirge in der Ferne ab, noch blass wie ein Schemen, aber schon am nächsten oder übernächsten Tage die Weiterfahrt endgültig sperrend. Der Strom, dem schon die Indianer den Namen »Frieden« gegeben hatten, was im englischen »Peace« von den schottischen Pelzhändlern und frankokanadischen Voyageurs übernommen wurde (sie haben den Westen Kanadas erschlossen!), dieser ihm wie ein großes Versprechen entgegenziehende Strom, er sollte ihn durchs Gebirge nach Westen und weiter stromauf nach Süden leiten, wo er schließlich jenseits einer vielleicht nur flachen Wasserscheide auf andere Gewässer treffen würde, die nicht mehr nach Norden oder Osten, sondern nach Westen und Süden zum Stillen Ozean flossen. Denn von irgendwo auf den Westflanken der felsigen Gebirge mussten die Ströme herkommen, deren Mündungen von See her an der pazifischen Küste schon entdeckt oder mit einiger Sicherheit zu vermuten waren.

Alexander Mackenzie – sein Name war mir ganz unvermutet eingefallen. Seine Tagebücher berichten es:

Hier hatte auch er sich irgendwo den Weiterweg nach Westen voller Sorge überlegt, vielleicht auch mit Furcht im Herzen vor all dem, was die Reise ihm und den Gefährten noch abverlangen mochte; hier auf der Höhe mochte er gestanden haben mit dem Blick nach Westen, immer noch fest entschlossen, dem rastlos auf dem Talgrund heranwallenden Strom das Geheimnis seiner Herkunft zu entreißen. Es ist ihm nach unsäglichen Mühen auch gelungen. Er stieß jenseits der Wasserscheide dann auf den Oberlauf des Fraser, scheiterte aber an dessen mit keinem Kanu zu bezwingender Wildheit; er musste umkehren und vertraute sich weiter oberhalb vom Fraser her dem Schwarzen Fluss an, der von Westen dem Fraser zuströmt. Vom Quellgebiet dieses Flusses aus, der seitdem den Namen »West Road River« führt, »Fluss des Weges nach Westen«, fand Mackenzie die seit alters von Indianern benützte Lücke in den Küstengebirgen und erreichte, am tosenden Bella-Coola-Fluss flussabwärts vordringend, das Salzwasser des Pazifischen Meeres bei dem heutigen Städtchen Bella Coola. Noch im gleichen Jahr kehrte Alexander Mackenzie auf dem gleichen Wege zum Peace zurück, dem er sich nun nicht mehr gegen, sondern mit der Strömung für den weiten Weg nach Osten anvertrauen durfte. Er hat auf dieser, im wahrsten Sinne großen Reise keinen einzigen Mann verloren – eine einmalige, grandiose Leistung, mit bescheidensten Mitteln unternommen, mit Kühnheit, Vorsicht und einer Zähigkeit sondergleichen zu gutem Ende geführt! – Die Amerikaner haben in ihrem Teil des Kontinents die gleiche Leistung, nämlich den Stillen Ozean auf dem Landweg zu erreichen, erst Jahre später vollbracht, nicht als Einzeltat, sondern in einer staatlich verordneten, umständlich und kostspielig mit viel Geld und Mannschaft ausgerüsteten Expedition der beiden Offiziere der US-Armee Lewis und Clark, die zwei Jahre in Anspruch nahm (1804 bis 1806).

So lag vor meinem äußeren und inneren Auge die gewaltige Szenerie wie mit einem Zauberschlage weit geöffnet. Von der starken Sonne bis in den letzten Hintergrund durchleuchtet, sah ich es vor mir liegen, das grandiose Nordamerika, auf endlos weite Strecken, die alle europäischen Maße kümmerlich erscheinen lassen, bis zum heutigen Tage nur zu einem kleinen Teil wirklich aufgeschlossen – um nicht zu sagen aufgebrochen und wesentlich verändert! Jenseits davon ruht das ungeheure Land wie seit Urzeiten in sich selbst. Man muss schon sehr genau hinsehen oder hinhorchen, um den unvermeidlichen Menschenwurm im ewigen Gebälk des Erdteils bohren zu hören. Der Eindruck, den ein mit offenen Augen und gut gegründetem Wissen ausgestatteter Reisender empfängt, wenn er die Weiten Amerikas durchfährt, die es im Osten, etwa in Maine, Vermont und selbst Florida ebenso gibt wie in Missouri, Idaho oder Oregon, dieser Eindruck ist trügerisch. Denn alles, was an Siedlung, an Menschen vorhanden ist, drängt sich an den besonders im Westen nur spärlich vorhandenen Straßen zusammen. Jenseits davon und abseits duftet und schweigt über Tausende von Quadratmeilen nach wie vor die Einsamkeit, blieb das Land leer und unberührt wie am ersten Tag, bietet überreichlich Platz und Freiheit auch für ausgiebige Ellenbogen – und eine Schönheit und Herrlichkeit der Landschaft, der Natur, der Wälder, Ströme, Gebirge und Küsten, die auf der ganzen Welt ihresgleichen sucht. Für die himmlisch unversehrte Einöde gilt immer noch, was ich schon mehr als einmal zitiert habe, gelten die Verse des kanadischen Dichters Robert D. Service: »Dort ist das Land, wo die Berge noch keinen Namen haben, und die Flüsse alle fließen, Gott allein weiß, wohin.«

Sicherlich, heute wissen es auch die Menschen, haben es aus der Luft gemessen und abgebildet. Aber dem Lande tat solches nichts an. Es blieb frei und schön und einsam wie es war.

Unendlicher Glanz war über das wie eine goldene Schale in das Bergland eingelassene Urstromtal des Peace River ausgegossen. Eine Weihe – oder war es ein Adler – schoss schräg an mir vorbei mit angelegten Flügeln über die Kante, welche die Straße trug, in die stromdurchschimmerte Tiefe hinunter, einer Beute nach, die ich nicht sah, und war auch selbst im Nu entschwunden.

Die Wasser da unten glitzerten wie flüssiges Silber. Die prunkende Mulde des Tals dehnte und schwang sich von mir fort mit herbstlich flammenden Wäldern und Hainen, grünen Matten und Wildwiesen, golden schimmernden Sandbänken zwischen den Armen des Stroms – und das alles war durchwirkt und überstrahlt von einer ungemeinen Reinheit der Luft, einer makellosen, wie durchsichtigen Lauterkeit, Süße und auch Stärke der Atmosphäre!

Mein Amerika war dies, abseits und jenseits der Wolkenkratzer und Super-Autobahnen, auf denen man nur langsam fahren darf, weil man sich mit dem Nachschub an Energie verrechnet hat, dies wahre Amerika, weit außerhalb von Coca-Cola, Kaugummi und Hochzinspolitik, dies Amerika, das andererseits vom weißen Mann in seiner Großartigkeit und seinem Reichtum aufgeschlossen worden ist, nicht vom Indianer, und in welchem der unsterbliche Gedanke von der Freiheit, Selbstverantwortung und der gleichen Chance für alle Mutigen und Fleißigen geboren worden und auch heute noch nicht gestorben ist, so verwirrend das Bild auch im Einzelnen neuerdings erscheinen mag.

Ein Wunder war mir da geschehen auf der umfächelten Höhe über dem gewaltigen Peace. Ich hatte Amerika gesehen, gesehen wie es war, hatte sein innerstes Wesen gespürt.

Als wäre eine große Symphonie ganz allein für mich aufgeführt worden, so unbeschreiblich beglückt stieg ich ins Auto, ließ den Motor anspringen und rollte langsam talwärts nach Hudson's Hope.

Ewig ersehntes, nie ganz vom weißen Mann erobertes Amerika!

Coogamulla Downs Station

Kein Mensch weiß natürlich, wo Coogamulla Downs Station zu finden ist. Ich wüsste es auch nicht, wenn mich nicht einer der vielen unverhofften Zufälle einer großen Reise dort einmal für vierzehn Tage festgehalten hätte. Wenn ich nur den Namen hörte, würde ich zwar vermuten, dass es sich mit großer Wahrscheinlichkeit um einen Ort in Australien handelte, wo die Engländer wie überall, wo sie mit fremden Sprachen fertig werden mussten, die Worte, insbesondere die Eigennamen eines – Gott sei's geklagt! – nicht englischen Idioms in die englische Sprechweise umstilisierten.

Ich könnte sogar noch ein bisschen weiterraten, ohne fürch-

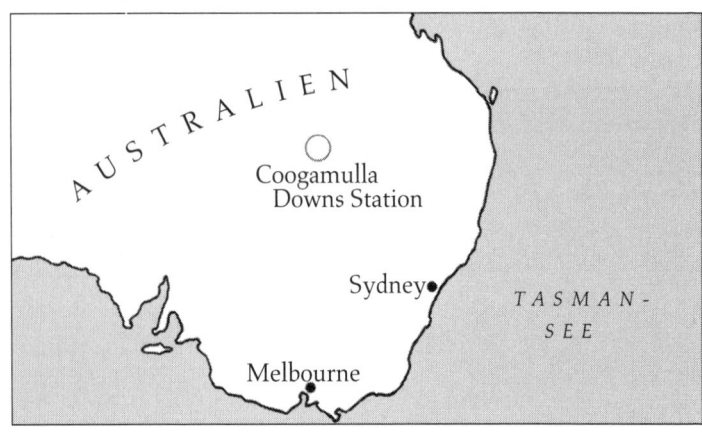

ten zu müssen, auf einem Holzweg zu sein. »Downs« in Australien bezeichnet gewöhnlich in den unabsehbaren Ödnissen dieses leersten aller Kontinente eine weit gespannte Senke oder Mulde, die allerdings oft genug so flach ausgefallen ist, dass sie einem nicht mit der Gegend vertrauten Fremden gar nicht als solche erkennbar wird. Aber die Einheimischen, die unbeschreiblich spärlichen weißen Bewohner des australischen Inneren, seines gähnenden Nordens, seines noch entlegeneren Westens und Südwestens wissen es besser, denn irgendwo an der tiefsten Stelle steht Wasser an oder ist wenigstens in erreichbarer Tiefe zu erbohren.

Und »Station« bildet in Australien üblicherweise die Bezeichnung für eine der manchmal die Größe von europäischen Provinzen erreichenden Rinder- oder Schaffarmen jenseits der bewohnten Küstengegenden des Erdteils im Osten, Südosten und südlichen Westen. »Station«: eine solche ist stets dort zu suchen, wo die großen Einsamkeiten ihre dunkelfarbenen Wimpel weithin wehen lassen. Dort weiden dann so weit verstreut, dass sie kaum zu finden sind, aber insgesamt nach vielen Tausenden zählend, die sich langsam ihre Steaks anfressenden Rinder oder ihre Wolle sprießen lassenden Merino-Schafe das karge grobe Gras und Kraut der Steppen ab und sichern damit ihren Eigentümern, wenn sie nicht von der »Preisentwicklung« am Weltmarkt für Fleisch oder Wolle im Stich gelassen werden, eine nicht besonders unterhaltsame, aber im Übrigen angenehme Existenz.

Um nicht länger damit hinterm Berge zu halten: Coogamulla Downs Station liegt im mittleren Süden des australischen Staates Queensland, der den ganzen Nordosten des Erdteils umfasst und nur entlang der Küste in ihrem Südabschnitt einigermaßen besiedelt ist. Dort blickt die Hauptstadt Brisbane auf die blauen Weiten der Korallen-See hinaus, eines Randwassers des Pazifischen Ozeans.

Die weitläufige »Station« mit ihren vielen niedrigen Gebäuden, Schuppen, Werkstätten und Unterkünften ist auf einer Anhöhe über dem, aber noch in dem Tal des Bulloo errichtet. Der Bulloo stellt einen der für weite Teile Australiens (wie auch für die Steppen Afrikas oder Amerikas) typischen »Trockenflüsse« dar, wie wir dergleichen in Europa nicht kennen. In Südafrika spricht man von einem »Rivier«, in Australien von einem »Creek«, was ja eigentlich »Bach« bedeutet, aber im Australischen eben zum Namen für einen Trockenfluss, ein »Wadi« der Araber, geworden ist. Die längste Zeit im Jahr stellt sich solch ein Creek als ein Wasserlauf vor, der flach und vielfach verästelt kein Wasser, sondern lediglich gelben, körnigen Sand aufweist; Autos pflegen sich darin, wenn sie den »Creek« zu queren haben und der Fahrer sein Geschäft nicht versteht, mit Vorliebe festzufahren. Gibt es aber in der »feuchten Jahreszeit« irgendwo in der Gegend, manchmal weit weg am Oberlauf, einen Sturzregen (immer sind es kurze, aber äußerst gewaltsame und wasserreiche Wolkenbrüche, begleitet von heftigen Gewittern!), so »kommen« die Trockenflüsse fürchterlich »ab«, wie man in Südwestafrika sagt, wälzen meterhohe Wälle lehmiger Fluten, vermischt mit entwurzelten Büschen, Bäumen und auch Geröll vor sich her – und wehe dem Auto, der Schafherde oder dem Ochsenwagen mit zehn Joch Ochsen davor, die ihnen dann unversehens in die Quere kommen! Die Wasser rasen brüllend heran, in wenigen Minuten verwandelt sich das weite, sandige Tal in ein schäumendes, entfesseltes Meer, ein gieriges Ungetüm, das alles ersäuft und verschlingt, was es unterwegs zu fassen bekommt.

Von einem Regen solcher Art war ich in Quilpie aufgehalten worden, wo eine Bahnlinie von Brisbane nach Westen ins Innere sang- und klanglos endet. Bis auf eine einzige Strecke ganz im Süden des Erdteils durchquert keine weitere Eisenbahn den Kontinent von Ost nach West, erst recht nicht von Nord nach

Süd. Es gibt nur Stichbahnen, denen allen am Rande des gähnend leeren Inneren die Kraft und Lust ausgeht, noch weiter vorzudringen. Das »Tote Herz Australiens« blieb bis heute, was sein Name besagt – und wer einmal mit der einzigen Bahn von Süden her hineingedrungen ist, Alice Springs gesehen hat und vielleicht sogar Hermannsburg und den Mount Ziel in der Macdonnell-Kette, der hat erlebt, dass die Gottverlassenheit der Einöden des »Toten Herzens« schwerlich übertroffen werden kann.

Glücklicherweise hatte mich die plötzliche und ganz unprogrammmäßige Sintflut nicht unterwegs überrascht, wo sie mir übel mitgespielt hätte auf einer der völlig unbefestigten Pisten, die in Australien weithin als »Straßen« gelten, sondern in der winzigen Siedlung Quilpie, wo ich einen Tag Rast und Auffrischung für mein Auto und mich eingelegt hatte. Es donnerte und blitzte zwei Tage und Nächte hintereinander – und es regnete dabei ununterbrochen, als wären die Schleusenmeister des Himmels in einen Warnstreik getreten und hätten dabei mit Absicht vergessen – um den Betroffenen nach menschlichem Vorbild ihre Macht einzubläuen –, die Schleusentore rechtzeitig zu schließen.

In trübster Stimmung saß ich in dem kläglichen einzigen Hotel des Ortes umeinander, verfügte in dem elenden Etablissement nicht einmal über einen Tisch, an dem ich mich der sonst nie versagenden Ausflucht der johannischen Schreiberei hätte hingeben können, und sagte mir – und die Landeskundigen bestätigten es –, dass an die Weiterfahrt für mindestens vierzehn Tage nicht zu denken war, denn das Land ringsum war in einen einzigen Sumpf verwandelt; es würde nur allmählich wieder befahrbar werden. Es blieb mir nichts anderes übrig, als abzuwarten, die Tage zu vertrödeln und dankbar dafür zu sein, dass ich sie nicht unterwegs in irgendeinem weltentlegenen Morastloch zu verbringen hatte.

Die Wirtin des Hotels, eine verblühte Frau, die weit umhergekommen und zu schlechter Letzt in diesem traurigen Städtchen gestrandet war, machte mich mit einem Schafzüchter bekannt, einem gewissen Mister Charles Otway, der ebenso wie ich durch die unzeitgemäßen schweren Regen daran gehindert wurde, zu seiner etwa fünfzig Kilometer nordwärts gelegenen großen Schaf-»Station« heimzukehren. Die Frau Wirtin verriet mir, dass Mr. Otway ausgiebig in der ganzen Welt auf Reisen gewesen und stets begierig darauf sei, Fremde, besonders Europäer, kennen zu lernen (was übrigens für Australier, die am liebsten nur von sich selbst, höchstens noch vom Mutterland England Notiz nehmen, sehr ungewöhnlich ist). Wenn ich nichts dagegen hätte, würde sie, die Wirtin, die Bekanntschaft mit Mr. Otway vermitteln. Was sollte ich dagegen einwenden! Im Gegenteil! Verhalf mir vielleicht so der Regen zu einem aufschlussreichen neuen Menschen. Und für solche hat man auf einer großen Reise stets offen und gespannt zu sein.

Die Wirtin hatte nicht zu viel versprochen. Mr. Otway, ein breitschultriger, sicherlich bärenstarker, wenn auch schon etwas schwer gewordener Mann, offenbarte sich als ein über die Weltläufe gut unterrichteter Zeitgenosse, der auf seiner entlegenen Schaf-Station seine freie Zeit damit zubrachte, am Puls der Gegenwarts-Geschichte zu bleiben. Er berichtete mir, dass die Zeitschriften und Zeitungen gewöhnlich mit vier bis acht Wochen Verspätung aus Sydney, London oder New York bei ihm einträfen. Aber was machte das schon aus; die wesentlichen Entwicklungen in der Weltpolitik und Wirtschaft vollzögen sich in einem Tempo, bei dem es auf sechs oder acht Wochen nicht ankäme – und auf seinem Platz Coogamulla störte ihn nichts, wirklich gar nichts, sich ein unabhängiges Urteil zu bilden, womit er gewiss Recht hatte, wie ich reichlich Gelegenheit hatte festzustellen.

Er merkte wohl bald, dass mir ernsthaft daran gelegen war,

sein Land, den Erdteil Australien in seiner Geschichte und seinem gewiss einmaligen Charakter zu begreifen, und dass ich weder Geld noch Strapazen scheute, seinem besonderen Wesen auf die Spur zu kommen. Und beinahe schon wurde aus unserer Bekanntschaft eine Freundschaft, als ich Mr. Otway erklärte, dass ich »den Australier« in den großen Städten an der Küste kaum irgendwo getroffen hätte – so glaubte ich wenigstens. Dort wäre mir stets nur eine nicht immer gelungene Mischung von amerikanischer und britischer Lebensart begegnet; den »eigentlichen« Australier hätte ich nur im »Outback«, in der »Never-Never« getroffen, im »Außen-Hinten« des großen Landes, in seiner »Niemals-Niemals«, das heißt den ungeheuren, für Europäer unvorstellbar menschenarmen Gebieten des inneren Australien – diese beginnen selbst im dichter bewohnten Küstengebiet des Südostens schon spätestens hundert Kilometer landein – oder noch früher – und was bedeuten die schon groß in einem viertausend Kilometer breiten Kontinent!

Nachdem wir ein paar Tage auf angenehmste Weise verschwatzt hatten, meinte Otway eines Abends:

»Ich werde morgen oder übermorgen versuchen heimzukommen. Ich lebe auf meiner Station mit meiner älteren Schwester zusammen, die ebenso total unverheiratet ist wie ich. Wir sind beide noch nicht altjüngferlich geworden, hatten keine Zeit dazu. Zu mir geht der Weg so gut wie ständig bergan, sehr sachte nur, aber gleichmäßig, und die Zufahrt zu mir habe ich so angelegt, dass sie auf dem Rücken des Landes bleibt. Dort läuft das Wasser bald ab. Mit meinem hochbeinigen leichten Laster komme ich schon durch. Meine Schwester wird sich freuen, Sie kennen zu lernen, Johann, und Sie könnten bei uns das ›eigentliche‹ Australien in Reinkultur erleben. Immerhin gibt es bis hinüber nach Morven im Osten oder Longreach im Norden keine größere und auch profitabler wirtschaftende Schaf-Station als die unsere. Meine Schwester und ich sind zu gleichen Teilen Eigentümer. Sie wollen am Bulloo nach Süden, da haben Sie keine Chance für noch mindestens eine Woche. Schonen Sie Ihr Auto und besuchen Sie uns, so lange es Ihre Zeit erlaubt. Ich bringe Sie wieder hierher zurück, wenn es so weit ist.«

Lockerer, im unablässigen Winde leise vor sich hin flüsternder Eukalyptus-Busch, so weit das Auge reichte! Allerreinster Himmel von einer Bläue, die scheinbar nichts Irdisches mehr an sich hatte – sie war ja auch über allem Irdischen. Zwischen den Abertausenden von Büschen – Scrub, wie die Australier verächtlich sagen, Gestrüpp, aus verschiedenen Arten von Eukalyptus – stand mageres Gras und auch Kraut in einzelnen Blüten an. Es mag welk werden, dies Gras und Kraut, aber es verliert nie seinen Nährwert. Die Schafe, die ja nichts weiter zu tun haben als zu fressen, gedeihen prächtig dabei, denn es ist immer vorhanden, frisch und grün in und nach der Regenzeit, oder gelblich, »Heu auf dem Halm« in den trockenen, zugleich den kalten Monaten. Das Thermometer mag dann unter den Gefrierpunkt fallen, aber es schneit nie, und um die Mittagszeit mag die starke Sonne herniederbrennen wie aus einem Ofenloch so heiß.

In der sachte durch den Busch wandernden Luft war wie ein ganz zartes, herbes Parfüm der Duft von Eukalyptus zu spüren. Ich für mein Teil nahm ihn immer noch wahr, wenn ich mit Bewusstsein danach schnupperte. Otway behauptete, dass er ihn nicht mehr spürte; er wäre zu sehr von Jugend auf daran gewöhnt, stritt ihn aber nicht ab.

»Denn«, sagte er, »wenn ich einmal woanders bin, in der Stadt oder unten im Staate Victoria, wo ein befreundeter Vetter eine große Weizenfarm betreibt, dann kommt mir die Luft dort merkwürdig leer oder fahl vor, ich weiß nicht, wie ich es sonst ausdrücken soll. Gar kein Geruch in der Luft, kein Scrub wie hier über unzählige Quadratmeilen, die nie ein Ende zu nehmen scheinen!«

Ich war am Anfang der trockenen, der kalten Zeit unterwegs, aber auf Coogamulla Downs Station war man schon damit beschäftigt, sich auf die alljährliche »Ernte« vorzubereiten, eine der wichtigsten in Australien, die Schafschur nämlich. Dann ziehen kleine Kolonnen von Scherern, im Norden anfangend, durch die Gebiete der Schafzucht langsam nach Süden von Station zu Station, wo vielfach die gleichen Arbeitsgruppen von Jahr zu Jahr auf den gleichen Stationen wieder auftauchen und mit gutem Essen, guten Quartieren und mit der Aussicht auf guten Verdienst willkommen geheißen werden.

Die Schurschuppen sind hergerichtet, für jeden Scherer ist der Arbeitsplatz mit – neuerdings automatischer – Schere bereit. Die Schafe werden sachte in die Scherkoppeln eingebracht, ohne dass sich allzu viel Unruhe unter ihnen verbreitet. Die Tiere werden in schmale Gänge eingetrieben, aus denen sie nicht ausweichen können und gelangen darin in die unmittelbare Nähe des Scherers. Der Mann greift zu, zieht dem Tier mit einem kurzen Ruck ein Hinterbein weg und wirft es dadurch auf die Seite – und schon beginnt die Schere zu summen. Der oft weit mehr als handbreite Wollpelz, außen weißlich-grau, nach innen aber von einem goldenen Gelb, schält sich unter den schnellen und geschickten Händen des Scherers in dicken, schweren Placken von der Haut der Tiere. Die Scherer arbeiten auf Akkord. Die Schafe bleiben ungefesselt und halten ganz still, zucken nicht einmal, wenn gelegentlich die sausende Schere nicht nur die Wolle abtrennt, sondern auch ein Schnipfelchen Haut mitnimmt – so als wäre es den Tieren angenehm, von ihrem schweren und heißen Pelz befreit zu werden; wahrscheinlich ist es ihnen auch angenehm. Sie trotten schließlich sonderbar staksig davon, noch nicht daran gewöhnt, von der Hälfte ihres bisherigen Gewichts befreit zu sein. Und hinter den Scherschuppen stapelt sich die »australische Wolle« – berühmt in aller Welt – zu Bergen.

Otway hatte mich mit all diesen Verrichtungen und vielen anderen vertraut gemacht, hatte mir des Beispiels halber ein paar Schafe vorgeschoren. Die ehemals umfänglichen Wollbündel verwandelten sich, während sie ihren Pelz verloren, in magere, schmalrückige Jammerfiguren, die nichts mehr mit der ausladenden Pracht ihrer selbst vor der Schur gemein zu haben schienen. Aber ich wurde nicht nur in die Technik und den Arbeitsalltag einer Schafstation eingeführt; wir erörterten auch züchterische, wirtschaftliche und handelspolitische Fragen, so etwa die, ob es richtig ist, dass der Züchter, der das volle Risiko für sich, seine Herden und seine »Ernte« trägt, vollkommen von der Preisbewegung an fernen Wollbörsen in London, Tokio oder Bremen abhängt, auf die er nicht den geringsten Einfluss auszuüben vermag. Otway war sicherlich ein selbstständiger Unternehmer von reinstem Wasser, dem ein bedeutendes Kapital an Land, das heißt an Schafweiden, und an Wolle erzeugenden Tieren zu Gebote stand, ein kleiner König in seinem unendlich weiträumigen, duftenden, lichtüberfluteten Königreich. Aber wenn er auf Preise zu sprechen kam, so schien er mir manchmal zum Verwechseln einem Sozialisten ähnlich, der am liebsten den Staat (in Wahrheit die Bürokraten) mit der Aufsicht und Regulation des Wirtschaftens betraut sehen möchte.

Wir waren auf dem ganzen weiten Gebiet der Station unterwegs, hatten die endlosen, dingosicheren Zäune abgefahren, welche die Schafe vor diesen australischen, schakalähnlichen Wildhunden schützten, hatten es auch unternommen, die Zahl der zu scherenden Schafe in etwa zu schätzen, um mit den von Norden sich langsam heranarbeitenden Scherern Umfang und Dauer der Arbeit verabreden zu können.

Dabei hatte ich das ganze Gebiet von Coogamulla ziemlich

vollständig kennen gelernt – und wenn ich zu Neid neigen würde, was man mir bislang noch nicht vorgeworfen hat, so hätte ich mir damals die Frage vorlegen können, warum ich mir mein Brot dreimark- oder achtzigpfennigweise mit Buchanteilen ziemlich mühsam verdienen muss, während andere Leute, bloß weil sie in Australien von den richtigen Eltern gezeugt worden sind, kleine Königreiche ihr Eigen nennen. Aber Otway fand offenbar so viel Spaß daran, mir seinen schönen Besitz vorzuweisen, dass ich davon angesteckt wurde und mich daran freute, als gehörte mir ein Teil davon.

Meine Zeit auf Coogamulla neigte sich schließlich ihrem Ende zu. Die Trockenzeit hatte sich durchgesetzt. Ich musste weiterreisen, damit meine Pläne nicht allzu sehr in Unordnung gerieten.

Als der Tag meiner Abfahrt schon beschlossen war, erbat ich mir von Charles – wir redeten uns schon seit einigen Tagen mit dem Vornamen an, was im Englischen nicht ganz so vertraut zu sein braucht wie das deutsche »Du«, aber doch vertraulicher ist als das deutsche »Sie« – erbat mir also die Gunst, mich einmal ohne seine Begleitung die Kontrollfahrt um den an die zwanzig Meilen langen Außenzaun der Station machen zu lassen. Die Zäune, die dicht genug sein müssen, dass kein Dingo sie durchschlüpfen, hoch genug, dass kein Känguru sie überspringen, und stramm genug, dass kein Emu (der australische Strauß) sich hindurchzwängen kann, diese endlosen Zäune stellen vielleicht die wichtigste und auch kostspieligste Investition dar, die zum Betrieb einer großen Schaf-Station gehört. Die Dingos sind kleine Wölfe; die Schafe fallen ihnen leicht zur Beute. Die Emus, diese Riesen-Laufvögel, deren feine Schwanzfedern einmal die Paradehüte des australischen Militärs schmückten, hegen einen sonderbaren Hass auf Schaflämmer und stellen ihnen mit tödlichen Schnabelhieben nach. Und die Kängurus sind Pflanzenfresser wie die Schafe und machen den Wollproduzenten die Weide streitig. Also braucht man zuverlässige Zäune, um die kostbaren Schafe zu schützen – es sei denn, man stellt zu jeder Herde einen oder zwei berittene Hirten, was aber auf lange Sicht viel teurer wird als ein Zaun. Da aber auch die Zäune von mancherlei Ungemach bedroht werden, fährt man sie regelmäßig ab, um Schäden schon im Entstehen zu beseitigen.

Charles Otway begriff, wonach ich verlangte, lachte sein breites, kluges Lachen: »Du willst noch einmal erleben, ohne meine ewig redende und also störende Gegenwart, was es mit meiner Schafstation auf sich hat, und natürlich auch den grenzenlosen Busch und die gute Luft und den ›weltenhohen‹ Himmel, von dem du mir vorgeschwärmt hast. Ja, die armen Europäer! – haben nicht genügend Platz auf ihrem Kontinentchen! Sicherlich, du nimmst mir eine Arbeit ab; ich gebe dir morgen den kleinen Laster, mit dem wir aus der Stadt kamen. Gritty wird dich begleiten, der kennt sich aus; mit dem kann dir nichts passieren!«

Gritty war ein mächtiger deutscher Schäferhund, den Otway auf allen Fahrten in den Busch bei sich hatte. Die Dingos hegten vor dem »Schäfer« einen mächtigen Respekt; die Kängurus versetzte er in Panik. Gritty war mir erst sehr reserviert gegenübergetreten. Aber seit sich meine Beziehung zu Charles Otway – übrigens auch zu seiner geradezu erschreckend tüchtigen und selbstbewussten Schwester – beinahe ins Freundschaftliche gewandelt hatte, war ich von Gritty großherzig in den Kreis der Familie aufgenommen worden und kam auf der Basis gegenseitigen Respektes gut mit ihm aus.

In sanften Wellen schwang sie vor mir her in einen fernen, scharf gerissenen Horizont, die unermesslich australische Einöde. Es stimmte schon, womit mich Charles ein wenig geneckt hatte: Der Himmel über der Weite, der duftenden Verlassenheit, hob sich weltenhoch, bildete keine die Erde umschließende Kugel, sondern war der blaue Ausblick in die Unendlichkeit des Alls. Als feiner, schnurgerader Strich schnitt die Linie des Zauns über Hügel und Täler, zerteilte die wilde Welt, die dergleichen seit Urzeiten nie erlebt hatte, in die freie Grenzenlosigkeit vor und in die eingebürdete, vom Menschen herausgeschnittene Welt der Nutzung hinter dem hohen Zaun aus stählernem Geflecht. Langsam holperte ich auf dem groben Autopfad auf der Innenseite des Zauns dahin. Manchmal hielt ich an, um einen Pfosten zu erproben, ob er auch noch fest gegründet wäre, oder um eine anscheinend gewaltsam erweiterte Masche im Geflecht näher zu untersuchen. Ich fand nicht viel, was bedenklich schien, doch notierte ich es, wie mich Otway angehalten hatte, damit es demnächst repariert würde.

Auf einer Hügelwelle hatte ich angehalten, hatte mich auf die vordere Stoßstange des Wagens gesetzt und ließ die Blicke schweifen. Gritty, der Schäferhund, war aus dem offenen Wagenkasten gesprungen, seinem angestammten Platz bei allen Fahrten ins Gelände, hatte sich den schönen Kopf streicheln lassen und lag nun neben mir im dürren Gras, zufrieden offenbar mit sich und den Umständen.

Australien also – als wenn ein großer Vorhang beiseite schwebte und plötzlich wie ein Wunder eine weite Bühne freigab mit ungeahnter Szenerie – Australien! Kein anderer, außer dem antarktischen Kontinent, wo die tiefe Kälte kein Leben zulässt, ist so leer, so unermesslich öde wie Australien, dieser einzige ganz der Südhalbkugel zugehörige Erdteil – eine verlorene ferne Insel eigentlich zwischen den ungeheuren Wasserweiten des Pazifischen und des Indischen Ozeans. Australien, ein Erdteil mit schönen, grünen Küsten hier und da, der jedoch immer unwirtlicher und lebensfeindlicher wird, je tiefer man ins Innere vordringt, Heimat seltsamer, sozusagen in der Entwicklung stehen gebliebener Tier- und Pflanzenarten, auch einer Menschenart, die vorzeitiger und versteinerter zu sein scheint als jede andere unter der Sonne – und hässlicher, wenn wir die Maßstäbe anlegen, die bei uns gelten (was sicherlich ein zweifelhaftes Unterfangen darstellt).

Der weiße Mann hat sich auch dieser fernsten Welt bemächtigt und ihr seinen Stempel aufgedrückt, obgleich sie ihm fremd und feindlich und abweisend erscheinen musste.

Ganz allein hockte ich da und blickte nach Westen. Dorthin hätte ich – das wusste ich – an die dreitausend Kilometer durch die gleiche oder noch viel ödere Gegend schweifen können, ohne Menschen oder gar größeren Siedlungen zu begegnen.

Sonderbar, sagte ich mir, die Dornbusch- oder Baumsteppen Ost- und Südafrikas sind mir niemals im eigentlichen Sinne des Wortes öde und gottverlassen vorgekommen. Vielmehr sind mir die Grenzenlosigkeiten des afrikanischen Inneren auf schwer beschreibliche Weise wie königliche Heimaten des Lebens erschienen. Wenn auch die Zahl der Menschen, die sich in den afrikanischen Steppen heimisch gemacht haben, durch Jahrhunderte oder Jahrtausende hindurch sehr gering geblieben ist und erst heute nach europäischer Beeinflussung stärker, ja verhängnisvoll zu wachsen beginnt, so waren doch die afrikanischen Steppen wunderbar erfüllt von vielfältigstem, tierischem Leben, von Elefanten und Rhinozerossen bis zu Löwen und Leoparden, bis zu stattlichen Antilopen und zierlichen Gazellen.

Das seltsam melancholische Land vor meinen Augen von jenem Hügel an der Seite des großen Zauns um Coogamulla Downs Station aber erschien mir trotz der überall vorwaltenden grau-grünen Farbe des Mulga-Scrub vollkommen leer und tot, wie ewig erstarrt. Der Mensch hatte seine stahldrahtbewehrten Striche hineingezogen, sich ein riesiges Viereck herausgeschnitten und nutzte es für seine Tiere, die diesem Erdteil nicht zugehörig waren, ebenso wenig wie seine Rinder, Pferde, Hunde – und er selber. Die Schäferhunde vermischen sich zuweilen mit den Dingos, den australischen Wildhunden; die so entstehenden Nachkommen werden zu bösartigen Wölfen, die selbst vor Menschen nicht zurückschrecken. Wahrscheinlich ist auch der Dingo aus Eingeborenenhunden von den Inseln im Norden Australiens entstanden und erst auf australischem Boden verwildert. Zu Vätern der ersten, wirklich gefährlichen Raubtiere wurden also die großen Hunde der Besetzer des Kontinents – von »Erobern« kann man nicht sprechen, da nichts zu erobern war; man brauchte sich nur zu nehmen, was niemandem gehörte, brauchte nur zu sagen, »so weit meine Augen reichen, alles mein von heute an« – und hatte es! Was einem nicht genehm war, wurde als »Sport« vom Pferde aus gejagt und abgeschossen, seien es nun die nackten, »zu nichts zu gebrauchenden« Eingeborenen, die Aborigines, die »Urbewohner«, die hopsenden Kängurus oder andere sonderbare Beuteltiere. Liebenswert schienen eigentlich nur die Koalas zu sein, die kleinen Baumbären mit der schnabelhaften Schnauze.

Und dieser großartige Besitz mit seinen vielen tausend Schafen, dessen der Wildnis wie mit dem Messer eingeritzte Grenze ich abfuhr, war nicht eigentlich erworben, sondern vom Großvater meines guten Charles Otway als »Squatter« mir nichts, dir nichts mit Beschlag belegt und erst sehr viel später auch »amtlich« bestätigt worden. Alle Amtlichkeit oder Staatlichkeit in so weiter, herrenloser Einöde bedeutet nichts weiter als europäische Anmaßung, im Falle Australiens englische. »Squatter«, der Ausdruck ist mir stets typisch australisch vorgekommen; es gibt ihn in solchem Verständnis nur in Australien. To squat heißt eigentlich kauern, hocken. Als Squatter wurden jene wahrlich kühnen und bedenkenlosen Männer bezeichnet, die sich in der australischen Leere irgendwo, wo es ihnen gefiel, »hinhockten«, das

Ausmaß ihrer »Stations« selbst bestimmten und anfingen, Vieh oder Schafe im Großen zu züchten. Mein neuer Freund, Charles Otway, war stolz darauf, Nachfahr eines Squatters zu sein, hatte allerdings alle Grobheit des Ahns abgelegt, war ein durchaus kultivierter Mann und besaß alle Rechtstitel auf seinen Besitz, die nach australischem Gesetz nur irgend erforderlich waren. Dass sein Großvater vielleicht ältere Anrechte der Aborigines sicherlich gar nicht wahrgenommen, vor allem für völlig belanglos gehalten hatte, war auch für den heutigen Charles Otway eine Selbstverständlichkeit. Es gab noch ein paar Ur-Australier in der Gegend, besitzlose, unauffällige Leute, nirgendwo daheim, des Umherschweifens niemals müde – aber nur innerhalb bestimmter Landmarken; die Leere jenseits dieser Landmarken war anderen Sippen vorbehalten – ein Mensch auf hundert Quadratkilometer. Otway duldete sie nicht auf Coogamulla Downs Station, so weit er sie nicht als Handlanger beschäftigte. Er behandelte und entlohnte sie gut, wie es von der australischen Regierung empfohlen wird; er war ein human denkender Mann. Aber im Grunde hielt er die Ureinwohner von seinem Standpunkt als Schafzüchter aus ebenso für eine »nuisance«, ein überflüssiges Ärgernis, wie die Kängurus oder die Emus, die seine Schafe beeinträchtigten. –

Dies alles ging mir durch den Kopf, während ich da vor Otways Auto hockte und wieder einmal, wie schon so oft, über Australien nachdachte. Ein harter dürrer Erdteil, kaum irgendwo lieblich oder gar anmutig, reich wahrscheinlich an Schätzen in seiner kahlen Erde, von denen bisher nur ein Bruchteil angekratzt wurde. Ein Erdteil zum Berauben, der manchmal zurückschlägt, indem er Dinge, Pflanzen oder Tiere, die anderswo harmlos bleiben, zur Plage werden lässt. Der weiße Mann bringt das empfindliche Gleichgewicht der armselig ausgestatteten Natur des Erdteils durch seine leichtsinnigen Eingriffe nur allzu leicht in Gefahr und muss es dann büßen. Aus Südamerika eingeschleppte Kakteen breiteten sich über Gebiete von der Größe europäischer Länder aus und drohten, die Schafweiden zu ersticken. Man hatte Insekten aus Südamerika einzuführen, die sich speziell von solchen Kakteen nähren und sie durch ihre Larven zerstören, um der Kakteenplage Herr zu werden.

Der weiße Mann hatte Kaninchen nach Australien gebracht, die hier und da entwichen und verwilderten und sich »kaninchenhaft« vermehrten, da ihnen natürliche Feinde fehlten. Um den Vormarsch der Kaninchenheere nach Osten aufzuhalten, wurde unter riesigen Kosten quer durch den Kontinent ein »kaninchensicherer« Zaun gebaut, tausend und mehr Kilometer lang. Die Kaninchen nahmen das nicht sehr ernst, untergruben die Drahtnetze oder umgingen sie im Norden. Der Kaninchen-Plage, die ganz Australien in Frage zu stellen drohte, wurde erst durch die Kaninchen-Pest ein Ende gesetzt, eine schnell tötende Seuche, die schließlich auch nach Europa gelangte und hier den Bestand an Wildkaninchen ebenfalls bis auf geringe Reste vernichtete.

Mäuse, manche Insekten, verwilderte Kamele und Pferde, sie alle und vieles andere wurden in Australien zur Plage und gingen auch wieder. Was nicht vergeht, sind die vielen Schlangenarten, giftige, sehr giftige und harmlose, die als einzige wirklich gefährliche Tiere in der australischen Wildnis heimisch sind. Schlangen sind leise, unheimlich und sehr fremd. Die Schwarzen haben sie gefangen, gebraten und gegessen. Der weiße Mann kann ein sonderbares, unwillkürliches Grauen vor ihnen nicht überwinden. Im Busch muss man stets auf sie gefasst sein.

Australien – eine harte, kalte, heiße Welt! Ihre unabsehbaren, lähmend eintönigen Einöden entbehren jeder Liebenswürdigkeit. Aber zugleich hatte ich ihrer grandiosen, überwältigenden Weite und Sehnsucht, ihrer herben Würde und auch ihres nie ganz vergehenden traurigen Ernstes eingedenk zu bleiben. Ich habe Australien nicht lieben gelernt, obgleich ich mich sehr darum bemühte. Aber vergessen kann ich seine von gnadenlosem Licht überfluteten Ödnisse auch nicht.

Und die australischen Städte? Ich halte sie in der Erinnerung nur mit Mühe auseinander. Mit dem Wesen Australiens haben sie nur wenig zu tun. Sie kleben wie große Beulen vor allem um den Südostrand des Kontinents. Sie sind Ableger Europas, Großbritanniens, und mehr und mehr auch der USA. In ihnen drängt sich die große Mehrzahl der Australier zusammen, als fürchtete sie sich vor der Leere des Erdteils. Australier – das sind für mein Empfinden nur Leute aus dem Outback, aus der Never-Never, wie Charles Otway einer war. –

Gritty, der Schäferhund, hatte neben mir eine Viertelstunde lang fest geschlafen, sein schönes Haupt dabei auf die Vorderläufe gebettet. Jetzt war er erwacht, erhob sich, reckte sich, wobei er sein linkes Hinterbein unglaublich lang nach hinten streckte. Dann stieß er mich leise mit der Schnauze an.

Ich weiß, Hundeherz, ich weiß! Wir können hier nicht beliebig viele Viertelstunden verhocken, damit ich endlich bis in den letzten Hintergrund des Wesens deines Erdteils vordringe. Solches bleibt wahrscheinlich ohnehin eine vergebliche Bemühung. Also gut, Gritty! Hopp in deinen Kasten! Das kannst du doch so perfekt.

Ich warf den Motor an. Wir holperten weiter.

Nach etwa einer Meile passierten wir eines der wenigen Tore, die in den Zaun eingelassen waren. Das Tor war im Unterschied zum Zaun aus Holzplanken gezimmert und offenbar eigenes Fabrikat der Station. Es schien mir schief zu hängen. Ich hielt an und stieg aus, um nachzusehen, was verkehrt sein mochte. Eine der eisernen Angeln, in denen der Torflügel sich drehte, war gelockert und drohte aus dem Holz des stämmigen Torpfostens herauszubrechen. Wahrscheinlich waren im Innern des Pfostens Termiten am Werke. Die lehmbraunen Säulen der Termitenhügel standen nahebei zuhauf. Der Pfosten würde ersetzt werden müssen. Bis dahin wollte ich den Flügel am Pfosten mit einigem Eisendraht festbinden, wie ich ihn mit anderem Werkzeug im Auto mitführte. Ich kniff mir mit der Zange einen Meter von dem kräftigen, aber weichen Draht ab und öffnete dann vorsichtig das Tor einen Spaltbreit, da ich glaubte, von der Außenseite die Schadstelle besser sichern zu können als von innen.

Ich hatte nur Augen für meine Arbeit und erschrak, als plötzlich ohne jede Vorwarnung der Hund durch den Torspalt schoss und mit hetzendem Gebell an mir vorbei den Zaun entlangraste. Jetzt blickte ich hoch und hinter ihm her.

Im Nu vollzog sich eine Tragödie, die ich aufzuhalten völlig außer Stande war. Unbemerkt von mir hatte ein Emu, das mannshohe, straußartige Vogeltier, am Zaun gestanden und dumm und neugierig herübergeblickt, was ich mir wohl zu schaffen machte. Emus waren höchst unbeliebt auf Coogamulla Downs Station. Und für Gritty war es gleichgültig, ob sich der Emu innerhalb oder außerhalb der Umzäunung aufhielt. Kaum hatte er den Emu entdeckt, so wusste er, was von ihm erwartet wurde; er war darauf gedrillt.

Ehe der große Laufvogel die Gefahr noch recht begriffen hatte und sich zur Flucht wandte, war der Hund schon heran, sprang, wie ein Pfeil von der Sehne schnellt, mit einem gestreckten Satz dem Opfer auf den Rücken und knickte ihm mit einem einzigen Biss den langen, dünnen Hals zur Seite. Ein schneller Tod! Der große Vogel stürzte wie mit der Axt gefällt. Der Hund rollte vom Rücken. Noch bewegten sich die langen, dürren Beine des Beutetieres. Das gefiel dem Hunde nicht. Er biss noch einmal zu, wieder in den Hals. So, das war erledigt.

Der Hund trottete zu mir zurück, blieb vor mir stehen und

blickte mich aus großen schwarzen Augen an. Er wollte gelobt werden. Er hatte seine Pflicht ohne Zögern erfüllt. Was blieb mir weiter übrig, als ihm Genüge zu tun:

»Großartig, Gritty, das hast du großartig gemacht. Bist ein guter Hund, Gritty! Wär nicht nötig gewesen, Gritty! Aber was weißt du davon. Emu ist Emu, innerhalb und außerhalb des Zaunes.«

Ich streichelte ihm den schönen, kühn geschnittenen Kopf, klopfte ihm die Schulter; er drückte sich an mich.

Ich riss mir die Hand auf an dem elenden Draht, war nicht recht bei der Sache, brachte aber die Reparatur schließlich notdürftig zu Stande. Wir fuhren weiter, immer den Zaun entlang, diesen gewaltsamen Riss in der leise flüsternden, duftenden Wildnis.

Ein wildes, freies Tier war durch meine Schuld zu Tode gekommen. Ich hatte es mir nicht aus der Nähe angesehen, hatte es den Ameisen oder Termiten, den Dingos, Kakadus oder Geiern überlassen.

Irgendwie, ich weiß selbst nicht wie, schien mir der sinnlose Tod des Emu den Schlusspunkt hinter meine Betrachtungen zum Wesen dieses Erdteils Australien zu setzen. Ein Erdteil, der jahrtausendelang am Rande der Geschichte gelegen hat, wurde mit kaltem Herzen vereinnahmt, durch viele Jahrzehnte wurde man Sträflinge an ihn los, er wurde zu einem Platz, auf den man menschlichen Abraum hinauskehrte, wurde dann, wie konnte es anders sein, zur Beute, wurde vergewaltigt.

Australien – gähnend leer noch immer – und immer reicher – und immer dichter benachbart den überdicht bevölkerten Ländern Japan oder China…

Cartagena

Wohl gut ein Dutzend Mal in meinem Leben ist es mir passiert, dass sich mir das einmalige und unverwechselbare Wesen eines Landes oder gar eines ganzen Kontinents wie durch einen Zauberschlag offenbarte und seitdem als das fraglos Richtige, als gelebte Wirklichkeit in mir fortwirkt. Es gibt keine anderen Augenblicke, in denen man das große Glück des Reisens mit gleicher Leuchtkraft und Eindringlichkeit erfährt. In ihrer Form gleichen sie sich alle, diese Augenblicke unmittelbar zwingender Erleuchtung (wenn man dies vielleicht allzu feierliche Wort in Ermangelung eines besseren darauf anwenden will); ihre Inhalte indessen sind von Fall zu Fall verschieden. Mit den Mitteln der

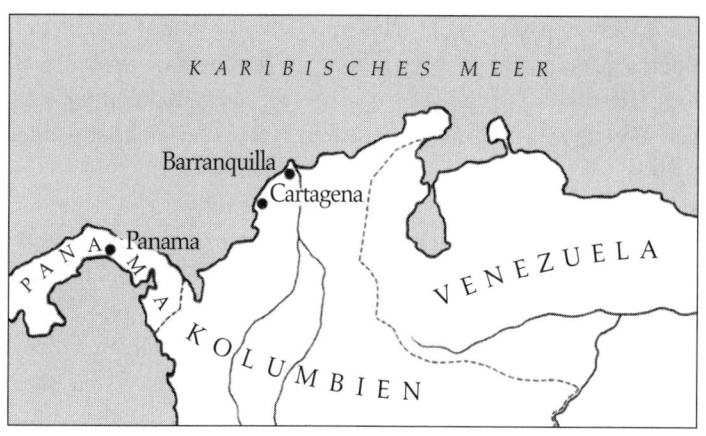

Wissenschaft ist diesen Erfahrungen nicht beizukommen. Es bleibt jedoch wichtig, sich auf die noch nicht gesehene geografische Erscheinung – Landschaft, Land oder Erdteil – durch die Geografie und Klimakunde, die Geschichte und Völkerkunde, die Wirtschafts- und Sozialkunde so gründlich wie möglich vorzubereiten. Aber erlernen oder erzwingen lässt es sich nicht, plötzlich mit dem innerlichen Begreifen oder Innewerden der Natur eines fremden Erdgebiets als ein unverdientes und stets ganz unerwartetes Glück beschenkt zu werden. Erfahrungen dieser Art werden auch sicherlich nur solchen Reisenden zuteil, die sich von dem wahrscheinlich ganz natürlichen, vielleicht sogar lebenswichtigen Glauben zu trennen vermögen, dass das von Haus aus, von der heimatlichen Welt her Gewöhnte grundsätzlich allem Fremden überlegen ist. Man muss darüber hinaus nicht nur bereit, sondern sogar begierig sein, die Fremde, wenn irgend möglich, zu lieben, als wäre sie eine Heimat geworden. Eine Urlaubsreise üblicher Dauer, in der man sich nur erholen, bräunen und vergnügen will, reicht dazu nur selten aus. –

Es würde gewiss langweilen, ließe ich die Eindrücke der hier gemeinten Art nun allesamt, nur um der Vollständigkeit willen, weiter Revue passieren. Es kam mir vielmehr darauf an, die Erscheinung als solche in ihrer immer wieder überraschenden, wie vom Himmel fallenden Wesensart wenigstens anzudeuten – so weit ein eigentlich Unsagbares sich in Worte kleiden lässt –, und nicht so sehr darauf, ihren jeweiligen Inhalt vorzustellen.

Doch will ich noch von einem Erlebnis kurz berichten, das zu den schönsten, vor allem auch eindrücklichsten gehört, die mir mein Reiseleben eingetragen hat; es wird gekennzeichnet durch den Namen Cartagena.

Städte mit dem Namen Cartagena gibt es, wenn ich mich nicht irre, vier auf dem Erdenrund: in Chile, Kolumbien, Kuba und, als Vorbild dieser drei, in Spanien. Hier meine ich das alte, kolonialspanische Städtchen Cartagena in der Provinz Bolivar des südamerikanischen Staates Columbia, Kolumbien, dessen Ufer im Norden von der Karibischen See, im Westen vom Pazifischen Ozean bespült werden, das also die Nordwestecke des südamerikanischen Kontinents einnimmt.

Ich kannte Cartagena, Kolumbien, sozusagen nur pflichtgemäß, wusste also, dass es sich um eine seit der spanischen Zeit des Kontinents vergessene und unverändert in die Gegenwart gerettete Hafenstadt handelte, die das Bild aus südamerikanischer Vergangenheit getreu bewahrt haben sollte. Aber Kolumbien stand damals nicht auf meinem Programm. Ich kam aus Lima, der Hauptstadt von Peru, stand unter Zeitdruck und hatte mich zu beeilen, nach Mexiko-Stadt zu gelangen.

In Panama-City hatte ich umzusteigen, aber für die Maschine einer anderen Fluggesellschaft, die mich nach Mexiko weitertransportieren sollte, wurden viele Stunden Verspätung angesagt. Tote, verschwendete Zeit, scheußlich!

Missmutig schlenderte ich umher. Die schwüle Hitze war noch am ehesten in der hohen Halle des Flughafens auszuhalten. Unter anderem entdeckte ich ein Plakat, das zum Besuch des »beautiful Columbia« anzuregen suchte. Es zeigte ein romantisch anmutendes Bild einer offenbar alten, mächtigen Festungsmauer, mit Wehrtürmchen und alten Kanonen vor dem Hintergrund einer blauen See. Darunter hieß es in kleinerer Schrift dem Sinne nach etwa: »Cartagena allein ist eine Reise wert, eine Reise in die Vergangenheit.«

Es war, als riefe mich jemand. Und es verstand sich beinahe von selbst, dass schon eine Dreiviertelstunde, nachdem sich mir der Name Cartagena in Erinnerung gebracht hatte, ein Abflug nach Barranquilla, dem wichtigsten Hafen von Kolumbien, und weiter seiner Hauptstadt Bogotá fällig war. Das ließ mir gerade noch genügend Zeit, mein Gepäck umdirigieren und meine

Flugkarte umschreiben zu lassen. Denn Cartagena liegt keine hundertfünfzig Kilometer von Barranquilla entfernt. Die würden in der sicherlich gut entwickelten Küstenlandschaft leicht zu überwinden sein. Ich weiß noch, dass ich glücklich war wie ein Kind, das ein herrliches Osterei gefunden hat, als die Maschine hoch in der blauen Luft über der noch blaueren Karibischen See ostnordostwärts schwebte.

So war es also, als Südamerika – vom portugiesischen Brasilien abgesehen – noch spanisch war. Stolze, steinerne Häuser an engen Gassen, eng, um die so sehr erwünschte Kühle auf ihrem Grunde besser zu bewahren. Und die Häuser kehren der Straße oft genug hohe, glatte, fensterlose Mauern zu und erinnern daran, dass die Spanier viel von den Mauren übernommen haben, die große Teile Spaniens bis ins späte Mittelalter hinein beherrscht haben. Die Mauren aber schlossen wie ihre Lehrmeister, die Araber, ihre privaten Bezirke möglichst gründlich und selbstherrlich von der Außenwelt ab.

Blickte ich aber die Gassen von Cartagena entlang, so erhob sich an ihrem Ende sicherlich in Gelb und Weiß der barocke Turm einer alten Kirche, oder die stille, ernste Fassade einer Kapelle.

Doch wirkten die Straßen nicht tot, denn die kahlen Häuserwände wurden in ungleichmäßigen Abständen großartig aufgelockert durch prächtig eingefasste hohe Tore mit schweren hölzernen Flügeln, an denen geschmiedete Angeln, Eisenringe, Bolzen und riesige Schlösser davon sprachen, dass beim Bau dieser Häuser vor zwei- oder dreihundert Jahren daran gedacht worden war, das Haus im Notfall zu einer Burg werden zu lassen.

Jetzt aber ruhte ein tiefer, um nicht zu sagen schläfriger Friede über der alten Stadt, die ganz und gar ein nach Südamerika verpflanztes Spanien darstellte. Doch erschien mir dieses Cartagena im Vergleich zu seinem Herkunftsland großzügiger, stolzer, im Tiefsten seiner selbst gewiss. Mit heute kaum noch vorstellbarer Verwegenheit müssen sich die Spanier diesen Kontinent Südamerika unterworfen, vollkommen angeeignet haben; sie bauten sich Städte genauso, nein, großartiger noch und hochgemuter oder hochmütiger als im Mutterland. Nichts erinnerte daran in Cartagena, dass man sich auf einem dem alten Europa urfremden Kontinent befand. Kirchen mit beinahe überladenem Prunk und Schmuck, Klostermauern, ein Mönch in der Kutte, mit einem Strick gegürtet, pomphafte Regierungsgebäude, die die Macht und den Glanz der Krone Spaniens darzustellen hatten, weite, beschattete Plätze mit lässig plätschernden Brunnen, Gasthäuser mit poetischen Namen wie aus einer alten Oper mit ein paar Tischen davor im Schatten der Hauswand, an denen roter Wein ausgeschenkt wurde. Das wunderbar altmodische, jedoch sehr wohnliche Hotel, in dem ich abgestiegen war (der Fahrer des Mietautos, das mich von Barranquilla nach Cartagena brachte und der natürlich über all und jedes in der Gegend alles und mehr noch wusste, hatte es mir angelegentlich empfohlen und sich als ein guter, zuverlässiger Ratgeber erwiesen), dies Hotel also lag wie versunken unter hohen, alten Bäumen, dichten Hecken, märchenhaft üppigem Blütengerank und hier und da kühlend spielenden Wasserkünsten. Wie ein altes Zauberschloss war das Hotel; aber das Essen wurde wohlschmeckend, scharf gewürzt und sehr aufmerksam serviert mit spanisch rotem Wein – aus Kolumbien. Wie ich erwartet hatte, versteckten sich hinter den hohen, abweisenden Toren der wichtigen Straßen in der Stadt weite, kühle Höfe mit Blumen, Büschen und Bäumen. Alle Fenster und Zimmer und Laubengänge öffneten sich zu diesen Gartenhöfen. Ich hatte ab und zu einen Blick in die verborgenen Innenwelten geworfen und war stets von neuem überrascht von dem Gegensatz zwischen der kahlen, steinernen Nacktheit der Straßen und der üppigen grünen Herrlichkeit im Innern der stolzen Wohnburgen mit ihren Springbrunnen, Laubengängen, Blumenbeeten und den zu solchen kleinen Paradiesen offen stehenden Fenstern und Türen. Mehr als einmal fühlte ich mich versucht, einzudringen und nicht nur von der Straße her als Ausgeschlossener verstohlene Blicke in die Wohnhöfe – sie bilden ja in diesem warmen Land an der Karibischen See die eigentlichen Wohnzimmer der Familie – werfen zu müssen. Aber in private Bezirke, besonders so streng gehütete wie diese spanischen, vorzustoßen, ohne eingeladen zu sein, ist mir nicht gegeben.

Bis mir dann am dritten oder vierten Tage das Glück blühte, ohne das man auf Reisen beim besten Willen nicht auskommt. Ich hatte den Wunsch, mit den Menschen dieser erstaunlichen, aus alter, stillerer und zugleich wilderer Zeit in die Gegenwart geretteten Stadt in eine engere Beziehung zu treten, schon aufgegeben. Ich kannte ja keine Menschenseele in Cartagena, das mir heutigem Mitteleuropäer um zwei- oder dreihundert Jahre entfernt lag, hatte mich nicht auf diesen Besuch vorbereiten und vielleicht Beziehungen oder Empfehlungen anbahnen können, empfand aber mit großer Gewissheit, dass es hier nicht nur Kirchen und Häuser aus einer sonst längst verschollenen Vergangenheit geben musste, sondern auch Menschen, ganze Familien, die mehr oder weniger noch im Stil jener heute selbst mit kühnster Fantasie nicht mehr vorstellbaren Epoche lebten, als im spanischen Weltreich die Sonne nicht unterging.

Ich war mir damals in den Sechzigerjahren unseres Jahrhunderts und heute erst recht darüber im Klaren, dass die Zeitgenossen das allmähliche Dahinschwinden des spanischen Weltreichs ebenso wenig in seiner ganzen Bedeutung begriffen haben, ebenso wenig verstanden haben, welche Ordnungsmacht damit von der Bühne des Weltgeschehens abtrat, wie auch wir heute den folgenschweren Prozess zur Kenntnis nehmen, der mit dem Ausscheiden des britischen Weltreichs, in welchem auch einmal »die Sonne nicht unterging«, als Weltordnungsmacht eingeleitet wurde. Die menschliche Geschichte, das heißt die Geschichte der Macht, duldet kein Vakuum. Der Untergang des British Empire machte den Weg frei für das Aufkommen der Amerikaner und der Russen – in Konkurrenz miteinander, was den Weltfrieden ständig gefährdet – mit dem Anspruch beider, als stärkste Macht der Welt zugleich Inhalt und Stil des politischen Denkens weltüber zu bestimmen. Und im Hintergrund warten vielleicht schon die Chinesen, als ein neues »Reich der Mitte«, als die menschenstärkste Nation der Erde, die Weltverhältnisse nach ihrem Muster zu gestalten. Neu ist dabei, dass zum ersten Mal in der überschaubaren Weltgeschichte der Weltmacht- und Ordnungsanspruch nicht mehr vom westlichen Europa aus erhoben wird, sondern von den »Nachkömmlingen«, den »Abgeleiteten« Westeuropas, den Amerikanern und den Russen. Gewiss könnten Europa und die Europäer ihre alte Rolle zurückgewinnen, wenn sie sich ohne Rücksicht auf Verluste an so genannter Souveränität der einzelnen Nationen Europas politisch und wirtschaftlich einten; aber der Kleinmut, der Hochmut, der Neid und die Eitelkeit in den einzelnen Völkern werfen den Zukunftswilligen in Europa so viele Knüppel zwischen die Beine, dass es bei der Abdankung Europas wahrscheinlich bleiben wird.

Statt mich in Cartagena mit klugen Spaniern, spanischen Kolumbianern, über derartige, vielleicht ein wenig aufgeblasene Gedankengänge unterhalten zu können, hatte ich nur mit meinem Taxifahrer etwas nähere Bekanntschaft geschlossen, einem freundlichen, auf seine Art gediegenen Mann mit einem deutlichen Einschlag indianischen Blutes, der mich jeden Morgen um neun Uhr, wie gleich nach unserer ersten Fahrt verabredet, beim Hotel erwartete, um mir in dem Straßengewirr der alten Stadt und ihrer schönen, üppig fruchtbaren Umgebung als Führer zu dienen, mir etwa die Reede zu zeigen, auf der in spanischer Zeit die Hochsee-Segler geankert hatten, dann den ursprünglich sehr brauchbaren Hafen, der später versandete, sodass Cartagena seinen Rang als wichtigster Handelsplatz dieser Küste an Barranquilla abtreten musste, das an der Mündung des mächtigen Magdalenen-Stroms gelegen ist; Señor Felipe erklärte mir die gewaltigen, sorgfältig erhaltenen Festungsanlagen rings um die alte Stadt, besonders zum Meere hin, auf deren breiten Kronen man Stunden verschlendern und versitzen und den alten, wilden Zeiten hinterherdenken konnte, als die Korsaren mit bewaffneter Macht den reichen Handelsplatz berannten.

Señor Felipe führte mich schließlich auch in seine Familie ein, die natürlich außerhalb der Mauern in den ärmeren Stadtvierteln wohnte, wo nicht hohe, kühle Steinhäuser mit prächtig gemeißelten, kunstvoll gefügten Toren das Bild bestimmten, sondern ungepflasterte sandige Straßen und Häuser oder Hütten aus Lehm. Aber auch in diesen Häusern mit ihren kleinen Fenstern war es dämmrig und kühl, und Doña Carmen, die breithüftige Frau meines Taxi-Mannes, hielt Haus und Kinderschar in musterhafter Ordnung.

So erhielt ich zwar einen guten Einblick in die Familien-Verhältnisse von guten Leuten des, sagen wir, unteren Mittelstandes in einer spanisch-amerikanisch-indianischen Umwelt. Für seine Verhältnisse war Señor Felipe ein wohlhabender Mann, denn sein ältliches, aber gut gepflegtes Auto nordamerikanischer Herkunft gehörte ihm ohne Schulden; er sparte eisern auf ein neues; das Haus aus Lehm, in dem er mit Doña Carmen und sechs Kindern ausreichend Platz hatte, der Grund auf dem es stand, gehörten ihm auch. Und er behauptete, dass seine Familie schon seit Menschengedenken in Cartagena ansässig wäre. Aber den Zugang zu den wunderbaren, verwunschenen Herrenhäusern im Zentrum der Stadt, nach welchem mein Herz begehrte, vermochte er mir nicht zu erschließen.

Doch! Er vermochte es. Als unsere Beziehung sich schon in die privaten Bezirke hinein vertieft hatte, bekannte ich ihm gelegentlich, dass ich gern einmal in eins der großen Häuser in der Stadt hineingeblickt und auch eine der alten großen Familien Cartagenas kennen gelernt hätte. Er schwieg nach diesem Geständnis längere Zeit, und ich dachte schon, ihn irgendwie gekränkt zu haben. Aber er hatte nur nachgedacht, wie er mir helfen könnte: »Meine älteste Tochter, die Dolores, die steht bei einer sehr vornehmen Familie in der Stadt im Dienst als Hausmädchen, bei den del Quimal y Abra. Meine Frau war lange Zeit, bevor wir heiraten konnten, schon bei der alten Dame im Dienst; die ist aber schon vor drei Jahren gestorben. Der Herr des Hauses, Don Ignacio, ist zurzeit verreist, aber die jetzige Herrin, die junge Doña Maria Elena, die ist zu Hause. Sie ist nicht mehr gar so streng, wie es noch in mancher anderen alten Familie Brauch ist. Sie ist nämlich drei Jahre lang in den Vereinigten Staaten auf einer hohen Schule gewesen, um gut Englisch zu lernen und sich in der Welt umzusehen. Doña Maria Elena wird vielleicht Spaß daran haben, einem Fremden aus dem fernen Deutschland ihr Haus zu zeigen. In Barranquilla gibt es einige deutsche Leute, Kaufleute, die sind alle sehr geachtet. Meine Frau ist bei der Familie immer noch gut angesehen und meine Dolores ist es wieder. Meine Frau wird sich ihr gutes Kleid anziehen und hingehen und fragen…«

Doña Maria Elena del Quimal y Abra war eine junge Frau etwa Ende der Zwanzig von großem, etwas exotisch anmutendem Reiz, sprach ein müheloses amerikanisches Englisch und zeigte sich so selbstsicher und aufgelockert, wie es heutige Amerikanerinnen, die ein College besucht haben, gewöhnlich sind. Immerhin war sie spanisch-wohlanständig genug, hatte vielleicht auch Vorsicht lernen müssen, um während jedes meiner drei Besuche in ihrem Hause dafür zu sorgen, dass die matronenhaft umfängliche Señora Carmen, die Frau meines hilfreichen Taxi-Fahrers, welche die Bekanntschaft vermittelt hatte, sich stets unter verschiedenem Vorwand in unserer Nähe aufhielt. Aber ich war ja kein glutäugiger und glutherziger Don Juan aus mittelmeerischen Gefilden, sondern ein braver Deutscher gemäßigten Temperaments und dachte nicht einmal daran, der schönen Maria Elena auch nur Komplimente zu machen, wie sie's wahrlich verdient hätte und, obwohl sie mich vielleicht für unhöflich hielt, weil mir nicht einfiel, wie ich sie anbringen sollte. Ich blieb »bei der Sache«, das heißt:

Ich lobte die herrlichen alten, unglaublich schweren Möbel aus massivem Edelholz und die dunklen, kaum noch erkennbaren großen Gemälde an den fast wie in Kirchen hohen Wänden. Von den Decken hingen schwere Kronleuchter aus geschmiedetem Eisen. Die Wachskerzen allerdings, die früher in ihnen zu Dutzenden gebrannt haben mochten, waren durch Glühbirnen ersetzt, ohne dass an den mächtigen Gebilden viel abzuändern gewesen war. Die steinernen, mit goldgelben Fliesen ausgelegten Fußböden wurden durch arabische und persische Teppiche gedämpft, die zwar schon an vielen Partien abgetreten, auch fadenscheinig waren, aber die Kraft ihrer alten Farben und ihre schönen Muster durchaus noch nicht eingebüßt hatten. In schwärzlich klobigen Wandschränken mit kassettenhaft unterteilten Glastüren schimmerte verhalten Prozellan und Silber. – Und Señora Carmen machte sich im Hintergrund zu schaffen, damit ihre Herrin nicht allein mit einem nicht zur Familie gehörigen männlichen Wesen im Zimmer zu sein brauchte, putzte

116

hier ein schon wunderbar blankes Schränkchen und ließ dort den Staubwedel gehen, um eine eichene Truhe vom allerletzten Stäubchen zu befreien, das sich vielleicht doch noch in einem Eckchen des tief ausgearbeiteten Schnitzwerks versteckt haben mochte.

Ich ließ mir zeigen, wo und wie die vier ständigen Bedienten des Hauses wohnten, darunter jene Dolores, die Älteste meines Taxi-Freundes. Sie wohnten einfach, aber nicht schlecht. Früher mochten für die groben Arbeiten in dem erstaunlich weitläufigen Anwesen noch ein paar schwarze Sklaven gehalten worden sein. Aber die gab es nicht mehr, nur einen betagten schwarzen Gärtner mit dichtem, weißem Haar, der von jedermann, besonders auch von der Herrin des Hauses, mit spürbarem Respekt und zugleich Wohlwollen behandelt wurde. Er war der Meister des blühenden grünenden Paradieses im großen Innenhof, dem Patio; er sorgte dafür, dass die Düfte, die Fülle der Farben und Formen des Blütenflors nie ein Ende nahmen, dass die Büsche und Palmen, deren Wedel bis zum zweiten Stock hinaufreichten, weiterwisperten und Schatten spendeten.

Ein Hauch ernster, ja würdevoller Eleganz, einer vornehmen, vielleicht auch im geheimen hochmütigen Selbstgewissheit durchwehte Haus und Hof, eine Sicherheit des Stils und gewiss auch der menschlichen Haltung, wie sie mir nicht oft begegnet ist. Altes, ehrwürdiges Spanien, bevor es seine Kolonien verlor und nur noch von großen Erinnerungen zu zehren hatte! Hier in Cartagena am fernen Rande der Karibe war es, milde geworden und weise, noch ganz da im großen Hause der Del Quimal y Abra, lebte es noch, bezauberte es noch einigermaßen heimatlose Burschen wie mich.

Am vorletzten Tag vor meiner Abreise – für zehn Tage, die ich eigentlich gar nicht entbehren konnte, hatte ich mich von Cartagena nicht trennen können – wurde ich sogar von der Frau des großen Hauses zum Tee eingeladen. Wir waren also schon ein wenig über die Situation hinausgelangt, in welcher einem interessierten Fremden ein Besitz, mit dem man sich ganz einig weiß, mit freundlichem Stolz vorgezeigt und liebevoll erläutert wird. Da es im Freien unmenschlich heiß und schwül war, hatte die Dame des Hauses im kühlen, dämmrigen Wohnraum auf einem kleinen Tischchen decken lassen. Zwei Kerzen brannten in einem silbernen Leuchter; gegen ihr Licht erschienen die Tassen aus weißem chinesischen Porzellan beinahe durchsichtig, und die silbernen Bestecke glänzten, sorgfältig gepflegt und blank.

Ich kannte nun schon diesen überschmalen hohen Kopf mit den schwarzen, glatt zurückgekämmten und im Nacken zu einem schweren Knoten geschürzten Haaren, den großen, mandelförmig geschnittenen dunklen Augen, die von schmalen, lang gewölbten, tiefschwarzen Brauen überschwungen wurden. Und unter der schmalen, langen Nase ein großer Mund mit tiefroten vollen Lippen. Sicherlich hatte sie kein Lot überflüssigen Fettes am Leibe. Ich hatte gehört, dass sie ausdauernd und auch wild zu reiten liebte. Sie hatte die Füße übereinander geschlagen und ließ den freien Fuß wippen, was eine Dame strenger Observanz wohl eigentlich nicht tun sollte – aber dies war eine Spanierin auf Amerikanisch … Ihr wippender Fuß in dem kinderschmalen, schmucklosen Halbschuh war, als wollte sie ein zierliches Kunstwerk vorzeigen. Doch lag ihr sicherlich jede bewusste Absicht fern. Ich hätte gut und gern ihr Vater sein können. Ich war ihr höchstens als kleine intellektuelle Abwechslung im wahrscheinlich ermüdenden Gleichmaß ihrer Tage interessant.

Im Hintergrund des großen, nur sparsam, aber mit wertvollen Möbeln ausgestatteten Raumes – überhaupt war der Einrichtung des ganzen Hauses eine sicherlich gewollte und wahrscheinlich geliebte Kargheit eigen, nicht was den Wert, wohl aber die Menge der vorhandenen Gegenstände anbetraf –, im Hintergrund stand während der ganzen Stunde meines Teebesuchs Señora Carmen steif und stumm wie eine Statue neben einem Serviertisch und wartete auf Wünsche ihrer Herrin, die nicht kamen. In Wahrheit hatte sie auch bei dieser Gelegenheit die Ehrenwache, die Anstandsdame zu bilden. Was wir redeten, davon verstand sie kein Wort, denn wir unterhielten uns auf Englisch, was zwar Carmens Mann, mein hilfreicher Führer und Fahrer, leidlich beherrschte, aber nicht seine Frau.

Es war kein Tee mehr in der ziselierten Silberkanne, und das halbe Dutzend kleiner, süßer Kuchen war verzehrt. Ich durfte nicht vergessen, rechtzeitig aufzubrechen. Doña Maria Elena beschloss unser sachte plätscherndes Gespräch:

»Sehen Sie, Mr. Johann, unsere Stadt ist eine Rarität auf südamerikanisch-spanischem Boden. Aber ich meine, sie ist südamerikanischer als irgendeine andere. Wir kommen auf diesem Kontinent von unserer spanischen Vergangenheit nicht los, in Brasilien nicht von der portugiesischen. Das indianische Element spielt nur eine geringe Rolle. In den Nachfolgestaaten des spanischen Kolonialreichs waren und sind es kleine, eng begrenzte, sich außerordentliche Vorrechte anmaßende Gruppen, welche die übergroße Mehrheit der durchschnittlichen Bürger beherrschen und gängeln, wie es allein ihren Interessen und Machtwünschen entspricht – genauso wie es im Staat der Inka, unseren indianischen Vorgängern, gewesen sein muss. Im spanischen Amerika sind nicht im gleichen Maße schwarze Sklaven aus Afrika eingeführt worden wie im portugiesischen. Bei uns hat sich nur rot und weiß, nicht auch noch schwarz gemischt. Weiß blieb dominant. Nirgendwo so stark wie hier in Cartagena, wo wir mit Sorgfalt darauf achten, dass das Spanische der Kolonialzeit erhalten bleibt, nicht nur äußerlich, sondern auch innerlich.

Was im Vordergrund, besonders in den Hauptstädten, nach der Kolonialzeit kam, ist nicht viel wert. Wir alten Familien haben die Pflicht, darzustellen und darauf zu bestehen, dass alles, was auf diesem Kontinent etwas bedeutet, aus Europa, aus Spanien oder Portugal stammt. Der Besitz und die Vermögen, die hierzu gehören, verstehen sich, der Allerheiligsten Jungfrau sei Dank, immer noch beinahe von selbst.«

Das waren große Worte. Ich wagte es dagegen zu fragen:

»Ich glaube kaum, dass man das anderswo auf diesem Erdteil mit gleicher Ausschließlichkeit formulieren würde. Oder muss man dazu auf nordamerikanischen Hochschulen studiert und diskutiert haben?«

Auf ihrem ernsten schönen Antlitz erschien plötzlich ein warmes Lächeln; es wurde dadurch bezaubernd erhellt:

»Weder – noch, Mr. Johann! Das habe ich alles von meinem Mann, den Sie leider nicht kennen lernen werden. Er kommt erst in der nächsten Woche aus Caracas zurück. Aber vielleicht machen wir jetzt noch ein paar Schritte durch den Garten. Die Hitze wird etwas nachgelassen haben.«

Ich hatte mich so formvollendet wie möglich, und so warm, wie es erlaubt war, bedankt, verabschiedet und war liebenswürdig entlassen worden. Das große, schwere Tor war hinter mir mit einem leisen, dumpfen Laut ins Schloss gefallen. Welch ein Haus, dachte ich mir, welch eine kluge, fremdartig bezaubernde Frau – wie ein Edelstein in kostbarer Fassung, so wird dies schöne Geschöpf von diesem stolzen Haus umschlossen.

Ich mochte noch nicht in mein Hotel zurückkehren. Die harte Hitze des Tages war vergangen. Ein lauer Wind von See her wanderte auf leisen Sohlen durch die Gassen der alten Stadt. Wenn man darauf achtete, so spürte man den Duft von Salzwasser, ganz leise auch von Fischen. Das lockte mich – es war nicht weit – hinaus aus den Mauern. Noch einmal die riesigen, wehrhaften Steinwälle zur See abschreiten, auf ihren marktplatzbreiten Kronen spazieren, die Wehrtürme bewundern und sich vorstellen, wie in vergangenen Zeiten hier die schweren Kanonen in Stellung gebracht und gezündet wurden, wenn feindliche Schiffe oder gar eine Flotte gesichtet wurden.

Die große Bucht lag still an diesem golden sinkenden Tage, wie geliebkost, nur hier und da leicht gekräuselt von einem zärtlich sanften Abendwind. Ich war fast allein auf den noch sonnenwarmen Steinplatten, die meine gemächliche, nachdenkliche Wanderung verhalten hörbar machten. Als einzigen Menschen – alle anderen Bewohner der Stadt rüsteten sich wahrscheinlich schon zum Abendessen – begegnete ich einem Liebespaar. Es hatte sich auf einer Steinbank in einer Nische neben einem der schlank aus den Brustwehren aufragenden Mauertürme niedergelassen. Der junge Mann und das Mädchen, beide sehr schwarzhaarig, mit Gesichtern, die, worauf die betonten Backenknochen schließen ließen, indianische Vorfahren verrieten, ach, die beiden waren sicherlich nicht sehr einverstanden mit meinem plötzlichen Auftauchen. Hätte ich mich nicht auch an den in der Stadt üblichen Ablauf des Tages halten können, anstatt hier überflüssigerweise umherzuschlendern? Die beiden saßen in deutlichem Abstand voneinander, hielten aber die Hände zwischen sich umklammert – und warteten darauf, dass ich vorüberging und mich nicht umdrehte.

Ich tat das eine und vermied das andere. Ich bog um die nächste Mauerecke, um den beiden aus den Augen zu kommen. Sie hatten mir bewiesen, dass die alte Stadt noch lebte. In tiefer Bläue leuchtete die Karibische See zu mir herüber. In der lichteren Bläue des Himmels schwebte immer noch ein letztes der schneeweißen Wolkenschiffe des Nachmittags. Bald würde auch dieses lautlos dahinschwinden und nicht mehr vorhanden sein, um den nach kurzer Dämmerung aufflammenden Sternen das Feld der Himmelskuppel allein zu überlassen. In meinem Rücken hinter den Befestigungen und Türmen ruhte die alte spanische Stadt, lässig, ein wenig müde, doch sehr gepflegt und sicherlich auch – geliebt.

Es ging mir durch den Kopf, dass Familien wie die del Quimal y Abra an der Vernichtung der großartigen Inka-Kultur, an der Knechtung der Indianer mitgewirkt und großen Gewinn daraus gezogen haben mochten. Denn wo anders sollte der gewiss sehr solide Reichtum dieses Hauses herstammen? Aber ich dachte auch daran, dass die Spanier weiter im Norden vom mexikanischen Golf her das Reich der Azteken zu Fall gebracht haben, deren entsetzlich blutrünstige Religiosität in fürchterlichen Menschenopfern schwelgte. Dies Reich war trotz hoher wirtschaftlicher und auch künstlerischer Leistungen nicht wert gewesen zu überleben, sondern hatte das Schicksal, geschlachtet zu werden, verdient, wie es andere geschlachtet hatte, Hekatomben von Unschuldigen. Wer wollte da wagen, Recht und Unrecht zuverlässig zu verteilen? »Wir sind allzumal Sünder...« Stolz und an Aberwitz grenzender Mut, Großmut und Ritterlichkeit, eine beinahe heilig zu nennende Begeisterung, Entdecker- und Erforschungsfreude, aber ebenso Wut, Grausamkeit, Mord- und Beutegier, Lust am Erobern und Zerstören – und all dies nach einem oder zwei Jahrhunderten unerhörter Bereicherung schließlich auslaufend in Erschöpfung, Ermüdung, auch eine späte Eleganz und Gelassenheit, die nichts mehr von alter Gewalttat weiß, sich ihrer höchstens noch mit einem Achselzucken als etwas völlig überflüssig Gewordenem und nicht mehr recht Begreiflichem erinnert (so sehr auch die Wesenszüge der spanischen Frühzeit in der heutigen Politik der lateinamerikanischen Länder immer wieder deutlich werden). –

Spanisch-, Portugiesisch-Südamerika: Damals, auf den verwitternden Bastionen der herrlichen alten Stadt Cartagena an der karibischen Küste Colombias, glaube ich, sein Wesen verstanden zu haben – oder wenigstens einen großen Teil davon.

II

Fremde,
die fremd bleibt

Ambo-Land

Die Trommeln dröhnten. Sie dröhnten nun schon den dritten Tag und die dritte Nacht. Ihr immer gleicher Rhythmus schlug sich mir wie mit lauter kleinen Hämmern ins Hirn. Diese immer während gleichen, merkwürdig komplizierten, synkopierten – wenn das der richtige Ausdruck ist – Takte schienen mich völlig beschlagnahmt zu haben, ließen mich, nachdem sie nun seit dreimal vierundzwanzig Stunden auf mich eindrangen, am ganzen Körper vibrieren, als hätte ich Schüttelfrost und wäre krank. Aber mir war nicht kalt, mir war heiß.

Ich lag in meiner schönen Gasthütte im Häuptlingsdorf Oshikango im Westen des Ambo-Landes – eine Tagereise von dem

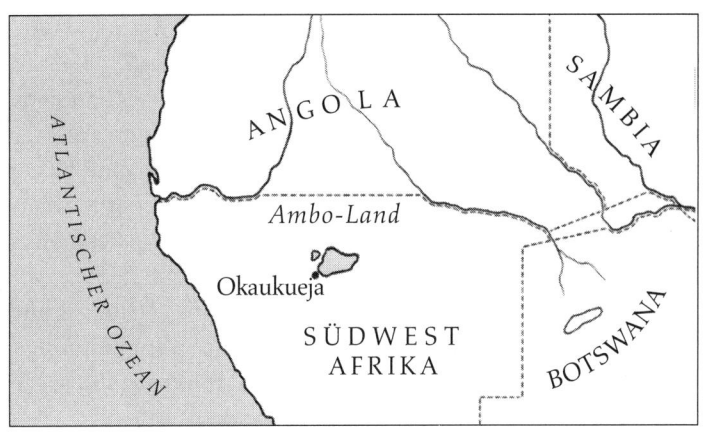

Hauptort Ondangua entfernt –, lag warm und trocken unter dem schön und sauber gestrickten Grasdach auf feinstem, weißem Sand in meine Decke aus Schaffellen gehüllt und versuchte, endlich wieder, nach bereits zwei Nächten so gut wie ohne Schlaf, Ruhe zu finden. Der Tanzplatz lag außerhalb des hohen Palisadenzauns des Dorfes, war von meiner im abgetrennten Häuptlingsbezirk gelegenen, also durch Neugierige oder Lauscher nicht gestörten Hütte gut hundert Schritt entfernt. Wenn hier auch nur gedämpft, so schwangen doch in schärfstem Gleichmaß die Paukentöne und Trommelwirbel unverwandt zu mir herüber und senkten mir nach wie vor wie einen gewaltsam verordneten Rausch, eine zittern machende Unruhe ins Blut, eine längst qualvoll gewordene Gespanntheit.

Nein, an Schlaf war nicht zu denken! Ich setzte mich, in meine Decke gehüllt, an den starken Pfosten in der Mitte meiner Hütte, der in die oberste Spitze des Kegeldaches hinaufreichte und es stützte. Der Häuptling, ein kluger alter Mann mit vielen Frauen, der bei feierlichen Anlässen zum Zeichen seiner Würde einen alten deutschen Schutztruppen-Hut aufzusetzen pflegte, der gute Mann, mit dem mich beinahe so etwas wie Freundschaft verband – sie reichte bis weit in die Zeit vor dem Zweiten Weltkrieg zurück, heute deckt ihn längst die harte, gelbe Erde seiner afrikanischen Heimat – dieser besonnene, sogar weise zu nennende Führer seines Stammes aus dem großen Bantu-Volk der Ovambo, hatte mir einen Krug mit Hirsebier in meine Hütte stellen lassen, damit ich nachts etwas zu trinken hätte, wenn mich Durst ankäme. Ein Topf, aus einem Stück Holz geschnitzt und mit geometrischen Brandmustern geschmückt, stand neben dem Krug bereit. Es hatte noch keiner aus ihm getrunken; für den geehrten Gast, in diesem Falle meine Wenigkeit, war er neu gefertigt (ich durfte ihn später mitnehmen und habe ihn sogar über die Bombennächte des Krieges bis heute bewahrt).

Das Bier schmeckte säuerlich kühl und angenehm. Es erfrischte mich. Nein, wahrlich, an Schlaf war nicht zu denken in dieser letzten Nacht, in welcher die Mädchen dieses Ovambo-Stammes tanzen mussten, um heiratsfähig gesprochen zu werden. Irgendwann einmal würde ich wieder zum Schlafen kommen und alles nachholen. Jetzt wollte ich mich lieber davon überzeugen, was nach drei Tagen und drei Nächten pausenlosen Tanzens von den Mädchen der diesjährigen Reifeprüfung noch übrig war. Ich zog mich an; lange Hosen diesmal und eine Wolljacke über das Buschhemd, denn die Nächte in der trockenen, der kalten Zeit auf dem Südwester-Hochland werden gegen Morgen bitterkalt. Und der Morgen war höchstens noch zwei Stunden entfernt. Durch die langen Ritzen zwischen den aufrecht in die Erde gerammten, armdicken Baumstämmen, welche die Wände meiner Hütte bildeten, floss das Licht des Vollmonds in langen Streifen und versah mich mit mehr als genug Helligkeit zum Ankleiden.

Der Posten am Ausgang des Häuptlings-Bezirks im großen Dorf hob die Hand zum Gruß und ließ mich passieren. Ich wanderte durch die einigermaßen verwirrenden Gassen des Dorfes zum Tanzplatz hinaus; das hämmernde Lärmen der Trommeln und Pauken wies mir den Weg. Das Dorf kam mir wie ausgestorben vor. Alle Welt war auf dem Tanzplatz versammelt, um Zeuge der letzten Nacht der großen Prüfung zu sein. Nur im Abstand von drei oder vier Jahren wurde das große Fest gefeiert und eine neue Altersklasse von Mädchen für die Ehe freigegeben. Ich habe das Glück und die große Ehre genossen, an einem solchen großen Hauptakt im Leben des Stammes teilnehmen zu dürfen, einem der letzten sicherlich dieser Art, wie mir der Häuptling mit Trauer und Zorn in der Stimme verraten hatte. (Wir sprachen übrigens deutsch miteinander; er war in der alten, der deutschen Zeit, im Süden auf großen deutschen Farmen im Dienst gewesen und hatte auch eine Zeit lang irgendwie der Schutztruppe, dem deutschen Kolonial-Militär, angehört und sich ein handfest preußisches Deutsch samt allen Unteroffizier-Grobheiten angeeignet.)

Die jungen Männer kämen, meinte der Häuptling, samt und sonders mit unklugen Flausen im Kopf aus dem Dienst auf den Farmen oder in den Minen ins Amboland im Norden von Südwest (dem heutigen Namibia) zurück und hielten die alten Reifefeiern der Mädchen für barbarisch und eines »modernen« Ovambo nicht mehr angemessen; sie hätten sich in der verzwickten und gefährlichen Welt des weißen Mannes bewähren müssen, hätten ohne Stamm, Sitte und Häuptling ihr Brot und mehr als das verdient, kannten sich aus in der neuen Zeit und wollten sich ihre Mädchen und Frauen auf eigene Faust aussuchen. Reifefeiern, bah, alter, fauler Zauber!

Aber in jener Nacht, von der ich berichte, war noch das ganze Dorf in der letzten der Tanznächte um den Tanzplatz vor den Toren versammelt, insbesondere auch die jungen Männer, einschließlich derjenigen, die durch eine lange Hose, ein verschlamptes Jackett bewiesen, dass sie im Süden, bei Windhoek oder gar Oranjemund, ihr Glück in den Bezirken der »weißen« Wirtschaft versucht hatten.

Auch der Häuptling befand sich unter den Zuschauern. Als Einziger saß er auf einem geschnitzten Schemel. Um ihn her war ein leerer Halbkreis der Achtung von einigen Schritt Weite offen gehalten. Er sah mich in den Ring der Dorfleute treten und winkte mich heran. Ein weiterer Wink von ihm schaffte einen zweiten Schemel herbei. Auch ich durfte mich setzen. Er sagte zu mir, so laut, dass auch die Umstehenden es trotz des Pauken-Orchesters gegenüber hören konnten: »Wenn es hell wird, ist es vorbei. Sie können nicht mehr. Sie haben gut getanzt. Starke, schöne Mädchen!« – Starke, schöne Mädchen in der Tat! Aber wie war ihnen durch diesen Tanz, durch dieses Fest – das wichtigste, das der Stamm zu begehen hatte – mitgespielt worden!

Die schwarzen, nur mit einem kunstvoll verzierten ledernen Hüftschurz bekleideten Körper der wohl vierzehn- bis achtzehnjährigen Geschöpfe waren mit Staub bedeckt; die im Takt stampfenden Füße – dem Takt, den das Pauken- und Trommel-Orchester mit schonungsloser Unerbittlichkeit durch die kühle Nacht hämmerte – die müden Füße rührten den Staub, grauen, mehlklein gestampften Staub, unablässig von neuem auf. Der Schweiß zog schwärzliche Bahnen durch den grauen Puder auf den Schultern, den wabernden Brüsten, den zuckenden Hüften dieser »starken, schönen Mädchen«.

Die Gesichter unter den zu einer festen, mit Pflanzen-Perlen und mandelförmigen Früchten geschmückten, engen Kappe verkleisterten Haaren waren verzerrt bis zur Grimasse, waren allesamt von fürchterlicher Erschöpfung gezeichnet. Die meisten trugen die Köpfe steif in den Nacken zurückgebogen, als wären sie drauf und dran, im Genick umzubrechen. Und kaum eine Einzige der jungen, schlank und kräftig wie die Tiere der Steppe gewachsenen Frauen tanzte noch mit geöffneten Augen.

Sie schienen alle zu schlafen, obgleich die Körper im Tanze zuckten und schwangen, so als hielte sie nur noch der erbarmungslos hetzende Takt des Orchesters in marionettenhaft eckiger, rüttelnder Bewegung.

Eigentlich hätte wohl der Anblick der wenige Schritt vor meinen Augen sich haltlos schaukelnden nackten Mädchenleiber mit den wogenden Brüsten und den schwingenden Schenkeln mich, wenn auch nicht entzücken, so doch vielleicht erregen müssen. Aber ich spürte nichts dergleichen. Vielmehr stieg in mir, der auch längst überfordert und abgespannt war, ein Gefühl des Widerwillens, ja des Ekels auf.

Den Mädchen hingen, zu einer plumpen Kette gefügt, dicke

Klumpen von Rinderfett um den Hals, roh noch, sicherlich viele Pfund schwer. Das von der Hitze der Körper und der drei riesengroßen Feuer ringsum langsam schmelzende Fett vermischte sich im Niederrinnen mit dem Schweiß und dem Staub zu widerlicher Schmiere, bahnte sich aber anderswo breite, ölige Bahnen durch den Staub, in denen sich das rote Licht der Feuer schillernd spiegelte. Dort ließen sich dann die Muskeln erkennen, die unter der schwarz glänzenden Haut spielten.

Und automatenhaft gleichmäßig schepperten die Mädchen im Takt die eisernen Scheiben der Feldhacken aneinander, hielten die an einer Seite geradlinig und scharf geschliffenen, an der gegenüberliegenden Seite zu einem länglichen Eisenstiel ausgezogenen Hackenblätter in der linken Hand und schlugen darauf aus der rechten Hand mit einem harten Holzklöppel, im Rhythmus, den die Trommeln vorschrieben, so wie sie auch das Zucken der Leiber, das Wogen der Hüften, das Stampfen der Füße vorschrieben.

Ich konnte von meinem Platz an der Rechten des Häuptlings das Pauken- und Trommelorchester uns gegenüber auf der anderen Seite des Zuschauer-Ringes etwa zur Hälfte erkennen: Lauter junge Männer bearbeiteten da – nur mit den flachen Händen – die ganz verschieden großen und geformten, fellbespannten Trommeln, die aus Baumstämmen gebildeten Pauken. Die Burschen waren alle mit gesammelter Aufmerksamkeit bei der Sache, beherrschten den Takt und die seltsam zögernden und zugleich vorwärts drängenden Synkopen mit nie fehlender, nicht einen Augenblick versagender Meisterschaft. Die Spieler wirkten trotz der späten oder vielmehr schon in die Frühe ausmündenden Nacht sehr wach und frisch. Jeder von ihnen ließ sich, einzeln stets, durch einen anderen Musikanten ablösen, ohne dass das Konzert selbst dadurch merkbar unterbrochen oder auch nur geschwächt wurde. Die jungen Männer zwangen den jungen Mädchen gnadenlos, ja, eigentlich grausam, den Takt auf, in welchem die weiblichen Leiber zu zucken hatten. War hier nicht im Geheimen so etwas wie Lust an der Grausamkeit mit im Spiel?

Und neben mir der schon sehr ältliche Häuptling, dessen jüngste Frau – er hatte sie mir erst drei Tage zuvor in seltsam peinlicher Eitelkeit vorgestellt, besser vorgezeigt – jünger war als seine älteste Enkelin – er neigte sich abermals zu mir herüber und murmelte:

»Schöne starke Mädchen diesmal, wirklich: schöne starke Mädchen!«

Die Trommeln versetzten auch mich allmählich in eine Art von Trance, einen Dämmerzustand. Ich versuchte, diesem Abgleiten zu widerstehen, indem ich mir ins Gedächtnis zurückrief, was alles mir der Häuptling sehr ernsthaft – und auch ein wenig wichtigtuerisch – erklärt hatte: Bevor die Mädchen für eheriff erklärt werden, müssen sie beweisen, dass sie genügend Kraft besitzen, bei fortdauernd schwerer Arbeit in Haus und Hof und auf dem Felde auch noch Kinder zu kriegen und den Mann zu versorgen und zu bedienen. Die Prüfung, die vor dem ganzen Dorf und Stamm abzulegen ist, besteht darin, dass sie nach dem Takt der dreimal vierundzwanzig Stunden lang gerührten Trommeln ununterbrochen tanzen, den Kranz aus Rinderfett wippen und die eisernen Blätter der Feldhacken klappern lassen – zum Zeichen dafür, dass sie immer für Fett in den Mahlzeiten sorgen und die Feldhacken unermüdlich schwingen werden, um die Hirse, den Mais, den Maniok reichlich ernten zu können. Gewiss halten nicht alle die drei Tage ununterbrochener Bewegung, die schließlich kaum noch Tanz zu nennen ist, ohne Pause durch. Ich sah, als ich neben dem Häuptling saß, zwei der im Ganzen etwa zwanzig Mädchen stolpern und in sich zusammensinken, ohne dass die übrigen Tanzenden dies beachteten. Zwei kräftige Burschen, beide halb und halb europäisch gekleidet, die also beim weißen Mann im Süden gearbeitet hatten, mischten sich unter die Tanzenden und schleppten die Ohnmächtigen beiseite. Sie wurden mit kaltem Wasser genässt, erhielten einen kühlen Trunk Bier, auch etwas Nahrung, durften sich eine Weile erholen und ausruhen und mussten sich wieder zu den Tanzenden gesellen. Und letztlich, wie ich am Ende hörte, versagte keine, müsste sie doch sonst drei oder vier Jahre warten, bis sie bei den nächsten Reifetänzen ihre Fähigkeit zur Ehe bestätigt bekäme – und ist vielleicht längst heimlich verlobt und möchte mit dem Manne, dem sie versprochen ist – und der auch ihren Kaufpreis an Rindern bezahlen kann –, in die eigene Hütte ziehen, dem Kommando des Vaters entgehen in der Hoffnung, dass das Kommando des Ehemannes sanfter, vielleicht sogar zärtlich ausfällt.

Früher wurden auch die jungen Männer harten Proben unterworfen, ehe sie vollen Mannesrang errangen und heiraten durften. Aber seit die Burschen für zwei, drei oder fünf Jahre fast ohne Ausnahme – wenn sie gesund und kräftig sind – in die unverständliche, auch gefährliche Welt der Weißen wandern und sich dort, wenn alles gut geht, den Kaufpreis für eine Ehefrau verdienen können, sind die Reifefeiern für die jungen Männer »unmodern« und überflüssig geworden. Wer im Süden war oder in den Minen, der hat damit seine »Reife« deutlich dargetan. Die Mädchen aber hatten zu Hause, nördlich der Etoscha-Pfanne zu bleiben und ihre Ehefähigkeit auf alte Art zu beweisen …

Inzwischen ist aus dem ehemals deutschen Südwestafrika das südafrikanische Mandatsgebiet gleichen Namens geworden, das sich heute im Vorgriff auf eine noch ungewisse politisch-selbstständige Zukunft mit dem sonderbar unpassenden Namen »Namibia« bezeichnet hören will. (Das Wort »Namib« stammt aus den Buschmann-Sprachen und benennt die südwestafrikanische, vom Kapland bis nach Angola hinreichende, schmale, aber völlig tote Küstenwüste, die das Südwester Hochland, eine grüne Steppen-Gegend, gut für Rinder und Karakul-Schafe, von der hohen See trennt. Allerdings werden um die Mündung des Oranje-Stroms reiche Diamanten-Vorkommen abgebaut, wurden die endlosen Sanddünen der Namib Kubikmeter für Kubikmeter gesiebt, um die kostbaren Kiesel zu gewinnen, aber im Übrigen bleibt die Namib, was sie immer war und bleiben wird: eine der unwirtlichsten Wüsten der Welt, in welcher – und das sternenselten – die Riesenblüte einer Welwitschia mirabilis oder ein Wüstenschakal, der am Meeresufer nach toten Fischen oder anderem angespülten Seegetier fahndet, Leben nur vortäuschen. (Es hätten hundert schönere Bezeichnungen für das leuchtende Steppenland Südwestafrika gewählt werden können als gerade Namibia!) –

Damals, als der Häuptling mich zu seinem Amtsbruder honoris causa ernannte, ehrenhalber, denn ich hatte Gelegenheit gehabt, seiner Eitelkeit sehr zu schmeicheln, war von diesen neueren Entwicklungen noch keine Rede. Südwestafrika steckte noch tief in seiner afrikanischen Vergangenheit. Und der große, in mehrere Unterstämme aufgeteilte Stamm der Ovambo im Norden des Landes und im Süden Angolas (die politische, auf die Europäer zurückgehende Grenze zwischen Angola und Namibia schneidet mitten durch das Stammesgebiet), von allen anderen Stämmen des Südwester Landes räumlich weit getrennt, hatte die alten afrikanischen Riten und Gebräuche noch weitgehend bewahrt, wenn auch, wie zuvor angedeutet, die Einflüsse Europas sich bereits auch in diesen entlegenen – und von den Weißen entlegen gehaltenen – Gebieten feststellen ließen. Ich habe da oben, jenseits des leeren Niemandslandes um die Etoscha-Pfanne, noch das ganz afrikanische Afrika erlebt.

Die schwitzenden, schmierigen, zuckenden Leiber der tanzenden, um ihr Leben tanzenden Mädchen, wie sie vor grenzenloser Ermattung nur noch taumelten, nach dem Takt der Trommeln hampelten, klapperten, stampften, während ringsum mit den ganzen Familien ihre Väter, Brüder und Verlobten mit einem vielleicht gar nicht bewussten, gierigen Vergnügen dieser schaurigen Demütigung des Weiblichen zuschauten und den hetzenden Takt dazu schlugen.

Ja, Widerwillen und Ekel quollen in mir hoch und erstickten mich fast. Wenn dies echtestes Afrika war, dann war es nichts für mich. Ich floh, noch ehe der Morgen schließlich graute, sehr zum Erstaunen und wohl auch zum Missfallen des Häuptlings.

Ich setzte mich allein in meine Gasthütte, nachdem ich den großen, geflochtenen Korb (für Abfälle) mit der Innenseite nach außen vor den Eingang gestellt hatte zum Zeichen, dass ich nicht gestört sein wollte, und streckte mich auf dem glatten, tiefgründigen Sandboden aus, der den Formen meiner Glieder angenehm nachgab. Die Trommeln mussten demnächst verstummen; das konnte ich auch ohne den Anblick der gequälten Mädchenleiber abwarten. Dann erst würde ich einschlafen können; darüber machte ich mir keine Illusionen. Was ich in den vergangenen drei Tagen und Nächten erlebt hatte, war so unheimlich fremd gewesen, dass ich in Gedanken daran fror.

Wo ist die Grenze, an welcher das Verständnis auch des bemühten und im Rahmen des Möglichen wohl unterrichteten Reisenden aufhört? Ich habe sie weltüber häufiger erreicht und überschreiten müssen, als mir lieb war.

Das ganz und gar Fremde und Unbegreifliche flößt nicht nur Widerwillen ein, sondern auch Furcht. Denn gegenüber dem absolut Fremden fehlt für das eigene Reagieren jeder Kompass. Und niemals kann man mit dem eigenen Verhalten so bösartig Schiffbruch erleiden, als wenn man sich mit Urfremdem konfrontiert sieht.

Und doch gehören auch solche Erfahrungen unvermeidlich zu jeder großen Reise, wenn sie wirklich mit allen Fasern erlebt wird. Denn gerade angesichts totaler Fremdartigkeit entschleiert sich im Kontrast dem Beobachter sein eigenes Wesen, lernt er die Umrisse und Eigenschaften seiner angestammten Welt und Herkunft deutlicher zu erfassen, als es ohne solche meist bedrückenden Erlebnisse je geschehen wäre.

Ich möchte sogar meinen, dass es zum Glück des Reisens entscheidend beiträgt, möglichst mehr als einmal unmittelbar erfahren zu haben, dass nicht alles unter der Sonne begreifbar oder gar erlebbar ist. Das Heimatliche und Vertraute wird danach noch heimatlicher und vertrauter ...

Ich bleibe noch für einige Seiten in der Fremde, die mir fremd geblieben ist und die noch in der Rückerinnerung Abscheu, Zorn, auch Angst erregt, jenen Widerwillen, wie er mich damals in der letzten Nacht des Tanzes der Ovambo-Mädchen erfasste.

Tschungking

Wie der Name dieser fernen chinesischen Stadt heute geschrieben wird, nachdem Rotchina eine, wie mir scheint, sehr komplizierte Umschrift für die Aussprache chinesischer Eigennamen in der westlichen Welt eingeführt hat, weiß ich nicht. Der große russische Weltatlas, der es sehr genau nimmt, jedoch noch auf das Jahr 1967 zurückgeht, schreibt Chongqing; aber das läuft auf ungefähr dasselbe hinaus. Wie dem auch sei, gemeint ist jene uralte Stadt auf hohem Berg über dem Yangtse, dem riesigen Strom, der das eigentliche China in eine nördliche und südliche Hälfte teilt.

Tschungking ist die bedeutendste Stadt der wohl reichsten

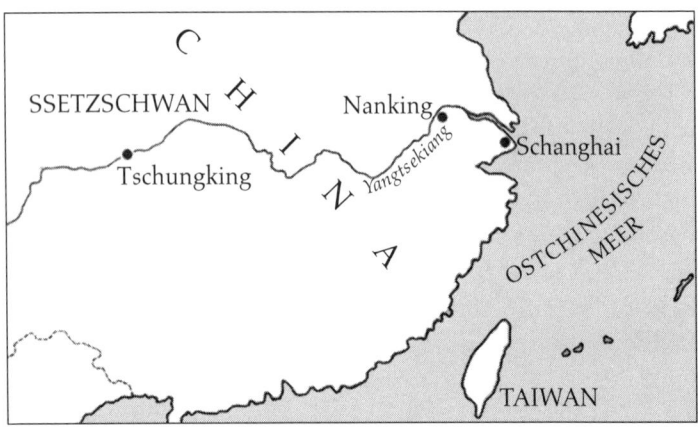

und sozusagen chinesischsten Provinz des volkreichsten Landes der Erde, eben Chinas, dessen Bevölkerung als Erste unter allen Ländern die Milliardengrenze überschreiten wird, der Provinz Ssetzschwan (oder Sichuan), die in ihrem Westen nach Hochasien hineinreicht, deren Osten aber immer noch an die tausend Kilometer von der Küste des Meeres entfernt liegt.

So fremd war die Fremde mir noch nie und nirgendwo erschienen wie damals vor rund fünfundvierzig Jahren, als ich viele nervenaufreibende Wochen in Tschungking verbrachte. Ich weiß nicht, was ich heute dort fühlen würde, glaube aber, dass ich mir heute nicht ganz so fremd und fürchterlich fehl am Platze vorkommen würde wie damals. Denn inzwischen ist China Mao-kommunistisch geworden, was mancherlei Gräuel und Unmenschlichkeiten mit sich brachte, im Ganzen aber der großen Masse der Chinesen zu einem erträglicheren Dasein – im Vergleich zur Vergangenheit – verhalf. Doch habe ich vom kommunistischen China nur den Osten wieder gesehen, von Dairen bis Kanton, und nur daher stammen meine Eindrücke von dem heutigen China.

Ich war von Hankau in Mittel-China, das inzwischen im größeren Wuhan aufgegangen ist, den Yangtse aufwärts gefahren, auf einem englischen Flussdampfer, der ein Bataillon der chinesischen »Nationalarmee« des Marschalls Tschiang Kai-schek in die Provinz Ssetzschwan befördern sollte. China bildete damals einen unübersichtlichen Trümmerhaufen, ein chaotisches Durch- und Gegeneinander widerstreitender Gewalten. Der »Marschall« trat nach außen als Vertreter des »eigentlichen« China auf. Aber in entlegenen Provinzen hielten sich auch noch andere militärische Machthaber. Andererseits hatte sich Mao Tse-tung unter roten Fahnen mit einer kriegsgewohnten und auf ihn eingeschworenen Truppe an die Grenze der Mongolei in das große Knie des Hoangho, nach Yenan, zurückgezogen, wo er unbesiegt seine Kräfte sammeln und in immer neuen und weit greifenden Ausfällen nach Osten und Süden dem Marschall nicht nur das Leben schwer machte, sondern sich in weiten ländlichen Bezirken immer deutlicher durchsetzte und zu bedrohlicher Gegnerschaft des »nationalen« China heranwuchs, des China unter dem »Marschall« als Vertreter der einstmals national-revolutionären, inzwischen längst korrumpierten Kuo Min Tang, der Partei eines bürgerlich-republikanischen neuen »Reichs der Mitte«. Die Partei war in den Kämpfen um die Macht und um die aus der Macht zu ziehenden Gewinne zerrieben worden. Schon standen im Norden, in der Mandschurei und Korea, die Japaner bereit, sich aus dem riesigen, halb toten Leibe Chinas weitere Brocken herauszureißen, mit der schon früh erkennbaren Absicht, schließlich das ganze, träge brodelnde China unter ihre Botmäßigkeit zu bringen und sich damit einen riesigen Absatzraum für ihre aufstrebende Wirtschaft, einen Exerzierplatz für ihr militärisches und politisches Jungvolk und eine historische Aufgabe und Beute für ihren damals maßlos erscheinenden Ehrgeiz zu sichern.

Und zu allem Überfluss waren auch noch die alten Großmächte des Westens mit Resten ihres Einflusses und ihrer Sonderrechte an der Küste, auf den Strömen auch noch tief ins Innere hinein, vertreten und dachten vorläufig nicht daran, das, was sie einst in der großen Zeit der Weltgeltung Europas vor dem Ersten Weltkrieg errungen hatten, aufzugeben. Allerdings waren die Russen als kolonial Bevorrechtigte bereits aus dem Rennen gefallen, versuchten jedoch, als »marxistisch-leninistische« Berater eine neue Art von Einfluss auszuüben. Die Deutschen allerdings waren vollkommen von der chinesischen Bildfläche verschwunden, waren all ihrer Kolonien für unwürdig erklärt worden, womit der kolonialen Welt vor Augen geführt war, dass die Europäer keine Schicksals-, erst recht keine Macht-

Gemeinschaft bildeten – und dass der koloniale Zustand nicht von Dauer zu sein brauchte. Doch das gehört nicht hierher.

Der englische Flussdampfer beförderte also, weil es eine zuverlässigere und sicherere Transportmöglichkeit nicht gab, ein kriegsmäßig ausgerüstetes Bataillon der chinesischen Armee aus dem tiefen China der Provinz Hupeh am Yangtse den Strom aufwärts in das noch tiefere Innere Chinas der Provinz Ssetzschwan. Die chinesischen National-Soldaten einschließlich ihrer Offiziere hatten vorher ihre Waffen dem englischen Kapitän des Flussdampfers abliefern müssen und wurden lediglich als zivile Passagiere befördert. Die Engländer hatten die Kommandobrücke des Schiffes und die Wohnräume der wenigen weißen Offiziere durch kugelsichere Panzerbleche gesichert, hatten einem Unteroffizier und sechs Mann eines schottischen Regiments den Schutz des Dampfers und der Passagiere anvertraut, von denen mehr als die Hälfte chinesische Soldaten waren; keiner von ihnen, auch die Offiziere nicht, durfte die Kommando-Brücke betreten – und bei Feuerüberfällen vom Ufer her durch kommunistische Partisanen oder einfach Räuber wurde die chinesische Streitmacht und das ganze Schiff durch den englischen Unteroffizier und die sechs Schotten verteidigt – und zwar sehr energisch und durchschlagend, wie ich auf der langen, viele Tage erfordernden Reise (bei Nacht wurde nicht gefahren, sondern mitten im Strom geankert) zweimal zu beobachten Gelegenheit hatte.

Außer dem überaus fetten Purser, dem Zahlmeister des Schiffes, der so geschwollen schien, weil er prall voll steckte von – meist lügenhaften – Geschichten über dies verrückte China und die »gottverlassenen, verdammten schlitzäugigen Hundesöhne«, die es bevölkerten (Chinesen und Hunden war der Eintritt in die Parks der englischen Konzession in Schanghai nicht erlaubt; »Dogs and Chinese not allowed«, hieß es da), außer diesem, vom damaligen Fernen Osten zerfressenen »alten Ostasiaten« hatte ich mit keinem Weißgesicht während der langen Reise Bekanntschaft schließen können. Ich war offenbar hinter den Panzerplatten nicht erwünscht.

Also war ich erschreckend allein, saß, wenn ich nicht an der Reeling lehnte und die langsam vorübergleitenden Gefilde des Landes der »ältesten noch lebenden Kultur« (ich hatte bis dahin nur ihre Ruinen entdeckt) betrachtete, saß in meiner kleinen Kabine, die auf das Promenadendeck hinaussah – Promenade, hat sich was! – an dem winzigen Klapptischchen unter dem Fenster und schrieb – denn was sonst tut ein Angehöriger der schreibenden Zunft, wenn ihm die Luft auszugehen droht: er schreibt!

Blickte ich aber hoch von meinem Schreibblock, so schaute ich unmittelbar, zum Greifen nahe, in das Gesicht eines chinesischen Soldaten, der mit großen Augen und verkniffenem Mund sich lautlos in das – scheibenlose – Fenster meiner Kabine gelehnt hatte, um wie gebannt zu verfolgen, wie ich, ohne zu stocken, Zeile für Zeile mit sonderbaren Kritzeleien füllte, die auch nicht die geringste Ähnlichkeit mit chinesischen Zeichen aufwiesen, trotzdem aber offenbar nicht bloß aus Langeweile hingemalt wurden. Nie sagten die neugierigen, waffenlosen Krieger ein einziges Wort. Vollkommen geräuschlos lösten sie einander im Fenster ab; sie wollten es alle miterlebt haben, dass auch die »weißen Teufel« schreiben konnten – und ich schrieb sogar stundenlang hintereinander.

Natürlich konnte ich sie nicht vertreiben. Sie wollten ja auch gar nicht stören, wollten nur die einmalige Gelegenheit nicht versäumen, einen weißen Mann ganz aus der Nähe zu beobachten. Ich aber war ja nur einer gegen ein ganzes, wenn auch auf Zeit entwaffnetes Bataillon. Zunächst war mir die Neugier lästig gewesen. Dann erheiterte sie mich, harmlos wie sie war. Vielleicht verschaffte sie mir die Gelegenheit, dem einen oder dem anderen menschlich ein wenig näher zu kommen. Ich hatte versucht, die gelblichen Köpfe mit den schwarzen, etwas schräg gestellten Augen und dem schwarzen, kurz gehaltenen Bürstenhaar anzulächeln, hatte ein paar lustige Worte versucht. Aber es war mir auch nicht ein einziges Mal gelungen, ein Antwortlächeln oder auch nur einen freundlichen Blick der Augen aus den nicht eigentlich ernsten, sondern nur wie leeren Gesichtern hervorzulocken. Ich gab es schließlich auf, gewöhnte mich notgedrungen daran, dass mir ständig flache Masken über meinem Tischchen hingen, aus denen aber lebendige Augen wie verzaubert der Spitze meines Schreibstiftes folgten.

Des Nachts konnte ich wenigstens den Vorhang zuziehen. Am Tage hätte ich mich des Lichts beraubt. Ließ ich den Vorhang auf, so hätte ich unweigerlich Zuschauer auch beim Waschen – nur sehr unvollkommen möglich! – und beim Zubettgehen gehabt. Doch hat keiner der den wahrscheinlich endlosen Scharmützeln mit den Kommunisten entgegengondelnden Soldaten je versucht, den leicht von außen zu bewegenden Vorhang zu verschieben oder gar die – nicht verschließbare – Tür zu öffnen. Sie sagten nichts, sie lachten nicht, sie taten nichts Ungebührliches, sie verhielten sich leise und sanft. Sie waren so fremd, dass sie mir schon beinahe unheimlich waren. –

Und so wurde mir im Lauf der sonnenhellen, sonnenheißen Tage das Ganze zu einer Art von bedrückendem Traum – dies Schifflein unter englischer Flagge; mit gepanzerter Brücke, auf welcher der englische Kapitän hauste, den man nie zu sehen bekam; mit den Soldaten des berühmten schottischen Regiments hinter ihren Sandsäcken und Schießscharten für die Maschinengewehre – mitten im allertiefsten China; mit dem dicken, stets unter Alkohol stehenden Purser, der mich ewig zu einem Whiskey animierte; und ringsum an den Ufern bei Tage und bei Nacht, unsichtbar, doch im Unterbewusstsein immer gegenwärtig, die vielen hundert Millionen chinesischer Menschen, ein dunkel wallendes Meer von Menschen. Und ich hineingesogen in dieses Meer, ein winziges Spänchen Treibholz – und meine Spur wäre niemals wieder aufzufinden, wenn es verschlungen würde.

In Itschang (oder Yichang) hatten wir alle das Schiff zu verlassen. Die meisten zivilen Passagiere hatten hier ihr Ziel erreicht. Die Soldaten und die verbliebenen wenigen Zivilisten – darunter auch ich – stiegen auf ein kleineres, aber mit besonders starken Maschinen ausgerüstetes Schiff um. Denn oberhalb von Itschang würde der bislang in kaum merkbarer Strömung am Schiffsleib vorbeigleitende Yangtse, der »Chang-Kiang«, der »Große Fluss«, nicht mehr so lässig wandern wie in der großen Ebene, die wir bis dahin durchfahren hatten, sondern uns mit saugender Gewalt eingepresst zwischen hohen Gebirgen in tiefen Schluchten entgegenbrausen, stets darauf aus, das Schiff aus dem Ruder zu drängen, auf die Klippen zu werfen, an den himmelhohen, senkrechten Felswänden der Ufer zerschellen zu lassen.

Der Strom hat sich hier einen Weg durch die unerhört schroffen und wilden Gebirge zu bahnen, diese am weitesten nach Osten vorgeschobenen ungeheuren Bastionen des zentralasiatischen Hochlandes: er zwängt sich durch die berühmten oder berüchtigten Schluchten des Yangtse!

Auch die Soldaten, die sonst gern in Gruppen zusammengesessen und endlos geschwatzt hatten, wurden ganz still, standen an der Reling aufgereiht und nahmen in stummer Erregung daran teil, wie sich der tapfere, wiederum englische Dampfer gegen die wie ein Untier heranziehende Strömung aufwärts kämpfte. Die bösen, gefährlichen Stromschnellen in den Schluchten waren längst nicht alle tief genug unter dem rinnenden Körper des

Stroms versunken, als dass sie einfach gradaus überfahren werden konnten. Es erforderte hohe Kunst und gespannteste Aufmerksamkeit des englischen (hier etwas umgänglicheren) Kapitäns und des chinesischen Flusslotsen (eines äußerst vornehmen, in ein braun-schwarzes, langes Seidengewand gekleideten, ständig von einem Diener begleiteten Mannes), das Schiff vor der Front der schäumend überbrausten Stromschnelle über die ganze Breite des Stroms zu drücken, und zwar so, dass der Bug immer viertelquer zur Strömung wies, bis die Lücke, die stets vorhandene, in der Felsbarriere erreicht war, durch die der Dampfer mit »Äußerste Kraft voraus!« stromauf und in sanfteres Fahrwasser geführt werden konnte.

In einer der engsten, tiefsten Schluchten geschah dann, was mich bis zum heutigen Tage erschüttert und was mir das damalige China, ein China der »Streitenden Reiche« wie schon mehr als einmal in der vieltausendjährigen Geschichte des Landes, unbeschreiblich fremd, nicht zu begreifen, anderen unvertrauten Sphären angehörig gemacht hat. In Tschungking dann später, wo ich einige Wochen auszuharren hatte, um das »Nationale China« Tschiang Kai-scheks aus der Nähe kennen zu lernen, überschlug sich diese Fremdheit sozusagen und mündete, wie es in solchem Falle meistens geschieht – damit man überhaupt weitermachen kann –, in ein Achselzucken aus.

Hoch in den Felswänden, die den zu Tal jagenden Strom begleiten, ist seit wohl schon einem Jahrtausend der Treidelpfad eingegraben oder gehauen, von welchem aus die Kulis an langem Seil die Dschunken tief unten im Strom nach Ssetzschwan hinaufschleppten und sicherlich auch heute noch schleppen, wenn man auch den Treidelpfad – vielleicht – verbessert und sicherer gemacht haben wird. (Auch wird immerfort davon geredet, die Schluchten des Yangtse an ihrem Ausgang oberhalb von Itschang zu verbauen und im Gebirge einen tiefen Stausee auflaufen zu lassen. Dieser See und die Schleusenstufen, welche die Staumauer umgehen müssten, würden die Schluchten des Yangtse zwar ersäufen, aber die Stromaufreise für Dampfer und Dschunken gefahrlos machen, allerdings auch einige, zum Teil sehr alte und berühmte Siedlungen am Strom überfluten.)

Eine Lastdschunke zog vor dem Dampfer her. Ich hatte mir die Erlaubnis vom Kapitän erwirkt, vom äußersten Vorschiff aus dies Meisterstück der Flussschifffahrt, die Navigation der Yangtse-Schluchten, gewissermaßen aus erster Hand verfolgen zu dürfen. Das Seil, an welchem die Dschunke vom Treidelpfad her stromauf gezogen wurde, hing kaum durch, war straff gespannt. Ich erkannte auch mit bloßem Auge die fünf Figürchen der Kulis, die in der Höhe das Lastboot stromauf schleppten. Die Männer lehnten sich beinahe waagerecht in ihre Sielen. Wahrscheinlich hatte der Dschunkenmeister an Treidelgeld gespart und die armen Teufel von menschlichen Zugtieren hatten zugreifen müssen, denn die Zeiten waren schlecht, Krieg und Aufruhr überall und weithin Hungersnot, wie man hörte; – in der Provinz Ssetzschwan, hieß es, sogar ganz schreckliche Hungersnot!

Sie lebten überall damals von der Hand in den Mund, die vielen Millionen von Kulis, die China in Gang hielten, so weit es in den verwirrten Zeiten der Dreißigerjahre überhaupt in Gang zu halten war. Sie schleppten und quälten sich ab für eine Schale Reis mit Schweinebauch am Tage oder einige Kupfermünzen. Sie schleppten Erde, sie schleppten Lasten an wippenden Tragestangen über der Schulter, sie schoben einrädrige, schwer beladene Karren über hunderte von Meilen, sie treidelten Last- und Personenboote endlose Kanäle und Flüsse entlang; sie besaßen nichts, sie wohnten in irgendeinem Winkel, sie starben früh, ausgezehrt, schonungslos verbraucht, wenn sie nicht einmal mehr die fünf Kupfer am Tag verdienen konnten, von denen sie bis dahin ihr armseliges Dasein bestritten hatten. –

Es kam mir vor, als käme die Dschunke vor dem Dampfer kaum noch vom Fleck. Mein Schiff schwenkte etwas weiter in die Mitte des Fahrwassers hinüber, um mit seiner Bugwelle und dem von den Schrauben aufgewühlten Heckwasser die Dschunke nicht noch schwerer regierbar zu machen, als sie es offenbar ohnehin schon war.

Unser Schiff war noch nicht auf gleicher Höhe mit der groben, hölzernen Lastdschunke angelangt, als diese plötzlich ausscherte, von einem der vielen Strudel gepackt oder falsch gesteuert, zum Felsenufer schwenkte und gleich darauf mit lautem Krach – bis zu mir herüber hörbar – auf ein im Wasser verborgenes steinernes Hindernis auflief, eine Klippe, einen aus der Höhe herabgestürzten großen Block, was auch immer.

Der Ruck im Treidelseil muss fürchterlich gewesen sein. Vielleicht hatten die Kulis in der Höhe gerade eine besonders schmale Stelle des Pfades zu passieren. Sie hingen in den Sielen und wurden plötzlich hart zurückgerissen. Vielleicht taumelte nur der hinterste nach links zur Seite, trat über die Kante und hing plötzlich in den Sielen freizappelnd über dem Abgrund. Der Mann vor ihm vermochte die ohne jede Vorwarnung erhöhte Last nicht aufzuhalten und schwankte ebenfalls über die Kante ins Nichts.

Und schon folgten ihm mit sinnlos schlagenden Gliedmaßen, alle noch am Seil, die restlichen drei Kulis und segelten in die Tiefe, verschwanden hundert Meter vor meinen Augen in der jagenden, strudelnden Flut. Im gleichen Augenblick kam auch die Dschunke wieder frei. Das Seil, an dem sie gehangen hatte, hielt sie nicht mehr. Sie drehte sich zweimal um sich selbst und trieb in wilder, steuerloser Hast stromab davon. Nach wenigen Minuten schon entzog sie ein Vorgebirge, das in den Strom hineinragte, unseren Blicken.

Das Ganze hatte sich schneller abgespielt, als es sich aufschreiben lässt. Von unserem Schiff aus war in der heftigen Strömung jedes Eingreifen unmöglich. Unser Schiff mit seinen einigen hundert Menschenleben an Bord wäre, wenn es hätte stoppen oder wenden wollen, selbst in höchste Gefahr geraten. Die Dschunke wird irgendwo zerborsten sein, die fünf Kulis waren dann längst ertrunken.

Ich hatte mich entsetzt zurückgewandt, lehnte mich weit über die Reling, um der abtreibenden Dschunke mit den Augen zu folgen. Mein Blick fiel auf eine Hand voll von Soldaten, die unterhalb des Vorschiffs gestanden und den schrecklichen Unfall, den Untergang von wohl zehn Menschen – im Handumdrehen vernichtet! – mit angesehen hatten. Und ich sah, was schrecklicher noch war beinahe: Die Soldaten lachten.

Sie lachten, schienen die Katastrophe höchst erheiternd zu finden. In der Tat, die aus der Höhe herniederpurzelnden, mit Armen und Beinen zappelnden, mit Seil und Sielen wedelnden Figürchen hatten einer gewissen Komik nicht entbehrt. Doch dieser Komik war ich mir nicht bewusst geworden, denn dort stürzten vor meinen Augen fünf Menschen in den Tod. Die Soldaten hatten diesen Zusammenhang gar nicht erfasst, hatten nur die grässlich unfreiwillige Albernheit der Szene wahrgenommen. Dass die Dschunke abtrieb, vielleicht mit wertvoller Ladung, schien die Krieger viel stärker zu erregen, wie ich ihren Gebärden mit damit verbundenem Geschnatter entnahm.

Aber auch die schnell entschwindende Dschunke nahm ihre Aufmerksamkeit nur wenige Minuten in Anspruch. Nach einer knappen Viertelstunde schon hockten sie wie zuvor um ihr nie endendes Mah-Jongg-Spiel und ließen die Steinchen scheppern.

Was sollte man sich um fünf Kulis erregen! Es gab sie zu ungezählten Millionen in China. Auf ein paar mehr oder weniger kam es wahrlich nicht an; sie starben sowieso sehr früh. Außerdem waren die Verunglückten keine Verwandten gewesen, gehörten sicherlich keiner Sippe von Namen oder irgendwelcher

Bedeutung an, wussten von keinem Clan oder Heimatdorf, die sich ihrer hätten annehmen müssen. In den Augen der Soldaten waren sie Nichtpersonen, waren nicht von Belang, waren nur zappelnde Kasperle-Puppen.

Und zudem: Wer würde wohl nach den Soldaten selbst fragen, wenn sie vielleicht schon in wenigen Wochen irgendwo bei einem Rebellen-Überfall ihr Leben lassen mussten – in einer anderen Provinz, auf unbekannter Erde? Kein Mensch würde nach ihnen fragen. Warum sollte ihnen also der Tod von einigen namenlosen Kulis nahe gehen? Ach, Unsinn, wie hoch ist der Einsatz beim nächsten Mah-Jongg? –

Die grandiosen Schluchten des Yangtse waren mir verleidet von diesem Augenblick an. Ich fragte auch nicht viel nach den alten Städten und berühmten Landschaften am Yangtse in der berühmt schönen Provinz Ssetzschwan wie Badong, Wuschan oder Wanhsien, die wir dann passierten, vor denen wir abends ankerten, damit die Soldaten an Land gehen und sich in großen Kesseln über roten Feuern ihre Abendmahlzeit kochen konnten. Es bedurfte nicht allzu großen Scharfblicks, um das krasse Elend und den Hunger wahrzunehmen, die sich in das »schöne Ssetzschwan« unerbittlich eingekrallt hatten.

Die Beziehungen zu Sang und Sage der chinesischen Vergangenheit, zu des Meisters Li Tai-pe sehnsuchtstrunkenen Gedichten verblassten ins Gleichgültige angesichts der erbarmungslosen Wirklichkeit um mich her, der ich mich nicht entziehen konnte. Die Soldaten hatten volle Kessel jeden Abend, aus denen es angenehm kräftig herüberduftete. Die Rotten der zerlumpten Zuschauer – sie hatten sich in gehörigem Abstand zu halten! – mussten sich mit diesen Düften begnügen. Die wenigen englischen Schiffsleute und Soldaten Seiner Majestät des Königs von England gingen ohnehin nie von Bord, kamen also gar nicht erst in die Verlegenheit, angebettelt zu werden oder den Jammer des hungernden Volkes zur Kenntnis nehmen zu müssen; was sie an Geschäften mit den Leuten an Land zu tätigen hatten, versahen ihre chinesischen Supercargos, mächtige, in Seide gewandete, wohlgenährte Männer, die an Land und an Bord gleichermaßen ihre Anteile kassierten oder einbehielten und als unentbehrliche Verbindungsleute zwischen den zwar groben, aber mächtigen »Westbarbaren« und der chinesischen Welt auf alle Fälle verdienten.

Der riesige Strom, den unser tapferes Dampferchen mit seinen bärenstarken, in Leeds, England, gebauten Maschinen, sich langsam, aber ohne Stocken aufwärts kämpfend, befuhr, der Chang-Kiang, der »Große Strom«, erschien mir allmählich wie ein Sinnbild des riesigen Landes selbst, das von ihm in zwei Hälften aufgeteilt wird. Unerbittlich, unablässig, mit nachsichtsloser Gewaltsamkeit drängt er aus Hochasien, von den vergletscherten Rücken des Ulan Ula in den gewaltigen Ketten der Kuenlun-Gebirge nördlich der Nordgrenze Tibets in weit ausholenden Schleifen ostwärts dem Meere zu. Nichts kann seiner ungeheuren Gewalt widerstehen. Wenn es ihm einfällt, ersäuft er die chinesische Tiefebene in seinem Unterlauf über Tausende von Quadratmeilen. Sechzig und mehr Meter tief durchrast er die Schluchten, wenn er aus der Provinz Ssetzschwan in die Flachland-Provinz Hupeh übertritt. So schnell steigt er zuweilen und so maßlos, dass sich die Bewohner der Fischerdörfer oder der gebrechlichen, stets unterhalb der größeren Städte zusammengeschachtelten Quartiere der armen Leute nicht mehr retten können, sondern samt ihrem dürftigen Hab und Gut mit Frauen, Kindern und mageren Hunden davongewirbelt werden. Er kennt kein Erbarmen, der ungeheure Strom; das einzelne Wesen, ob pflanzlich, tierisch oder menschlich, ist ihm vollkommen gleichgültig – und doch ist er es, der den menschenreichsten Ebenen der Erde vom Gebirge bis hinüber zum Ostchinesischen Meer (einer Bucht des Pazifischen Ozeans) die Fruchtbarkeit garantiert, die Abwässer und den Abraum der Millionenmassen fortschwemmt, die Wasserstraßen liefert, der überhaupt erst die endlosen Schwemmland-Ebenen des chinesischen Kernlandes (zusammen mit seinem großen Bruder im Norden, dem Hoang-Ho) nutzbar gemacht hat und macht, der das volkreichste Land der Erde mit der ältesten und noch immer lebendigen Kultur, von hoch entwickelter Intelligenz und Kunstfertigkeit, mit seinen Wassern tränkt und am Leben erhält.

In der innersten Winkelspitze des Yangtse-Kiang und des hier in ihn von Norden einmündenden Kialing-Kiang erhebt sich auf turmhoch über den beiden Gewässern aufragendem Vorgebirge die alte Stadt Tschungking. In Tschungking begegnen sich seit alter Zeit wichtige Wasser- und Landstraßen. Nach Tschungking hatte sich der den Japanern ausweichende Marschall Tschiang Kai-schek, der gleichzeitig nordwärts gegen die Kommunisten anzukämpfen hatte, mit dem ganzen zivilen und militärischen Apparat seiner sich nationalchinesisch nennenden Regierung zurückgezogen. Hier war er für die andrängenden Japaner mehr oder weniger unerreichbar. Von der Bergfestung Ssetzschwan aber konnte er immer wieder gegen die sich im ungeheuren Lande verzettelnden Japaner ausfallen.

Ssetzschwan aber, das reiche Ssetzschwan, hungerte. Überschwemmungen, Dürren, vor allem eine gewissenlose Misswirtschaft der Ämter, die erbarmungslose Ausbeutung des Landes durch marodierende Armeen und Truppen mit verschiedenen Abzeichen am Ärmel hatten die große Provinz an den Rand des Abgrunds gebracht. Und wenn auch in Tschungking als dem zeitweiligen Sitz des Marschalls von China und seiner zivilen und militärischen Administration die krasseste Not auf höheren Befehl hintan gehalten wurde, so war auch das geminderte

Elend für einen durchschnittlich reagierenden Mitteleuropäer wie mich auf längere Dauer eine Tortur – man war ja so vollkommen machtlos ...

Draußen im Lande, so hörte ich und sah es später selbst, aßen die Bauern die Rinde von den Bäumen und nährten sich, »nährten« sich von dem Unkraut an den Wegrändern, von den Mäusen, Ratten und anderem Getier, das sich fangen ließ; Hunde und Katzen waren längst verzehrt. Abertausende hatten ihre alte, tote Wohnstatt verlassen und sich auf Wanderschaft begeben in der Hoffnung, dass es anderswo nicht so schlimm wäre wie zu Hause, nur, um dieses anderswo nirgendwo zu finden und am Wege zu verenden. Von der Stadt Tschungking wurden diese ausgemergelten Gestalten durch soldatische Kontrollen an allen Wegen fern gehalten. Sie hätten das Bild der National-Regierung, an deren neuerlichem Sitz sich allmählich auch die Vertreter einiger ausländischer Staaten einfanden, allzu stark verdunkelt.

Die im Herzen der Stadt versteckte, in Anbetracht der Verhältnisse gar nicht üble Herberge, in welcher ich auf Anraten des Dampferkapitäns Quartier gesucht und gefunden hatte, gehörte einem jener abenteuernden, meist höchst lebenstüchtigen, wenn auch nicht immer bürgerlich einzuordnenden Deutschen, wie ich sie oft genug in den unwahrscheinlichsten Erdenwinkeln getroffen habe. Er brachte jeden Tag ein gutes und reichliches Essen auf den Tisch, hatte seine Hände in anscheinend vielen Geschäften vertraulicher Art und unterhielt zu einigen Leuten aus der Nationalregierung offenbar enge Beziehungen. Als ich ihn einmal darauf ansprach, meinte er, ganz chinesisch:

»Well, ich bin für das Elend in der Provinz nicht verantwortlich. Ich sorge wie alle Leute hier herum für mich, meine Helfer, vor allem für meine Gäste, denen ich Preise abverlangen muss, die kein Hiesiger bezahlen könnte. Ich bin völlig außer Stande, zur Milderung des allgemeinen Jammers auch nur das Geringste beizutragen. Also zerbrechen Sie sich nicht den Kopf, Herr Johann. Warum sollen wir paar Ausländer schlechter leben als die Leute von der Regierung und vom Militär? Lassen Sie's sich gut schmecken, Herr Johann! Die Ente mit den süßen Ingwer-Nudeln ist ausgezeichnet. Außerdem habe ich einen vorzüglichen Apfelsinenwein ergattert. Etwas Besonderes! Spezialität von Ssetzschwan! Sie brauchen sich nur ein Glas zu bestellen.«

Was ich tat. Das Getränk mundete mir sehr. Leider habe ich es seither auf der ganzen Welt nicht mehr auftreiben können.

Als das Schiff, mit dem ich durch die Schluchten heraufgefahren war, unterhalb der Stadt dicht am Ufer vor Anker ging, brach auf dem Landungssteg, dem ich mit einem Amerikaner, auch einem Journalisten, in einem kleinen Boot zugerudert wurde, unter den dort wartenden Männern – meist nur in Strohsandalen und Hüftschurz – eine erbitterte Schlägerei aus. Wir beiden Weißen wären am liebsten zum Schiff zurückgekehrt. Es ist durchaus nicht empfehlenswert – übrigens nirgendwo auf dem Erdenrund –, sich in eine gewalttätige lokale Auseinandersetzung einzumischen. Aber unser Bootsmann am sonderbar hochgestützten, hin und her wedelnden langen Paddelruder strebte ungerührt weiter. Für ihn war die Schlägerei offensichtlich nichts, was besonderer Beachtung oder Vorsicht wert war. Es wurde auch uns bald deutlich, was vor sich gegangen war, als wir kurzerhand die nächstbesten zwei Sänften bestiegen und das Zeichen zum Abmarsch gegeben hatten.

Der wüste Streit verebbte sofort. Die Sänftenträger hatten sich um uns zwei Weiße geschlagen, von denen man doppelt oder dreimal so viel an Tragelohn verlangen konnte als von chinesischen »Fahrgästen«, besser Tragegästen. Wir hatten die handgreifliche Debatte, sicherlich ohne Rücksicht darauf, wer »dran war«, durch eine schnelle, willkürliche Wahl entschieden. Die übrigen gingen leer aus und mussten sich mit chinesischen Kunden begnügen.

Denn Tschungking liegt hoch auf einem felsigen Plateau und ist nur über endlose, steile Treppen vom Fluss her zu erreichen. Leute, die etwas auf sich hielten, erstiegen die ermüdenden Treppen nicht zu Fuß, sondern ließen sich von zwei keuchenden, mageren Männern im schwankenden Tragestuhl hinaufbefördern.

Für unser nicht sehr bedeutendes Gepäck wollten wir einen dritten Tragestuhl anheuern. Aber das erwies sich als unmöglich. Wir waren zwei vornehme Herren in zwei Sänften. Also durfte das Gepäck ebenfalls nicht vermischt werden. Mein Gepäck und des Amerikaners Gepäck hatten gesondert in zwei Stühlen bergauf geschleppt zu werden. In dieser Hinsicht verstanden die Sänftenkulis, wie wir sehr deutlich merkten, keinen Spaß. Also schwebten auch unsere Koffer auf zwei Stühle aufgeteilt in die Höhe bis in die Seitengasse, wo wir vor der engen Tür der »deutschen« Herberge abgesetzt wurden. Wir boten den Sänftenkulis einen sehr spendablen Lohn. Sofort verlangten sie, schreiend fast, das Doppelte. Damit aber lockten sie den Portier unseres Hotelchens hervor, der sich sofort energisch einschaltete. Ja, das Doppelte wäre angemessen, bedeutete er uns. Wir zahlten und brauchten nicht daran zu zweifeln, dass er die Hälfte des Überpreises für sich einbehielt. Wir nahmen das – mit China schon einigermaßen vertraut – als selbstverständlich hin. Auch so noch war der Trägerlohn unwahrscheinlich gering …

Jeden Morgen hockten in der nahen Hauptstraße, wenn ich mich auf den Weg zum Regierungssitz machte, einige Frauen an den Mauern, der Kleidung nach Bäuerinnen. An einer Tragestange hatten sie in zwei Kiepen je zwei kleine Kinder, immer nur Mädchen, in die Stadt gebracht, zumeist wohl ihre eigenen Kinder, um sie, fünf US-Dollar das Stück, zu verkaufen. Denn

154

von zehn Dollar konnte eine hungernde Bauernfamilie ein halbes Jahr leben. Und Mädchen haben sowieso keinen Wert. Mit Söhnen ist das etwas anderes. Und für mich, einen reichen Mann aus den dunklen Ländern der Westbarbaren, was bedeuteten da schon zehn Dollar – und ich hätte zwei Sklavinnen erworben für den Rest meines Lebens! Gewiss, die beiden wären noch klein, aber bald könnten sie zur Arbeit angehalten werden. Nur zehn Dollar, Herr, was ist das groß!

Ich verstand die Worte nicht, die die Weiber auf mich losließen, aber gewiss hatte ich ihr Angebot auch ohne Dolmetscher richtig verstanden. Was hätte ich mit zwei kleinen Mädchen anfangen sollen? Aus dem Geschäft wurde nichts. Die chinesischen Herren, mit denen ich zu tun hatte, zuckten die Achseln, ja, die Zeiten wären schlecht, es wäre Krieg, und die Bauern hätten von jeher ihre Mädchen verkauft, um Not von der Familie, den Söhnen vor allem, abzuwehren, denn die Söhne allein sorgten für den Fortgang der Familie. Die Erschütterung, die ich selber spürte, fand bei meinen zumeist gebildeten chinesischen Partnern keinen Widerhall, wurde gar nicht verstanden.

Wurde ebenso wenig verstanden oder auch nur zur Kenntnis genommen, wie zum Beispiel dies, dass in den lang gestreckten Müll- und Abfallhalden, die von den Mauern in der Höhe bis zum Strom hinunterreichten und auf das nächste Hochwasser warteten, das sie kostenlos davonspülen würde, stets Dutzende von Kindern nach Brauchbarem oder Essbarem wühlten, im Wettstreit mit vielen unglaublich mageren und räudigen Hunden. Manchmal rutschten die Kinder in einer von ihnen selbst entfesselten Lawine ab und gingen über die Kante. Ich konnte niemals ausmachen, ob sie da unten ins jagende Wasser stürzten oder auf einem Sandriegel landeten. Wen kümmerte das? In dieser Welt, so wollte es mir erscheinen, gab es keine Gnade. Keiner war keinem »der Nächste«.

Aber auf dem Abschiedsessen, das mir und einem anderen Berichterstatter gegeben wurde, war an ausgesuchten chinesischen Delikatessen kein Mangel. Sie hätten uns eigentlich im Halse stecken bleiben müssen. Aber dergleichen Peinlichkeiten ereigneten sich durchaus nicht.

Damals schon sagte ich mir, keine Regierung kann schlechter und hilfloser – und auch korrupter – sein als diese. Also werden auf das lange Rennen die Kommunisten siegen, bis dann irgendwann – in Jahrzehnten – auch sie abgenutzt, erstarrt sein werden, reif für irgendeine Ablösung, denn keine Diktatur dauert ewig.

Ich war in eine urfremde Welt geraten, so fremd, dass sie mich bis ins Innerste durchkältete. Für das »Nationale China«, das mit der Flucht Tschiangs, seiner »Madame Tschiang« samt zahlreichem Anhang nach Taiwan sein verdientes Ende fand, habe ich niemals mehr Zeit oder Bemühung hergegeben. Es war wert, dass es unterging.

Brasilia

Kann man Städte backen wie Semmeln? Nur, dass neue Städte unzählig viele Male teurer sind als Semmeln! Irgendwann einmal sind fast alle Städte gegründet worden oder ganz sachte im Laufe von Jahrhunderten aus unbedeutenden Anfängen hervorgewachsen, sei es, dass ein mächtiges Fürstengeschlecht sie zur Residenz erkor, sei es, dass sie an wichtigen Kreuzungen von Handelsstraßen oder Umschlagplätzen zwischen See und Land gelegen waren. Im westlichen Kanada sind viele Städte um erste, frühe Niederlassungen der Pelzhandelsgesellschaften entstanden, in den USA um primitive »Forts«, befestigte Garnisonen für das Militär, das die Wege sichern und die ersten Siedler vor den

Indianern schützen sollte. Ursachen für das Entstehen von Städten gibt es viele, fast kann man sagen, unübersehbar viele; aber alle weisen auf die natürlichen Umstände ihrer Lage, auf die praktischen Erfordernisse, ja Zwänge ihrer Zeit und ihrer ursprünglichen Einwohner zurück.

Wie aber, wenn junge Länder, die noch keine rechte Form angenommen haben, sich eine brauchbare Hauptstadt geben wollen oder müssen? Die schon vorhandenen Städte liegen vielleicht zu sehr am Rande, kehren ihr Gesicht nicht ins Innere des vielleicht erst zu entwickelnden Landes. Wichtiger noch: Die schon vorhandenen städtischen Plätze rivalisieren erbittert miteinander, gönnen sich nicht die Ehre, zur politischen Hauptstadt erhoben zu werden. Auch besteht ja die Vorstellung, dass eine Hauptstadt etwa in der Mitte des Landes liegen sollte, damit sie von überallher unter etwa gleichen Bedingungen zu erreichen ist. Es bleibt dann nur übrig, eine funkelnagelneue Stadt aus dem Boden zu stampfen und zur Hauptstadt zu machen, indem die Regierung sich dort etabliert. Das kann auf Anordnung oder auf den Schiedsspruch eines übergeordneten Herrschers geschehen. So ist in Kanada auf Anordnung der Königin Victoria aus dem kleinen Bytown, genau auf der Grenze der sich gegenseitig nicht die Hauptstadt gönnenden beiden Landesteile, des französisch- und des englischsprachigen, die heutige kanadische Hauptstadt Ottawa entstanden, die nun aber heute gar nicht mehr in der Mitte liegt, sondern exzentrisch im Osten des Landes, nachdem über das damals englisch sprechende Ontario, »Ober-Kanada«, hinaus die riesigen, ebenfalls englisch bestimmten Provinzen der Mitte und des Westens des heutigen Kanada dem kanadischen Bund zugewachsen sind.

Hauptstädte können auch demokratisch beschlossen werden. In Australien konnte man sich auf keine der schon vorhandenen großen Städte einigen, die schon alle Hauptstädte der australischen Bundesstaaten waren, in denen sie lagen. Also wurde in der leeren Steppe im Innern des australischen Südostens Canberra gegründet und so riesengroß ausgelegt, dass es bis heute den weiträumig australisch gedachten Ausbauplan auch noch nicht annähernd erfüllt. Einigermaßen verloren stehen die Ministerien und Amtsgebäude, die Geschäfts- und die Wohnzentren im Busch umher und haben noch nicht zueinander gefunden. »Verrückt!«, sagt man, wenn man von seinem Hotel zu seiner Botschaft oder einem Ministerium durch leere und ungepflegte Gegend fahren muss. – Wahrlich, es gibt viele verrückte Sachen unter der Sonne, was Städte anbelangt – besonders für uns Kinder des alten Europa, wo selbst kleine Nester mit Stolz ihr tausend- oder gar zweitausendjähriges Bestehen feiern – und Rom oder Athen, Marseille oder Syrakus noch viel weiter in die Vergangenheit zurückreichen – wo Städte so empfunden werden wie ewig perennierende Pflanzen. – Verrückt in der Tat, das heißt fremd, ohne Beziehung zu ihrer Umgebung stehen manche neuen Städte in der Gegend umher. Man weiß nicht, was man mit ihnen anfangen soll – und flieht sie bald.

Bedrückend liegt mir die Erinnerung an Brasilia auf der Seele, die auf dem Reißbrett entworfene Hauptstadt eines der größten und – potenziell – reichsten Staaten der Erde mit gleich lautendem Namen. Dem deutschstämmigen Architekten Niemayer hatte die brasilianische Regierung freie Hand gegeben, eine des großen Brasilien würdige Kapitale im Innern des Landes auf den Plan zu rufen. Und Niemayer hat sich nicht gescheut, vermittels der ihm gewährten »freien Hand« in einem wahren Architekten-Rausch seiner Fantasie alle Fesseln abzustreifen.

Der »Distrito Federal«, der »Bundes-Distrikt«, den man für die Hauptstadt mit ihrer besonderen Gerechtsame aus der großen Binnenprovinz Goiás herausgeschnitten hat, liegt auf einem über tausend Meter hohen, also malariafreien Hochplateau, von

welchem nach allen Seiten Wasserläufe talwärts streben. Nach Westen und Norden fließen diese Gewässer dem Tocantins zu, der 1500 Kilometer weiter nordwärts mit dem Amazonas, diesem ungeheuren Tropenstrom, in den Atlantik mündet. Nach Osten erreichen die vom Distrito Federal h
erniederwallenden Flüsse den São Francisco, der ebenfalls etwa anderthalbtausend Kilometer zurückzulegen hat, ehe auch er im Atlantischen Meer vergeht. Und nach Süden entwässert die Hochebene, auf welcher die Hauptstadt Brasilia beschlossen wurde, zum gewaltigen Paraná hinunter, an dessen Mündung in den Atlantik Argentiniens Hauptstadt Buenos Aires und Uruguays Montevideo gelegen ist. Rings um dieses Hochplateau breitete sich weglose, so gut wie unberührte Baumsteppe mit kühlen Nächten und warmen Tagen, mit ausreichender Beregnung, ohne aber in der feuchten Jahreszeit (denn die Provinz Goiás liegt ihrer ganzen Ausdehnung nach zwischen den Wendekreisen, das heißt in den vollen Tropen) im Schlamm zu ertrinken.

Wahrlich eine großartige Wahl, die man für den Distrito Federal getroffen hat, fast könnte man sagen, eine beherrschende Lage. Allerdings, Brasilien ist riesengroß, und die wirkliche geografische Mitte des Landes hätte eher noch einmal tausend bis fünfzehnhundert Kilometer weiter im Nordwesten – weiter noch vom Ozean entfernt, als der für Brasilia gewählte Pflanzort – gesucht werden müssen, etwa auf der Serra Do Cachimbo, von der ebenfalls Gewässer nach allen Himmelsrichtungen talwärts streben. Aber damit wäre man tief in das noch kaum erschlossene Amazonasbecken geraten, die größte und – vom Kongobecken abgesehen – letzte über eine große Fläche geschlossene Reserve immer feuchter Urwälder dieser Erde.

Nichts war da zuvor in dem stillen Hochland zu finden gewesen, nichts als lichter, parkartiger Buschwald mit kristallen reiner Luft und herbe duftender, schier grenzenloser Weite.

Auch liegt die Hauptstadt der Provinz Goiás, das sehr bescheidene Goiánia, noch an die zweihundert Kilometer entfernt, also in angemessenem Abstand.

Hier also konnte ein Städtebauer mit genialischer Fantasie wahrlich dem alten Hauptort des großen Brasilien, dem sündhaft schönen, aber auch sündhaft armen Rio de Janeiro einen gleichrangigen Kontrapunkt entgegenstellen, ins leere Land hinein entwerfen. –

Ich habe Brasilia zweimal gesehen. Zum ersten Mal, als es noch im Bau war und seine Umrisse noch kaum zu erkennen waren. Es war gerade die Höhe der Regenzeit. Die noch völlig unbefestigten Straßen von Goiánia her (das von der brasilianischen Luftfahrt-Gesellschaft regelmäßig angeflogen wurde) hatten sich in rotgelbe, tiefgründige Moräste verwandelt, waren für Wochen unpassierbar geworden. Der Flugplatz des werdenden Brasilia war noch nicht für größere Verkehrsmaschinen ausgebaut. Für kleine Flugzeuge war lediglich ein Landestreifen aus dem Busch gehauen. Also mussten der landeskundige Beamte der deutschen Botschaft in Rio, der mit mir unterwegs war, und ich uns in Goiánia ein viersitziges Maschinchen mieten, um den Ort der aus dem Steppenboden zu stampfenden Hauptstadt – und den berühmten urportugiesisch-brasilianischen Bauleiter des Unternehmens, von dem ich schon viel Sagenhaftes gehört hatte – zu erreichen und kennen zu lernen.

Wir waren bei sonnigem Wetter abgeflogen. Aber bald glitten wir über eine Wolkendecke hinaus, die unter uns anscheinend sehr niedrig über dem Lande hing und es unsern Blicken völlig verbarg; sicherlich regnete es aus den Wolken unter uns in Strömen.

Der brasilianische Besitzer und Pilot des Luft-Taxis hielt seinen Kurs, als gäbe es Richtfeuer, die ihn lenkten. Aber dergleichen gab es nicht. Der Pilot folgte lediglich seinem Instinkt –

falls das der richtige Ausdruck für die Kraft sein sollte, die ihn führte. Er behauptete schließlich, wir wären nun über Brasilia, aber landen würde er erst, sobald sich ein Loch in den Wolken böte, durch das er die Erde erkennen, hindurchstoßen und die schmale Landepiste ausfindig machen könnte.

Also kreisten wir und warteten auf eine Wolkenlücke, kreisten und kreisten, wussten nicht, ob wir vielleicht abtrieben, hatten auch gar keine Gewähr dafür, dass der »Instinkt« unseres Luftkutschers die richtige Richtung angezeigt hatte. Er sei gewöhnt, nur »auf Sicht« zu fliegen. Es gebe nichts Zuverlässigeres. »Stimmt auffallend, wenn man welche hat!«, meinte mein Reisegefährte, sagte es aber auf Deutsch, um die sicherlich empfindlichen Piloten-Gefühle unseres Taxi-Fliegers nicht zu verletzen.

Meinem landeskundigen Fluggenossen wurde die Sache zu bunt, zu unheimlich. Er verlor die Geduld und gab, nachdem er sich leise mit mir abgestimmt hatte, dem Piloten die Anweisung, nach Goiánia zurückzufliegen. Aber als Antwort erhielt er nur ein bedauerndes Achselzucken:

»Geht nicht, verehrter Herr! Dafür reicht mein Benzin nicht. Ich habe darauf gerechnet, hier zu tanken. Das Regierungsbenzin ist billiger. Aber keine Sorge! Wir finden schon noch ein Wolkenloch!«

Wie Recht er hatte, der brave Mann! Denn in der Tat keine fünf Minuten später stieß Señor Mendez wie ein Habicht durch einen schmalen Riss in den Wolken abwärts. Und alle Achtung! Wir hatten die Baracken des Arbeiterlagers erwischt, zogen über sie hinweg mit stolzem Knattern und landeten glatt auf der nahen Piste.

Als wir aus der Kabine geklettert waren und zu den Schuppen hinüberschritten – es regnete schon wieder –, fuhren auf einem wirr beladenen Lastauto die Trümmer einer vor zwei Stunden gelandeten, vielmehr gestrandeten Maschine vorbei, die durch ein irreführendes Wolkenloch herabgestoßen, zu hart gelandet, seitwärts getrudelt und zu Bruch gegangen war. Aber es war nicht allzu viel passiert – außer verschiedenen Schrammen und zwei gebrochenen Unterschenkeln. Auf großen Reisen muss man sich bemühen, ohne gebrochene Unterschenkel auszukommen; sie halten schrecklich auf. Wir hatten klugerweise diese durchaus bewährte Regel beherzigt…

Bräunlicher Schlamm, Lastwagen im Dreck, Kräne mit gefährlich langen und schwankenden Tragehälsen, die gewaltige Kübel mit nassem Zement an unverständliche Baustellen hinter dicht verschränkten Gerüsten beförderten. Prozessionen von Wegebau-Maschinen kolossalen Ausmaßes – und überall ringsum wie eine Mauer der schweigende, triefende Busch, wie er seit Urzeiten in der Regenzeit geschwiegen und getrieft hatte.

Doch sahen wir in der Leitbaracke die Pläne dessen, was da kommen sollte. Und der sie uns zeigte und erläuterte, war jener sagenhafte Bauleiter, der nach den Entwürfen Niemayers die neue Stadt greifbar ins Leben rief. Er fabelte davon, dass er, wenn er erst einmal mit diesem Kram hier fertig sein würde, die große Straße, die brasilianische Magistrale, von São Paulo im Süden nach Belem im Norden an der Amazonas-Mündung bauen und damit erst seiner grandiosen Heimat Brasilien das Rückgrat geben würde, das sie brauchte.

(Er hat sie dann später gebaut, diese legendäre Straße über Berge und Täler, Ströme und Sümpfe und durch dichtesten Tropenwald und ist dabei unterwegs von einem stürzenden Baum erschlagen worden, als wollte der Urwald sich an dem Manne rächen, der noch aus der Zeit der großen portugiesischen Entdecker und Eroberer zu stammen schien, rächen dafür, dass diese Stadt und Straße ihm aufgezwungen wurde, ihn seiner uralten Unberührtheit und Unnahbarkeit beraubte.)

Ich begriff, dass der Grundriss der geplanten Stadt dem Bild eines Vogels mit ausgespannten Flügeln angenähert war, eines Sagenvogels, der in der brasilianischen Frühgeschichte eine Rolle spielt. Ich fragte:

»Wird man denn später bei der gewaltigen Länge und Breite, welche Brasilia aufweisen wird, von dieser Vogelgestalt als Bewohner oder Besucher der Stadt überhaupt noch etwas merken?«

»Kaum!«, kam die Antwort. »Aber man wird es wissen, wird sich bewusst sein, dass hier ein Riesenvogel sein Nest gebaut hat, Brasiliens Mittelpunkt. In diesem Land wird geträumt; es wird ja erst.«

Große Worte! Mitten in die unberührte Wildnis die neue Stadt hineingeworfen, auf das schönste, bis dahin ungekränkte Hochland, das sich finden ließ; der jungfräuliche Boden umgewühlt, zerstampft, zur Seite gedrückt mit mammuthaften Erdbewegern; künstliche Seen ausgegraben, zähe Fluten von schnell versteinerndem Zement überallhin ausgegossen...

Ich bewunderte den Baumeister, einen Gestalter großer Träume, von denen auch heute noch niemand sagen kann, ob die Wirklichkeit sich nach ihnen richten wird oder nicht. Aber unbeschreiblich großartig geträumt, das war es sicherlich.

Aufs Stärkste beeindruckt, aber auch sonderbar beunruhigt und befremdet, flogen wir nach einigen Tagen wieder ab.

Als ich Jahre später Brasilia zum zweiten Mal wieder sah, war die Stadt im Wesentlichen fertig, so weit der Architekt für ihre Repräsentativ- und Prachtbauten verantwortlich zeichnete. Aber schon hatten sich außerhalb der scharf innegehaltenen Stadtgrenze mit ihren Bau- und Ordnungsvorschriften schlampige, hässliche Budenviertel gebildet, in denen die Leute hausten – wie in allen brasilianischen Großstädten –, die sich in der meist vergeblichen Hoffnung auf Arbeit und Verdienst in die neue Hauptstadt hatten locken lassen.

Die unmäßig breiten Staatsstraßen, die Plätze und noch sehr kahlen Parkanlagen lagen leer, hatten ungeheuer viel Raum um sich her, in dem die Staats- und Verwaltungsgebäude wie verloren wirkten. Kam man aber diesen Bauwerken so nahe, dass man sie wirklich als Einheiten betrachten konnte, so verwirrten sie durch ihre, wie mir schien, wahl- und beziehungslos ausgedachten »schönen« Formen, Kurven, Säulen und aus hundert wahllos zusammengebastelten Reminiszenzen, aus Anklängen an viele Epochen erdachten Fassaden.

Sah ich diese architektonischen Hervorbringungen später im Foto, so konnte ich mich der Wirkung ihrer glatten Linien, ihrer wohlkomponierten Maße nicht entziehen.

Aber an Ort und Stelle erweckten sie nichts als Widerwillen in mir, das Gefühl einer geradezu »lähmenden« Fremdheit. Was hatte dies anspruchsvolle Geschwinge und Gekurve mit Brasilien zu tun, dem riesigen, schwierigen, mit urgewaltiger und gewaltsamer Natur ausgestatteten Lande, das seine Zukunft noch immer erst vor sich hat, obgleich es an bewegter Vergangenheit mit zähen Aufschwüngen und tiefen Abstürzen nicht arm ist? Es hatte nichts damit zu tun!

Brasilia war mir ein Musterbeispiel für die beziehungslose, sinnleere Architektur der »modernen« Zeit, die mit Farben, mit Glas, mit Außenstreben und ausgeklügelten, nutzlosen Fassaden zu verbergen sucht, dass dahinter der Stahl und Zement zwar die verrücktesten Kuppeln und Bögen zulässt, aber meist nicht viel mehr hervorbringt als viereckige Kästen. Diese Stadt, sagte ich mir, könnte ebenso gut in Arabien stehen oder in Australien, im Irak oder in Usbekistan. Mit diesem majestätischen Lande Brasilien hatte sie nichts Spezielles zu tun. Man hatte sie, die Ausgeburt einer willkürlichen Fantasie, mitten in die unendlichen, die schweigenden, immer noch geheimnisschwangeren Wälder ge-pflastert. Sie gehörte dort ebenso wenig hinein wie etwa eine Konservendose in einen Wildbach. Wie würde sie je zu einer warmen Menschenheimat werden, wie es alte, gewachsene Städte so überzeugend tun?

Brasilia blieb mir fremd, ganz fremd; ich zögere, ob ich nicht sagen sollte, es blieb mir widerlich.

Ich schaudere zurück vor dem Gedanken, noch einmal hin-zufahren. Das Land Brasilien finde ich dort nicht. Das Land aber suche ich, wenn ich mich auf großer Reise der Hauptstadt eines Landes anvertraue.

Kalkutta

Andere Menschenwelten will man kennen lernen, wenn man reist, ob klein oder groß. Will er-fahren, er-fahren, buchstäblich, wer und was das ist: »der« Kanadier, »der« Amerikaner, Bantu, Malaie oder Österreicher. Und kehrt bereichert heim, wenn man neue Menschengeschwister auf dieser kunterbunten Erde kennen gelernt hat oder glaubt, sie kennen gelernt zu haben; denn Menschen kennen zu lernen und sogar zu begreifen, das ist schon in vertrauter Umwelt nicht leicht, in unvertrauter ist es sehr schwer. Denn hier handelt es sich – um es nochmals zu betonen – nicht um eine Angelegenheit des Verstandes, sondern des Gefühls.

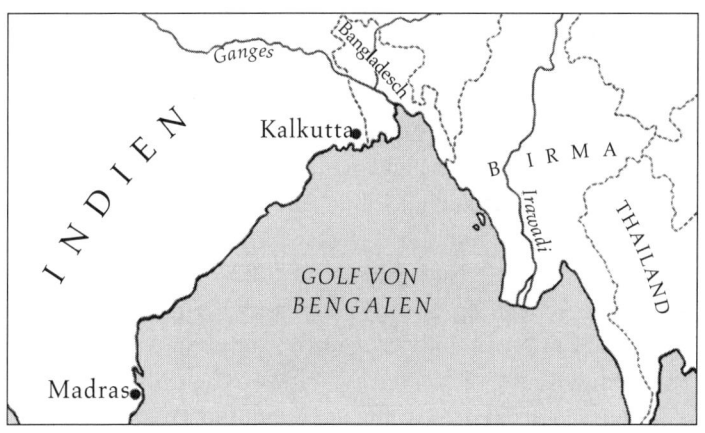

Deshalb werden auch die Versuche, das Leben und Denken anderer Völker unter anderer Sonne nachzuvollziehen, von Anfang an mit Empfindungen der Sympathie oder Antipathie verbunden sein, denn alle Gefühle werden von Zustimmung oder Ablehnung mitbestimmt.

Ich habe dies oftmals an mir selbst feststellen können. Ohne dass man das Wieso und Warum zu analysieren vermochte, auch gar nicht darauf aus war, sind mir manche Länder und Völker, zuweilen vom allerersten Augenblick an, sympathisch gewesen, umfingen mich freundschaftlich, öffneten sich sonderbar einladend und wurden von mir, ohne dass es mich Mühe kostete, herzlich, ja beglückt begrüßt. (Wenn ich einmal persönlich werden darf: In den USA habe ich mich immer freundlich oder besser kameradschaftlich aufgenommen gefühlt; auch unter Russen, unter denen ja so viele prächtige, warmherzige Menschen zu finden sind; Japan sprach mich geradezu liebevoll an, wobei ich an das alte Japan zwischen den Weltkriegen denke; im neuen, so ungemein tüchtigen Japan muss man das alte erst suchen und findet es nicht immer; in Südwestafrika, dem heutigen Namibia, ging mir vom ersten Tage an das Herz auf, Thailand kam mir auf lässig liebenswürdige Weise ebenso entgegen wie Malaysia. Neuseeland war beinahe so wie zu Hause, und erst recht und fast noch wärmer als zu Hause: das geliebte Österreich und auch Irland.)

Aber da war auch das andere. Beruf oder Neugier, auch der Wunsch nach Vollständigkeit führten mich zu bestimmten Ländern und Völkern, und sofort richteten sich, kaum war ich in sie versetzt, alle meine Nackenhaare steil auf vor lauter ganz vorbewusster Abneigung. So ging es mir zum Beispiel im – neuen – Kongo, in Syrien, in Bolivien, ganz besonders in Äthiopien, worüber ich noch im nächsten Abschnitt sprechen will.

Unter den großen, auch für uns wesentlichen Ländern ist es

vor allem Indien, das mir vom ersten Anfang der Bekanntschaft an fremd, unleidlich, ja widerlich war. Und dies nirgendwo unerträglicher als in dem formlos zerfließenden Kalkutta am Hugli, dem westlichsten Arm des Ganges- und des mit diesem gemeinsam ausmündenden Brahmaputra-Deltas.

Es ging schon auf Mitternacht, als ich vom weit außerhalb gelegenen Flughafen zu meinem Hotel im Herzen der Stadt unterwegs war. Die Fahrt im Hotelauto, das auf vier andere, offenbar englische Gäste und mich gewartet hatte, zog sich endlos hin. Wir kamen nur langsam vorwärts. Trotz der späten Stunde war die jämmerlich gepflasterte Straße voll von Ochsenkarren, Lastenschleppern, klapprigen Autos aller Altersklassen und Schattierungen, uninteressiert umherstehenden, mageren Kühen, den »heiligen« Kühen Indiens offenbar, allen erdenklichen Vehikeln mit zwei Rädern oder auch nur einem, und Menschen, unsagbar vielen Menschen, die meisten in faltige, nur der Absicht nach weiße, formlose Gewänder gehüllt, nur Bahnen eigentlich aus Kattun – und alle in Bewegung, aufeinander einschreiend hier, stumm hockend dort oder einfach am Wege, unter einer bröckeligen Mauer schlafend mit über den Kopf gezerrtem Gewand, Menschen, wie Sand durcheinander gewirbelt, sich gegenseitig nicht beachtend, sich stoßend und nicht danach fragend, ob der andere stolperte – aber hier und da auch kreischend vor irgendeinem Zorn.

Und die ganze zwielichtige, dampfige Länge der endlosen Straßen oder Gassen ins Stadtinnere, gesäumt von Buden mit kleineren oder größeren Verkaufsständen für alles und jedes, mit Garküchen, mit Wechselstuben, mit Gauklerbühnen und anderen undefinierbaren Vergnügungsstätten. Im Schein zahlloser, viel zu schwacher, schirmloser Glühbirnen oder auch nur Petroleum- oder Ölfunzeln hockten die Anbieter der abertausend

169

jämmerlichen Waren und Verführungen hinter ihren Theken, schliefen im Sitzen oder verhandelten kalt lächelnd oder auch hysterisch aufgeregt mit den Kunden.

In was für eine groteske, schwülheiße und entsetzlich unliebenswürdige – im eigentlichen Sinne dieses Wortes – Welt war ich da geraten? Sie verschlug nicht nur mir die Sprache mit ihrem nächtlichen Lärm, ihrem trüben, nur ab und zu von Autoscheinwerfern durchblitzten Dämmerlicht, ihren scharfen, leicht widerlichen und fremdartigen Gerüchen und ihrem nicht enden wollenden Geschiebe und Gedränge von Menschen, von denen scheinbar keiner einem bestimmten Ziel zustrebte. Sie ließ auch meine drei Reisegefährten aus dem Flugzeug verstummen, die auf der Bank vor mir Platz gefunden hatten. Der Chauffeur unseres Vehikels hupte steinerweichend; es focht ihn auch nicht an, wenn er einen hartnäckigen Fußgänger oder Karren mit der Stoßstange darauf aufmerksam machte, dass er gefälligst endlich dem Auto des großmächtigen Hotels Platz machen müsste.

Von einem der drei Engländer, mit dem ich später an der Hotelbar etwas näher bekannt wurde, erfuhr ich, dass er wie die beiden anderen, seit Jahren schon in und bei Kalkutta tätig sei. Aber: »Wenn man wieder frisch aus Europa hierher zurückkommt, das ist, als wenn einem der Boden unter den Füßen fortgezogen wird. Man ist also abermals in diese stinkige, verseuchte Hölle, diese schlimmste Kloake Indiens versetzt. Nach ein paar Tagen hat man sich wieder abgekapselt, hat die Scheuklappen angelegt und bewegt sich nur in der schützenden Umzäunung von Büro, Klub, Wohnung und Golf- oder Poloplatz – das gibt's natürlich hier auch. Jeder verdient sein Geld so gut er kann. Ich auch. Und wenn man die Malaria und andere, viel dreckigere Krankheiten vermeidet, dann kann man auch jetzt hier gut verdienen. Es ist alles schrecklich billig hier, Bedienung so viel Sie wollen, Bekleidung, Essen, Weiber und so weiter. Wenn man erst einmal das

Elend nicht mehr sieht – man kann es sowieso nicht ändern, und es geht mich auch nichts an –, dann ist es hier trotz der ewigen heißen Schwüle ganz gut auszuhalten.«

Nun, mich ging es auch nichts an, aber ich habe es nicht ausgehalten, wenngleich wohl auch nur deshalb, weil ich dort keine gut bezahlte Position zu behaupten hatte. Ich flog schon nach vierzehn Tagen wieder ab, und habe nie das Verlangen gespürt, die fürchterliche Vielmillionen-Stadt – kein Mensch weiß, wie viele – wieder zu sehen.

Die hohe, kühle Halle des würdigen Hotels aus der Zeit der englischen Herrschaft nahm mich auf nach der ertötend langen und bedrückenden Fahrt vom Flugplatz, als wäre sie ein sicherer und vertrauter Hafen; auch später umfing sie mich nach meinen vielen pflichtgemäßen Ausflügen in die bengalisch-indische Welt der riesigen Stadt, wenn ich sie aufatmend wieder betrat, wie die rettende Insel einen Schiffbrüchigen, schiffbrüchig in dem wogenden Ozean von Millionen Leibern und elenden Schicksalen, die in dem längst überfüllten und unregierbaren Indien chaotisch durcheinander wirbeln. Das Hotel gehörte ins alte – englische – Zentrum Kalkuttas mit seinen exerzierplatzweiten Straßen und Plätzen, die von den machtvoll soliden Bauten aus der Zeit des englischen Vizekönigs pomphaft stolz umstanden wurden. Aber das »befreite« Indien – von einer starken Ordnungsmacht, aber nicht von Hunger, Misswirtschaft und unmenschlicher Armut befreit – spülte seine trüben Wellen bis unmittelbar an die grauen Mauern des großen Hotels, in dessen Innerem das alte englische Ritual von kräftigem Frühstück, leichtem Lunch, von Five o'clock tea und feierlich zelebriertem Dinner mit obligatem Drink voraus noch immer eingehalten wurde, als wäre nicht längst die klassische Zeit des weltumspannenden British Empire im gurgelnden Strom der Geschichte versunken.

Ich bewohnte im zweiten Stock ein angenehmes, mit altmodisch gediegenen, gepflegten Möbeln eingerichtetes Zimmer, zu dem auch ein Badezimmer von geradezu fürstlichen Ausmaßen gehörte mit einer gekachelten Badewanne, in der ich beinahe hätte schwimmen, auf alle Fälle hätte ersaufen können. Der Preis des Zimmers war dementsprechend, aber selbst die Aussicht auf einen drohenden Bankrott hätte mich nicht bewogen, dies Hotel, dies Rettungsfloß in dem wallenden, trüben Meer der indischen Menschheit, aufzugeben. Das Zimmer – an der Flanke des Hotels – besaß einen kleinen Balkon, der über eine nicht sehr breite Seitengasse hinausging. Jenseits dieser Gasse dehnte sich unbestimmt hinter einer hohen Mauer ein alter, wie es schien halb oder ganz verwilderter Park, in dem ich nie einen Menschen entdecken konnte.

Umso mehr war an indischer Menschheit im Stile von Kalkutta in der Seitengasse unter meinem Balkon zu erleben. Ich hätte dort nur immerfort zu sitzen brauchen, Tag und Nacht, um das Dasein des indischen Proletariats bis in die intimsten Einzelheiten zu beobachten. Aber ich haspelte pflichtgemäß meine Besuche, Besprechungen und Empfehlungen ab. Sie haben alle zusammen mir nicht so viel Einblick in die indische Wirklichkeit verschafft wie der Ausblick von meinem kleinen Balkon. Wir sind gewohnt, nicht ungebeten in anderer Leute Wohn- oder Schlafzimmer zu schauen. Aber ich hatte ein gutes Dutzend solcher Zimmer kalkuttischer Art unter mir in der Gasse ständig vor Augen. Doch die Leute, die da unten wohnten – ja, wohnten, wie soll man es anders nennen –, nahmen von mir, zehn oder fünfzehn Meter über ihnen, überhaupt keine Notiz, blickten nie zu mir in die Höhe. Ich war ihnen wahrscheinlich ebenso fremd und gleichgültig wie die Geier, die manchmal auf der Mauer saßen, oder die mageren, glatthaarigen Hunde, die zu nichts weiter gut waren, als mit einem Stein oder einem

Knüppel verjagt zu werden, wenn sie aufdringlich zu werden wagten.

Die Seitengasse war mit großen Steinplatten ausgelegt, in die der Länge der Straße nach eine Rinne eingelassen war, die in der Zeit des Monsuns das Regenwasser abzuleiten hatte.

Auf dem steinernen Boden der Seitengasse waren Kreidestriche gezogen; die Striche grenzten Vierecke ab, die von der Parkmauer bis zu der Abwasserrinne reichten. Die Seite unter der Wand meines Hotels war nicht unterteilt, um den Verkehr von Karren oder Lastwagen zu ermöglichen; wurde doch weiter straßauf das Hotel über verschiedene Küchen- und Nebeneingänge versorgt.

Innerhalb eines jeden, mit Kreide auf dem Straßenpflaster bezeichneten Vierecks »wohnte« eine indische Arbeiter- oder Kuli-Familie. Kuli – das Wort gehört nicht in die chinesische, wie vielleicht viele meinen, sondern in die indische Welt und ist von dem gleich lautenden Namen eines im Westen Indiens lebenden Volkes abgeleitet, dessen Männer sich wegen ihrer Armut und niedrigen Kaste als Fremdarbeiter verdingen mussten und schonungslos ausgenutzt wurden.

Die Familien wohnten auf dem Straßenpflaster, schienen die Kreidestriche, die ihre Quartiere abgrenzten, peinlich zu beachten. Wenn ein kleines, nacktes Kind den Strich zu überkriechen drohte, wurde es sofort von der vertrockneten Großmutter oder einem älteren Geschwister zurückgeholt. In Kalkutta ist es immer warm und schwül, liegt doch die Stadt in den Tropen auf Meereshöhe und ist von vielen Wasserläufen umgeben. Trotzdem mögen die nackten Steinplatten, auf denen die Familien nachts dicht gedrängt schliefen, zuweilen sehr kalt gewesen sein – oder ist ihre Kühle in dieser heißen Stadt sogar angenehm?

In einem kleinen, rußgeschwärzten Kessel über scharfriechendem Feuerchen, genährt von den getrockneten Fladen der »heiligen« Kühe, wenn man dieses Brennmaterials habhaft werden kann, brodelt Undefinierbares. Und dann sitzen sie alle um den Topf herum und greifen hinein, wenn der Inhalt einigermaßen abgekühlt ist; vielleicht besitzt die Familie sogar einen blechernen Löffel.

Der Herr des Hauses ist schon beim ersten Morgengrauen verschwunden, um vielleicht am Hafen oder auf einer Baustelle ein paar Rupien oder auch nur Cents zu verdienen. Die größeren Kinder werden betteln. Oder sie werden in den Kehrichtbergen nach noch irgendwie brauchbaren Abfällen fahnden, vielleicht auch, wenn sich die Gelegenheit ergibt, eine Frucht stehlen oder ein Stück Hirsebrot. Es steht nirgendwo geschrieben, dass man sich jeden Tag gesättigt zur Ruhe »betten« muss, besonders wenn man nur die wenigen Quadratmeter Platz zwischen einigen Kreidestrichen zur Verfügung hat. Zu »beanspruchen« hat man nicht einmal sie, und der Herr Hoteldirektor kann die Leute jederzeit durch die Polizei vertreiben lassen, wenn sich die Gäste beschweren (was übrigens, so weit ich in Erfahrung bringen konnte, bis dahin nicht geschehen war; vielleicht waren auch andere Leute genau wie ich dankbar, von dieser Hotelseite aus kostenlos in das Familienleben der indischen Armen aus der Vogelschau Einblick nehmen zu können).

Da auf den Steinen unter mir wurde nicht nur geschlafen, es wurde auch geliebt, es wurden Kinder geboren, von denen sicherlich die meisten vergingen, es wurde gestorben, gelegentlich auch – nicht häufig – geflucht und gezankt.

»Die auf Steinen schlafen« – Hunderttausende allein in Kalkutta, viele Millionen in ganz Indien – und kein Ende dieses entmenschenden Jammers abzusehen!

Demütigste Verehrung für die Mutter Teresa! Sie hat Schlagzeilen in der ganzen westlichen Welt gemacht. Was sie leistet, ist bei aller Bewunderung ihrer Leistung ein Tropfen auf einem heißen Stein.

Die Inder selbst gehen an der millionenfachen Armut ungerührt vorüber. Wer in einem vergangenen Leben gesündigt hat und seinen Gelüsten lebte, wird in einem späteren dafür gestraft, indem er als Kuli auf die Welt kommt und auf Steinen schlafen muss. Jeder erlebt nur das, was er sich selber in einer früheren Existenz eingebrockt hat. Für indische Verhältnisse eine sehr praktische Weltanschauung.

Nie in meinem Leben bin ich mir so fremd und hilflos vorgekommen wie da in meinem angenehmen Hotelzimmer in Kalkutta. Wird sich etwas ändern in diesem Lande, das keinen englischen Vizekönig mehr hat, dafür sich eines Mahatma Gandhi und eines Javaharlal Nehru rühmen kann? Ich glaube nicht, so lange ich lebe. Es erstickt in seinen Kindern.

Addis Abeba

Warum soll ich diese Reihe fortsetzen! Es gibt genug Schrecklichkeiten auf der Erde, wahrscheinlich, aufs Ganze gesehen, mehr Schreckliches als Erfreuliches. Soll ich noch mehr davon hier ausbreiten? Mir stünde eine ziemlich umfangreiche Auswahl zur Verfügung. Aber von Schrecklichkeiten, ja Scheußlichkeiten zu handeln, von erbitternder, das Herz abdrückender Fremdheit, das wird für den Erzähler eine Last, und dem Leser bereitet es keine Freude. Und letzten Endes wird doch nur deshalb geschrieben, um Leser zu erfreuen, zu erheitern, zu interessieren, aufzuklären, anzuregen, innerlich zu bewegen, vielleicht auch für ein paar Augenblicke zu erschüttern, alles in allem stets, sie zu

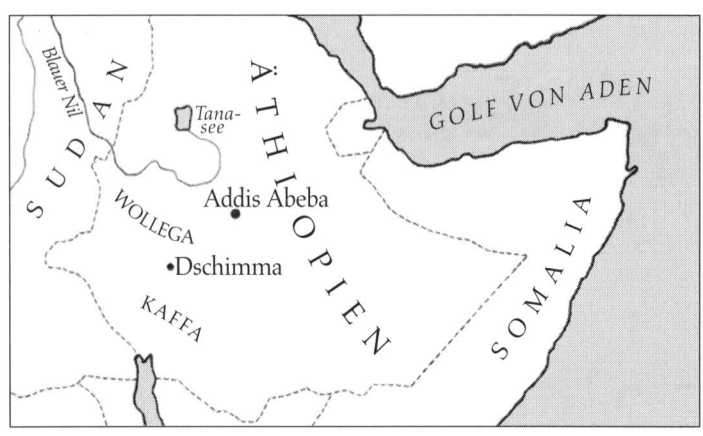

unterhalten, was auf sehr verschiedenen Ebenen vor sich gehen kann. Abgesehen natürlich von Schul- und Lehrbüchern – aber sogar diese können, sollten sogar unterhaltend sein; es lernt sich dann viel leichter.

Doch gehört es nun einmal zu den großen Reisen, dass sie uns auch schlechterdings Fremdem begegnen lassen, zu dem kein Zugang zu finden ist, wie auch immer man sich bemüht. Das hat zur Folge, dass man sich in die eigene, so oft gering geachtete Welt zurücksehnt, dass man die heimatlichen Werte dann erst in ihrer ganzen Fülle begreift.

In keinem Lande unter den vielen, die ich näher kennen ge-lernt habe, habe ich so mit fast schmerzhafter Schärfe meine Andersartigkeit gespürt, mein vollständiges Unvermögen, mit Land und Menschen in wärmeren Kontakt – und solcher erst ist menschlich – zu kommen wie in Äthiopien mit der Haupt-stadt Addis Abeba. Ich habe das Land durchreist, als Haile Selas-sie noch den »Kaiser« von Äthiopien spielte. Inzwischen wurde er abgesetzt und wahrscheinlich im Keller seines »Kaiserschlos-ses« in Addis heimlich vom Leben zum Tode gebracht. Die neue Regierung hat zwar die alte durch eine neue Macht-Clique ab-gelöst, aber im Stil der Herrschaft über das »Tibet Afrikas« – wie man das unwegsame Bergland im Nordosten Afrikas auch ge-nannt hat – scheint sich nach allem, was bisher an Nachrichten aus dem streng verschlossenen Lande nach außen gedrungen ist, nicht das Geringste geändert zu haben; vielleicht ist er noch um einige Schattierungen willkürlicher, grausamer, blutrüns-tiger.

»Tibet Afrikas« – es war in der Tat sehr schwer, dort einzu-dringen und zu reisen, ganz besonders, wenn man Wert darauf legte, fern der sich um westliche Tünche bemühenden Haupt-stadt in entlegenen Provinzen wie Kaffa, Ilubabor oder Begem-der unterwegs zu sein. Es blieb dann nicht verborgen – auch wenn man sich gar nicht darum bemühte –, mit welcher Brutalität die herrschende Kaste der Amharen unter Vorantritt des Kaisers die vielen unterworfenen andersartigen Völkerschaften im Lande für ausschließlich ihre Interessen ausbeutete, mit Gewalt zu Sklavendiensten heranzog, wobei das Militär sich mit Gusto als die kaiserlichen Büttel betätigte.

Ich habe selbst erlebt, wie Soldaten des Kaisers in einem Dorf in Kaffa die jungen Männer aus den Häusern und von den Feldern zusammentrieben, um sie zur Zwangsarbeit in, wie es hieß, Goldminen der kaiserlichen Familie zu verschicken. Nie würden sie wiederkehren, die jungen Männer des Dorfes, sagten die Alten weinend. Wer einmal aufgefangen und abtransportiert ist, der kommt nie zurück.

Die amharisch-koptische »christliche« Kirche blieb dem Herrschaftsvolk, den Amharen, vorbehalten. Schottische Missionare, bei denen ich im tiefsten Hinterwald von Ilubabor für eine Weile hauste, berichteten mir endlos von den Schwierigkeiten, die ihnen von der »christlichen« Regierung in Addis bereitet wurden. Denn die amharische Kirche dachte nicht daran, den für alle Christen geltenden Missionsauftrag zu erfüllen, mochte dies aber auch nicht anderen, etwa amerikanischen oder englischen Kirchen und Missionsgesellschaften anvertrauen; denn diese würden vielleicht absichtlich oder unabsichtlich den unterjochten Völkern des »Kaiserreiches« die Augen öffnen und die amharische Kirche als ein Vorrecht und Werkzeug der Gewaltherrschaft der Amharen entlarven. Die Regierung hatte auch gar kein Interesse daran, dass die fremden Missionsgesellschaften in den abgelegenen Provinzen kleine primitive Hospitäler oder Ambulanzen einrichteten, um den dort verbreiteten, zum Teil ganz fürchterlichen Krankheiten wie Elefantiasis, Aussatz oder Ankylostomiasis wenigstens in etwa zu steuern. Die so von Ausländern betreuten Stämme hätten auf die Frage kommen können, warum sie erst auf die Christen fernster, unbekannter Länder hatten warten müssen, wo doch die Amharen sich rühmten, die älteste christliche Kirche überhaupt darzustellen. Die älteste vielleicht – aber im übrigen vollkommen erstarrt, sinnentleert, unter merkwürdigsten Riten, Zeremonien und Äußerlichkeiten erstickt, machtbewusst, mit riesigem Landbesitz ausgestattet, von dem sich prächtig und reichlich leben ließ, in den höheren Ämtern ihrer vielstufigen Hierarchie ausschließlich dem amharischen Adel vorbehalten, mit einem Wort, ein – für mich – ekles Zerrbild ihres Namens.

Es kümmerte mich auch wenig, dass es in Gondar nördlich des Tana-Sees (aus dem der Blaue Nil herkommt) in einigen Kirchen herrliche alte Ikonen geben sollte. Noch so viel Pracht, Macht und Herrlichkeit allein machen kein Christentum, machen es sogar zu einer contradictio in adjecto, einem Widerspruch in der Beifügung, einem Gegensatz in sich selbst.

Ich habe in Wollega erlebt, dass ein amharischer Geistlicher zwei andere nicht amharische Passagiere aus einer Maschine der äthiopischen Fluggesellschaft, die ab und zu die entlegenen Provinzen anflog, einfach hinausweisen ließ, weil er seine Ziege im Flugzeug mitnehmen wollte. Vielleicht war die Ziege heilig und musste irgendwo geopfert werden. In dieser so genannten Kirche musste man auf die sonderbarsten Bräuche gefasst sein.

Auf nichts war Verlass in diesem Kaiserreich, das die Herkunft der Regentenfamilie auf einen Fehltritt der Königin von Saba zurückführte, die sich vom König Salomo aus dem Alten Testament mit List und Tücke hatte verführen lassen.

Vielleicht war es auf diese zwar standesgemäße, ansonsten aber durchaus unzüchtige und uneheliche Entstehung des abessinischen oder äthiopischen Kaiserhauses zurückzuführen, dass ich noch in keinem Lande der Welt so viele Hurenhäuser und Bordelle ganz ohne Scheu auf Kunden habe warten sehen wie in den amharischen Bezirken. In der Hauptstadt war eine der breitesten und stolzesten Straßen im Zentrum – ich glaube, sie war nach Winston Churchill benannt – praktisch eine Bordellstraße, in der Haus an Haus die hübschen, glutäugigen amharischen Mädchen vor den Türen standen oder hockten und auf Gäste warteten. Und es muss sie reichlich gegeben haben, diese Gäste, denn die lockeren Etablissements lagen auf Grundstücken, die von der Eigentümerin teuer verpachtet waren. Und Eigentümerin war, wie mir unwidersprochen immer wieder versichert wurde – Ihre Majestät, die Kaiserin! Pecunia non olet, um es wieder lateinisch zu sagen, Geld stinkt nicht.

Aber nicht nur in der Hauptstadt, auch außerhalb der amharischen Stammlande, wo immer nur amharisches Militär oder amharische Administration (mit Zwangsherrschaft in diesem Falle zu übersetzen) zu finden war, boten sich mitten in den Dörfern und Städten gefällige Mädchen ganz offen vor ihren Häusern oder Lehmhütten an. Die Prostitution wurde als Selbstverständlichkeit nicht nur hingenommen, sondern galt offenbar als durchaus gesellschaftsfähiges Gewerbe. Kein Wunder, dass unter Amharen Geschlechtskrankheiten weit verbreitet waren.

Und Trichinen! Denn man aß so gerne rohes Fleisch, auch bei den Festmählern im kaiserlichen Schloss – und die Pariser Toiletten der superreichen Amharendamen wurden durch den Saft und das Blut rohen Fleisches an einem einzigen Abend ruiniert.

Europäer, die sich der Regierung selbst als Berater oder Spezialisten verdingt hatten (und nicht im Dienst einer westlichen Entwicklungsorganisation verblieben), kamen zwar relativ leicht nach Äthiopien hinein, aber schwer wieder hinaus. Unter fadenscheinigen Vorwänden, gefälschten Anklagen hielt man sie zurück, um sich weiter ihrer Dienste zu versichern, ihnen aber ihre Verdienste als Strafen oder Gebühren abzuknöpfen. Es waren zuweilen abenteuerliche Winkelzüge notwendig, um das Land wieder zu verlassen. Denn gegebene Versprechen wurden nur gehalten, wenn dies den Interessen der amharischen Stellen entsprach.

Es gab keine Wärme und Freundlichkeit in diesem Lande, so herrlich schön auch seine Landschaften sich vielerorts darboten. Nach Dunkelwerden konnte man in der formlos zerfließenden Hauptstadt ebenso überall angefallen und beraubt, notfalls erschlagen werden, wie am Tage auf den schlechten, staubigen Straßen des amharischen Landes. Sicherheit für Leib und Leben gab es nirgendwo.

Ich spüre noch heute die Erleichterung, die ich empfand, als ich von Asmara her in die Hafenstadt Massaua einlief, am Roten Meer, wo mich, wie ich wusste, ein ganz leidliches italienisches Hotel erwartete – und in ein oder zwei Wochen ein englisches Schiff, das mich samt Auto durch den Suez-Kanal verfrachten würde.

Nicht einem einzigen Amharen bin ich persönlich näher gekommen, mit wie vielen ich auch zu tun hatte. Stets trennten sie sich ab durch eine unübersteigbare Barriere des Misstrauens einerseits, des verächtlichen Hochmuts andererseits. Keinem von ihnen konnte man aufs Wort glauben, so wie auch keiner mir recht glaubte.

Wenn ich eines ganz genau wusste, nachdem ich den Staub des ungastlichen Landes von meinen Autoreifen gewaschen hatte (ich könnte noch viele Kapitel damit füllen, was alles Urfremdes und Unangenehmes ich in diesem Lande gesehen und erlebt habe), wenn mir eins so überdeutlich klar geworden war, als hätte sich's mit feurigem Griffel an die Hotelwand in Massaua geschrieben, dann war es dies:

Ein so niederträchtiges Regiment, eine so ruchlose Herrschaft wie in diesem Lande unter den Amharen und ihrem »gloriosen« Kaiser war wert, gestürzt und fortgefegt zu werden. Und ich meinte, das Knistern im Gebälk bereits vernommen zu haben. –

Nun ist es gestürzt und fortgefegt. Geändert für das Volk hat sich offensichtlich nichts. Die Amharen regieren weiter, andere Amharen, die keinen Wert mehr darauf legen, von Salomo und der Königin von Saba abzustammen. Die Kirche, dies Zerrbild einer Kirche, wurde ihres Reichtums beraubt und ging unter. Glauben und Trost hatte sie ohnehin schon seit langem nicht mehr gespendet. Das einzig Neue an der heutigen Situation ist darin zu suchen, dass die andere Weltmacht unserer Zeit, die Sowjetunion, sich in Addis Abeba »auf dem Dache Afrikas« einen Stützpunkt geschaffen hat, dass ihr wieder ein Zug im großen Schachspiel um die Vormacht in der Welt geglückt ist.

III
Stille und Einsamkeit

Bamian

Kabul ist der Name der Hauptstadt jenes entlegenen Berglandes Afghanistan im hohen Innern des südlichen Asien, das in letzter Zeit so viel von sich reden gemacht hat und noch weiter machen wird. Bevor es solchermaßen durch die Sowjets in den Mund der Leute gebracht wurde, bedeutete es für den normalen Mitteleuropäer nichts weiter als ein leeres Wort, vermittelte lediglich unbestimmt die Vorstellung eines kaum zu erreichenden, wegen seiner Räuber- und Stammesfehden kaum zu bereisenden Landes in mehr oder weniger mittelalterlichem Zustand ohne einen einzigen Kilometer Eisenbahn und ohne Straßen, wie sie von einem normalen, anständigen Automobil in unserer so fort-

geschrittenen Zeit mit Fug und Recht erwartet werden. Wer also nicht nur Reiselust verspürte, sondern auch noch genügend Geld im Beutel scheppern fühlte, der bezog Afghanistan schwerlich in seine Reisepläne ein.

Wer sich allerdings etwas intensiver mit jenem faszinierenden riesigen Bogen von Hochländern befasste, der ungeheuer und an keiner Stelle abreißend von etwa der Türkei über den Mittleren Osten nach Hochasien hinüberreicht, von wo er dann über den riesigen Westen des dort nicht mehr chinesischen China nach Norden wie nach Süden gleich einem sich ergießenden Füllhorn gewaltig auffächert – nach Norden bis hinauf zu den vulkanisch unruhigen Gebirgen Kamtschatkas, nach Süden vom hohen Tibet aus in die Bergländer von Yünnan, Indochina und Malaysia – wer da also lernte, den geografisch auf der Erde einmaligen Charakter der asiatischen Hochländer zu begreifen, der wurde zwangsläufig auf einen Abschnitt dieser sich im Himalaja zu höchsten Gipfeln aufsteilenden Bergwelt aufmerksam, in welchem sich der mächtige Bogen, bevor er sich nach Osten aufspaltet, noch einmal stark verengt, einschnürt: dort wo die Ketten des Hindukusch vom hohen Pamir und Karakorum westwärts ziehen.

An dieser Knotenstelle liegt Afghanistan, greift aus Hochebenen im Süden über den westwärts sich wieder verbreiternden Rücken des Hindukusch hinweg zu Hochebenen im Norden hinüber, in denen der mächtige Amu-Darja nach Nordwesten schließlich dem Aral-See zustrebt; dabei scheidet er im sowjetischen Bereich die turkmenische von der usbekischen Sowjetrepublik.

Afghanistan deckt also mit seinem Gebiet die allerengste Stelle in den Gebirgswällen, die Nordasien von Südasien abschließen, die Gebiete der Winterkälte von den schon tropisch bestimmten der Wärme und Monsun-Feuchte. Der nachdenkliche Betrachter wird sich sagen: Hier, wenn irgendwo, werden die wilden Reiter-völker aus den kargen, staubigen, kalten Steppen des Nordens den Weg in das warme, fruchtbare Indien am Sindh und Ganges gesucht haben. Denn auch in Asien sind die Altvorderen in die Wärme und Fülle des Südens gelockt worden, wie etwa in Europa die Germanen nach Italien und Spanien und ans Schwarze Meer. Die Geschichte bestätigt diese theoretisch zu gewinnende Einsicht. Über den Salang-Pass, der zum Amu-Darja nordwärts führt, und den Khaiber-Pass, der zum Sindh nach Süden leitet, sind wahrscheinlich schon die indogermanischen Eroberer ins reiche Indien vorgedrungen und festigten ihre Oberherrschaft, indem sie sich zur vornehmsten, überaus bevorrechtigten Kaste in Indien aufwarfen, der der Brahmanen.

Über diese afghanischen Pässe hinweg ist Alexander der Große nach Norden vorgestoßen, fand dort aber nichts vor, was seine Weltmachtgelüste verlockt hätte, nur karge Steppe mit gefährlich wilden, schwer zu fassenden Reitern. Er kehrte am Amu-Darja, dem Oxus der Alten, wieder um und suchte neuen Ruhm in wärmeren Gefilden bis zum Nil hinüber. Die Spuren der mazedonischen Griechen liegen heute noch in Afghanistan und im benachbarten Kaschmir deutlich zu Tage.

Dann haben sich die Mongolen aus den Hochsteppen des Nordens über die afghanischen Pässe nach Indien vorgekämpft und hier die Dynastien der Mogulen begründet. Mit ihnen fasste der Islam, wie schon in Afghanistan so auch in Indien, Fuß. Die hohe Lehre des größten und bedeutendsten Menschen der indischen Erde, jenes Königssohns, der zum Buddha wurde, ist zwischen der Lehre Mohammeds und der sich zähe bis heute behauptenden bunten Vielgötterei und -götzerei der altindischen Welt zerrieben worden; sie verschwand aus ihrem Heimatland Indien genauso wie aus Afghanistan, wo sie ebenfalls eine hohe Zeit erlebt hatte.

Der Mogul-Herrschaft boten dann die Engländer ein Paroli, die sich, diesmal von See her, Landschaft für Landschaft der Kontrolle Indiens bemächtigten. Die Engländer haben umgekehrt darauf bedacht sein müssen, die Passage aus dem Norden in ihr indisches Herrschaftsgebiet einzubeziehen.

Sie haben mehrfach versucht, Afghanistan zu besetzen und damit die Einfall-Pässe nach Indien zu beherrschen. Denn weiter im Norden war ein großes mächtiges Reich entstanden, das der russischen Zaren. Die Russen waren im Norden Asiens bereits bis zum Stillen Ozean vorgedrungen, hatten sein ganzes Nordwest-Ufer bis nach Alaska auf dem amerikanischen Kontinent unter ihre Kontrolle gebracht, wurden aber stärker noch wie einst die Mongolen von dem Drang nach Süden angetrieben, der Sehnsucht nach den warmen Meeren, die als ein Leitmotiv die ganze russische Geschichte durchzieht und heute zu einem Fortissimo anzuwachsen scheint. England musste also nach Möglichkeit die traditionelle Einfallspforte nach Süden und Südosten, eben Afghanistan, unter Kontrolle bringen, wenn es sich in Indien, Burma, Ceylon und Malaysia sicher fühlen wollte.

Aber die Afghanen wussten sich zu wehren. Sie erwachten zu nationalem Bewusstsein. Es gelang den Engländern trotz – für die damalige Zeit – weit überlegener Streitmacht nicht, sich durchzusetzen und die afghanischen Pässe auf die Dauer in ihre Hand zu bekommen, ja, sie mussten sogar nach vergeblichen Versuchen die Vernichtung ihres Expeditions-Korps hinnehmen.

Eine der ergreifendsten Balladen des großen Dichters aus der Zeit des englischen weltumspannenden Imperiums, des Rudyard Kipling, berichtet von diesem Untergang der fliehenden englischen Lanzenreiter im hochgehenden Kabul-Fluss, nach welchem die Hauptstadt ihren Namen trägt; der Kabul-Fluss stammt aus dem Innern Afghanistans, überquert abseits des Khaiber-Passes die Grenze zum heutigen Pakistan und strömt zum Sindh hinunter. »Kabul –, oh Kabul-river in the dark –!«, lautet der Refrain der Ballade – und bleibt im Ohr haften für alle Zeit.

Afghanistan war sich seiner selbst bewusst geworden und verstellte den Weg nach Norden für die Engländer ebenso wie den nach Süden für die Russen. England ist aus dem endlosen Schachspiel um Weltmachtgeltung ausgeschieden. Das islamische Indien hat sich als Pakistan vom übrigen Indien getrennt. Pakistan und Indien sind volkreiche Länder, sind aber arm, verwirrt und werden unzulänglich regiert. Die Sowjetunion stieg zur Weltmacht auf. Der uralt-russische Drang nach den warmen Meeren wühlt weiter in der politischen Seele Russlands. Auf asiatisch langatmige, vorsichtig kaschierte Weise haben die Russen sich sozusagen von unten, von hinten her in Afghanistan Einfluss verschafft. Als all diese langjährige, konsequente Vorarbeit gefährdet schien, haben sie zugreifen müssen, um sich genau, wie es die Engländer durch Jahrzehnte versucht hatten, ihren lange vorsichtig untermauerten Einfluss endgültig zu sichern. Im Zusammenhang der Geschichte dieser Gebiete um die Engstelle des Hindukusch war das russische Eingreifen völlig sinnvoll, von Russland aus gesehen sogar notwendig. Aber auch die Russen stießen wie vor hundert Jahren die Engländer auf den erbitterten und zähen Widerstand der Afghanen. Der Gott der Schlachten steht bekanntlich gemeinhin auf der Seite der stärkeren Bataillone. Diese sind auf der russischen Seite zu finden. Sicherlich aber werden die Russen noch viele Haare in der afghanischen Suppe finden. Auch ist der Zugang zu den warmen Meeren nicht mehr so wichtig, wie er einst war. Man kann zu ihnen auch hinüberspringen, nach Aden zum Beispiel oder nach Tripolis, nach Kuba oder nach Luanda.

Schon lange bevor – wie es heute geschehen ist – der Fall Afghanistan akut wurde (wahrscheinlich früher und auf andere Weise, als es der russischen Absicht entsprach), beunruhigte mich der Wunsch, aus der Nähe zu sehen, was sich unter Umständen dort anbahnte, dort, einem der ganz alten Zündpunkte des Weltgeschehens, die ja durchaus nicht immer so bekannt zu sein brauchen, wie etwa Suez, Gibraltar oder Singapur.

So wollte ich vor allen Dingen zum Beispiel wissen, ob die Russen tatsächlich den Afghanen, aber auch sich selbst, die gute Straße vom russischen Termez über den Amu-Darja nach der ersten größeren Stadt auf afghanischem Boden, Mazar-i-Sharif und weiter übers Gebirge mit dem Salang-Pass nach Kabul ausgebaut hatten.

Sie hatten. Von bedeutendem Warenverkehr aus dem sowjetischen Tadschikistan nach Afghanistan konnte keine Rede sein, so brauchbar für die Wirtschaft des afghanischen Nordens die Straße auch sein mochte. Auch war es den afghanischen Stellen in Kabul gar nicht recht, dass ich über den Hindukusch hinaus, am Fluss Khulm zur nördlichen Abdachung des Gebirges hinuntergondeln wollte, möglichst bis zur russischen Grenze. Sie empfahlen mir stattdessen, den Ghorband aufwärts und über den Shibar-Pass in die Bamian-Gegend zu fahren, wo ich unvergessliche Eindrücke sammeln würde – bei Mazar-i-Sharif wäre ohnehin nicht viel zu sehen.

Bamian stand sowieso auf meinem Programm, wenn auch nur als Nebensache, als bloße »Sehenswürdigkeit«, und war mit einem Fragezeichen versehen. Entgegen aller Erwartung aber wurden die zwei Tage und zwei Nächte in Bamian zu dem einzigen Erlebnis meiner vielen afghanischen Wochen und Monate, das mir für immer in die Erinnerung eingegangen ist.

Die Gebirge im zentralen Hindukusch bieten sich kahl mit nur magerem Pflanzenwuchs, sehr schroff und drohend hoch dem Reisenden dar. Mein Jeep mit dem wegekundigen afghanischen Fahrer aus Kabul hatte sich über grobes Geröll, über versandete Auswaschungen, über unverständlich tiefe Löcher in der so genannten Straße zu quälen. Wir trafen kein Auto, keinen Reiter oder Wanderer mehr, nachdem wir erst einmal hinter Charikar ins Ghorband-Tal abgebogen waren. Bis wir uns dann hinter einer Felsnase plötzlich in einem wandernden Nomadenstamm festfuhren, was übel hätte ausgehen können. Aber wir konnten gerade noch rechtzeitig innehalten, ehe wir einem Kamel oder Esel in die Flanke krachten.

Die langgliedrigen, hageren Männer waren alle bewaffnet, trugen lange persische Dolche in geschmückten Scheiden am Gürtel; und allen hing eine Flinte über der Schulter mit langem Lauf und hier und da in Elfenbein und Silber ausgelegtem Kolben. Auf langhalsigen, missmutig wie stets und beleidigt dreinschauenden Kamelen hockten unter schwankenden Baldachinen, die vor der harten Sonne schützen sollten, die Frauen der Vornehmen, manche mit einem Säugling in den Armen und einem Kleinkind zwischen den Beinen. Sie ließen sich vom wiegenden Schritt der Kamele schaukeln, und ich meinte, die vielen Silberreifen an ihren Handgelenken und die Gehänge an ihren Ohren metallisch lispeln zu hören.

Barfüßige, halb nackte Burschen und bis zu den Knöcheln in staubigen Kattun gehüllte Mädchen, ärmeres Volk wahrscheinlich, trieben die Ziegen und Schafe vorwärts, die stets geneigt schienen, wegen eines einzigen essbaren Hälmchens oder Kräutchens an der zerschrundeten Straße aus der Reihe zu tanzen. Anderes Volk hielt die Packesel im Gange oder führte die Lastkamele.

Eile schien den guten Leuten ein unbekannter Begriff zu sein und etwaige Vorrechte des fahrenden Verkehrs erst recht. Wir staken einfach fest in dem großen, ohne jede erkennbare Ordnung uns entgegenziehenden Schwarm, hatten an die zwanzig Minuten zu warten, ehe wir uns wieder fortbewegen konnten.

Ich vermochte keine Freundlichkeit in den Blicken der Männer zu entdecken, die ohne Gruß an unserem Fahrzeug vorüberzogen. Nur einige wenige von ihnen waren beritten. Sie blickten uns aus schwarzen Augen über den Adlernasen unter gerunzelten Brauen ernst und misstrauisch an. Der Jeep kam aus Kabul, der Hauptstadt, vom Sitz der Regierung, die sich manchmal wichtig machte oder gar Steuern beanspruchte. Ich konnte mich des unerfreulichen Gefühls nicht erwehren, dass wir bei der geringsten falschen Bewegung oder Bemerkung übel drangewesen wären. Wir waren in diesem Gebiet nur geduldet. Auch der afghanische Fahrer atmete hörbar auf, als uns der Stamm endlich hinter sich zurückließ und er wieder Gas geben konnte.

Hinauf und hinauf über den fast dreitausend Meter hohen Pass! Und da ist auch schon das Bächlein, das nicht mehr uns entgegen, sondern nun mit uns läuft; es wird schnell breiter und stärker und schäumt über längst rundgewaschene Felsen talwärts – schäumt einem Tal zu, das sich nach der kargen, braunen, staubigen Öde, die uns im Gebirge einmauerte, grün und heiter öffnet. Aber ich erkenne bald, dass diese Heiterkeit nur im Vergleich mit der eben durchfahrenen Felsenwüste als solche erscheint. Die Reste alter Bewässerungskanäle zeichnen sich im Talgrund ab. Reihen von alten, hohen Pappeln beweisen, dass hier Menschen am Werke waren. Aber die Hütten am Wege stehen leer; sie zerbröckeln wieder zu dem gelben Lehm, aus dem sie einst gebacken wurden. Kein Mensch weit und breit! Niemand, der auf den hochverkrauteten Äckern arbeitet! Wo sind sie alle hin, die Leute, die hier gelebt haben müssen? Mein Fahrer weiß es auch nicht. Vielleicht will er es nur nicht wissen. Das Tal ist tot …

Ist ein Tal der Toten. Denn allmählich, je weiter wir eindringen, desto deutlicher erkenne ich, dass die vielleicht zwei- oder dreihundert Meter hohe, so gut wie senkrechte Felswand, die das Tal jenseits des Flüsschens begrenzt, das sich in seiner Mitte entlangschlängelt, zu unzähligen Grotten, zu Nischen, kleinen und weit größeren, ja haushohen, ausgehöhlt ist, die, von außen betrachtet, keine Verbindung miteinander haben, also vom Innern der Felsenmauer her gegraben sein müssen.

Und in jeder dieser wohl über hundert, vielleicht sogar an die tausend Nischen, sitzt, steht oder liegt eine starre Figur aus dem Stein des Berges herausgehauen, mit ihm noch verwachsen – und jede einzelne dieser Figuren stellt den Buddha dar, den Erleuchteten, in all den Stellungen, in welcher die Tradition ihn abbildet – zumeist im »Lotussitz« mit übereinander gefalteten Beinen starr geradeaus blickend, die Hände flach mit den Flächen nach oben ineinander legend, aufrechten Hauptes, in Meditation versunken, schon dem Nichtsein hingegeben.

Buddhas über, unter, neben Buddhas, alle aus dem gleichen Gestein des Gebirges, aber jeder für sich allein in seiner Grotte, aus aberhundert steinernen Augen über das Tal hinwegschauend, in diese Welt des Steins gebannt – und doch nicht mehr von dieser Welt.

Aber wo sind die Einsiedlermönche hin, die sich da drüben im Berg aus weichem Gestein ein Labyrinth von Gängen gewühlt und gemeißelt haben, um noch eine und immer noch eine Stelle im Antlitz der langen und hohen Bergwand zu finden, wo ihnen Platz blieb, abermals eine Nische auszuhöhlen, sich aus dem Berg hervorgrabend, um darin dem Erlauchten das hundertste oder tausendste Standbild zu setzen und fortab, versunken in seine Lehre und seine Gebote, das Ende ihrer irdischen Tage abzuwarten, an dem ihnen, wenn sie sich wirklich aller Begierden und Lüste entledigt hatten, das Hinübergleiten ins Nirvana, das wunschlose Nichtsein, gewährt sein würde?

Das Tal ist menschenleer. Die Mönche in safrangelben Kutten, die Scharen der Wallfahrer, die Gruppen frommer Beter, aber auch die Menge der Händler und Hausierer mit Andenken und Amuletten, die Garküchen, die hundert Herbergen im Tal für Arm und Reich, auch die leise Rotte der Taschendiebe, die laute der Gaukler und Wahrsager, die gewiss nicht kleine Gemeinschaft der Leutpriester, die sich der Bedürfnisse des einfachen Volkes annahmen, das von weither angewandert war, und getröstet und belehrt werden wollte – alles dahin, vergangen, vergessen! Kaum einer der wenigen Menschen in den Nachbartälern weiß noch, was die unzähligen Figuren im Stein bedeuten. Götzen sind es. Allah ist Allah, und Mohammed ist sein Prophet. Es gibt keinen Gott außer Allah!

Als vor tausend Jahren der Islam in diese fromme, friedliche Welt einbrach und sie mit Feuer und Schwert vernichtete, wie der Prophet befohlen hatte, wurde das damals vorausgegangene Jahrtausend fortgewischt, als hätte es gar nicht existiert.

Buddha starb in diesem wohl äußersten westlichen Vorposten der indisch-buddhistischen Welt, wie dann auch in Indien selbst. Nur im fernen Burma im Osten, in Thailand, verwandelt auch in Tibet und China, zu hoher Blüte gebracht in Japan, blieb er am Leben und lebt noch heute.

Wie viel Geduld, wie viel Arbeit im Gebirge war aufgebracht worden, um in Jahrhunderten den Fels zu durchgraben und ihm die unzähligen Buddhastatuen abzuringen! Alles vergeblich, alles umsonst!

In der Nacht, die auf diesen Tag folgte, und wieder in der nächsten war ich vollkommen allein, mit mir, dem menschenleeren Tal, der Bergwand auf der gegenüberliegenden Seite, der nur spärlich begrünten Senke zu meinen Füßen, durch die sich längs eines Gewässers lockere Galerien von hohen Pappeln zogen, war allein mit den hundert kleinen und auch haushohen, aus dem Fels gehauenen Buddhastatuen, die starr und stumm in bewegungs- und wortloser Versenkung aus toten, steinernen Augen zu mir herüberstarrten.

Denn ich hatte wie vorgesehen Quartier bezogen in einem bescheidenen Gasthaus auf hohem Vorgebirge, das anscheinend früher einmal, als noch richtige Könige in Afghanistan regierten, ein ganz passables Hotel gewesen war. Jetzt waren die Könige dahin, und die Staatsbesucher, die man früher vielleicht hierher geleitet hatte, um ihnen dies wahrlich einzigartige Bergtal im hohen, leeren Hindukusch vorzuführen, die Staatsbesucher von jetzt brauchten nicht mehr »königlich« empfangen und unterhalten zu werden, und es kam kaum noch jemand hierher außer ein paar Verrückten meiner Couleur. Und die Zeit, in der dann »Abenteuerreisen« zur Osterinsel, zum Südpolareis oder nach Timbuktu in schön gedruckten Prospekten von tüchtigen Reisebüros angeboten wurden und werden, war noch nicht angebrochen.

Bamian hat wahrscheinlich nie unter diesen »Abenteuerzielen« figuriert. Denn die nun schon seit vielen Jahren anhaltende politische Unruhe und Unsicherheit im Lande lud nicht dazu ein, ältere Damen aus Pforzheim oder Solingen-Ohligs der Gefahr auszusetzen, ihr Leben als Gefangene wilder Bergstämme zu beschließen.

Ich hatte eine Zeitspanne verhältnismäßiger Ruhe erwischt und sah das Tal, wie es vielleicht schon einst Alexander der Große gesehen hat, als er über den Hindukusch nach Norden zum Oxus zog.

Das Gasthaus auf dem Bergesvorsprung war halb verfallen, der Garten ringsum märchenwild verwuchert; nur wenige Zimmer, in welchen man offenbar die noch brauchbaren Möbel vereint hatte, waren noch zu benutzen, genügten aber bescheidenen Ansprüchen durchaus. Ein halbwegs europäisch gekleideter Mann kümmerte sich im Auftrag der Regierung um die kaum noch beanspruchte Herberge, hatte mir sogar ein leidliches Abendessen, bestehend aus Hammelkeule und scharf gewürztem Reis, vorgesetzt, zeigte mir, wo ich mir weiteres Wasser holen konnte, falls das mir aufs Zimmer gestellte nicht ausreiche – und bat dann, sich bis zum nächsten Morgen empfehlen zu dürfen, denn er wohnte nicht im Tal – niemand überhaupt wohnte im Tal, schon gar nicht des Nachts –; er hätte Dringendes für sein Haus und seine Familie zu erledigen. Am Morgen würde er sich wieder einfinden.

Und auch mein Fahrer erschien gleich darauf: Auch er würde vor Einbruch der vollen Nacht das Tal verlassen; er hätte Verwandte auf der anderen Seite des Berges und hätte gern die Gelegenheit benutzt, einige Geschäfte zu regeln; er stammte aus dieser Gegend; Wünsche hätte ich wohl keine mehr; ich wäre hier vollkommen sicher, und am kommenden Morgen wäre er mit dem Jeep zuverlässig wieder zur Stelle.

Ich sah natürlich ein, dass die beiden mir durchaus behagenden Männer Anspruch auf ihr Privatleben hatten. Beides waren aufrechte, ehrliche Menschen, wie man sie unter den Bergstämmen häufig, ja überwiegend findet; beide waren auf eine ungezwungene Weise höflich und zugleich stolz; gewiss, kränken oder als bloße Diener behandeln durfte man sie nicht. Das lag mir auch völlig fern. Außerdem war die Aussicht, die Nacht ganz nach meinem Belieben auf meiner Bergeshöh verbringen zu können, Haus und Garten, Berg und Tal für mich allein zu haben, dies war auf sonderbare Weise verlockend.

Ich hörte das Auto mit den beiden davonrattern und sah es fünf Minuten später, schon spielzeugklein, im Abendlicht in der Tiefe des Tals bergab entschwinden, eine ockerfarbene Staubwolke hinter sich herschleppend, die sachte beiseite zog und verging. Im Tal von Bamian war ich nun das einzige menschliche Wesen. Doch fiel mir ein: Die zwei wackeren Männer hatten sicher nicht so sehr wegen ihrer Familienangelegenheiten dem Tal für die Nacht den Rücken gekehrt. Beide waren gute Mohammedaner; in diesem Tal mit den vielen aus der Bergwand hervortretenden, starr blickenden Figuren gehen Geister um, Gehilfen des Schaitans sicherlich; vielleicht ist sogar der islamische Teufel persönlich unterwegs. Mag der Fremde aus dem Abendland sich auf eigene Faust mit den toten Götzen abgeben; von Menschen darf man kein Bildnis anfertigen und von Allah erst recht nicht. Wir machen uns für die nächtlichen Geisterstunden lieber aus dem Staube.

Es war noch hell, als meine beiden Betreuer abrauschten; zum Schlafengehen war es noch zu früh; ich fühlte mich jedoch nach dem langen Tag sehr abgespannt und legte mich »für zwanzig Minuten« aufs Bett, um mich etwas auszuruhen. Später wollte ich im Freien die Abendkühle genießen.

Aber ich muss erschöpfter gewesen sein, als ich hatte wahrhaben wollen. Ich fiel, ohne mich richtig ausgezogen zu haben, sofort in einen tiefen Schlaf. –

Ich schreckte hoch, wusste im ersten Augenblick gar nicht, wo ich mich befand, sank dann aber noch für eine Weile zurück. Ach so, ja, in Bamian, in der alten Herberge, die einst bessere Tage gesehen hatte, allein im ganzen weiten Tal von Bamian im hohen Hindukusch – allein mit den Geistern der Vergangenheit.

Nun, die tun einem relativ braven Mitteleuropäer, dem weder Buddha noch Mohammed viel bedeuten, gewiss nichts Böses an. Ich streckte mich noch einmal und lauschte.

Nichts! Es war vollkommen still. Was ich allein vernahm in meinen Ohren wie eine ganz fern und ganz sachte angeschlagene dunkle Pauke, war der Schlag meines eigenen Herzens.

Durch das weit geöffnete Fenster drang wunderbare Kühle, ein ganz zarter, vielleicht nur eingebildeter Duft nach – ja, wonach? Nach Bergen, nach dem verwilderten Garten unter meinem Fenster, nach dem bescheidenen Flüsschen im Tal? Von all dem ein wenig sicherlich, aber, um es in einem Wort zu sagen: nach unverletzter Einsamkeit.

Ich erkannte von meinem Bett aus, dass draußen der Mond aufgegangen war. Zwei Tage zuvor war Vollmond gewesen; es musste jetzt bereits auf Mitternacht gehen. Seit ich angefangen hatte, zu lauschen und ungefähr die Zeit zu berechnen, war ich wieder ganz wach. Ich ging ans Fenster. Ach, welch wunderbare Nacht! Ich musste ins Freie gelangen, in den Garten, auf die steinerne Bank, wo ich die Felswand mit den Statuen auf der fernen Seite des Tals in ihrer vollen Breite vor Augen hatte. Es war, als wäre ich ganz allein auf der Welt.

Der Mond erfüllte das totenstille Tal mit einem allerfeinsten Gespinst aus Silberfäden. Es lag wohl doch ein wenig Feuchtigkeit in der Luft, nicht genug für echten Nebel; aber es reichte, um die Luft aufs Zarteste irisieren zu lassen, als wollte sich ein Mondregenbogen entwickeln; doch dazu kam es nicht.

Es regte sich kein einziges Blatt. Nicht das leiseste Lüftchen rührte sich. Die Gebüsche neben mir waren schwarze, aus dem Nachthimmel gefallene Wolken. Das brüchige Haus hinter mir hatte sich zu einer lautlos den Hintergrund verhängenden Kulisse entwandelt, lag dunkel und stumm. Die Bank, auf der ich saß, stand ungeschützt dicht am Absturz in die Tiefe; gut, dass ich ihren Standort noch bei vollem Tageslicht kennen gelernt hatte.

Doch war es noch etwas anderes, das mich völlig gefangen nahm und das mir diese Nacht im tiefsten Asien unvergesslich gemacht hat. Das volle Licht des Mondes lag auf der Bergwand an der anderen Seite des Tals, dieser Felsenwand, in welcher, jeder in seiner Nische für sich, die Buddhas saßen oder standen. Sie rührten sich nicht. Doch schien ihnen das Mondlicht ein zauberisches Leben einzuhauchen. Ich meinte, die Statuen Gebete murmeln zu hören. Ich meinte, zu vernehmen, wie die frommen Meditationen hinter den steinernen Stirnen raschelten, vergeblich flüsterten wie schon seit tausend Jahren – und niemand hörte mehr zu. Kein Weihrauch, kein lichter Dunst von ehrfürchtigen Anrufungen dringt mehr zu ihnen hinauf, kein bittendes, liebendes Herz schlägt ihnen mehr entgegen – und sind doch alle einmal entstanden aus der Hingabe an das ewige Sein, das dem Nichtsein zustrebt, in welchem sich der Erleuchtete, der hundertfach aus dem Berge gemeißelte, bereits befindet.

Ich war ganz allein auf der Welt mit hundert gestorbenen Buddhas in einem weit weltab gelegenen Tal und in einem Gebirge, das nur wenigen und nur dem fremdartigen Namen nach bekannt ist. –

Inmitten der gewaltigen Bergwand erhebt sich als größtes Standbild unter all den sitzenden weit über haushoch ein stehender Buddha. Ihn hatte ich von meinem Sitzplatz aus gerade vor Augen. War es das unsichere Mondlicht, das mich verwirrte, oder ein Nebelschleier, der da vorüberflog? Es kam mir plötzlich so vor, als bewegte dieser steinerne Buddha sein starres Haupt, als zuckten seine Hände in unterdrückter Erregung. Dass es nicht sein konnte, wusste ich, aber ich starrte doch hinüber wie gebannt; hatte schließlich die Augen zu schließen und ärgerlich den Kopf zu schütteln, denn ich narre mich nicht gerne selber. Es dauerte eine ganze Weile, ehe ich des täuschenden Eindrucks Herr wurde.

Ich wunderte mich nicht mehr, dass die Einheimischen dies Tal des Nachts mieden. Es war verwunschen.

In der vollkommenen Einsamkeit lebten nur noch die Toten, summte leise wie in einer Meeresmuschel der Nachhall lang vergessener, heute keinem Menschen mehr begreiflicher Hingabe an Geist, an Glauben und eine aus eigener Kraft zu erringende Verklärung.

Nach einer Stunde oder zwei fing ich zu frieren an. Das Leibliche machte sich geltend gegenüber aller Versenkung. Und als ich dann gähnen musste, ausgiebig, und mich schütteln musste, weil ich ganz durchkältet war, fand meine Fahrt auf dem dunklen, schönen Strom vollkommener Einsamkeit ihr wie immer alltägliches, nichts sagendes Ende: Ich musste mich ins Bett unter die wärmenden Decken verfügen – und schlief bis in den hohen Morgen, schlief, bis der Hausverwalter mir etwas Ähnliches wie ein englisches Frühstück aufs Zimmer brachte.

Goodhouse

Besteht nicht vielleicht einer der – möglicherweise unbewuss-
ten – Antriebe, von welchen manche Menschen auf große Reisen ausgesandt werden, darin, dass viele der Leute unserer Zeit
Sehnsucht empfinden nach der großen Stille, der reinen, unver-
sehrten Einsamkeit? Sind wir doch alle heute von dauerndem
Lärm, Motorengetöse, endlosem Gerede, erstickend schwellen-
der Bilderfülle umzingelt und finden kaum noch Zeit, etwa in
uns selber hineinzuforschen, wo vielleicht Entscheidendes vor-
geht. Und der wirre Lärm, der uns Gegenwärtige unablässig um-
brandet, ist selbst dann nicht gestillt, wenn wir nachts um vier
Uhr in einer Seitenstraße der Großstadt erwachen und nichts

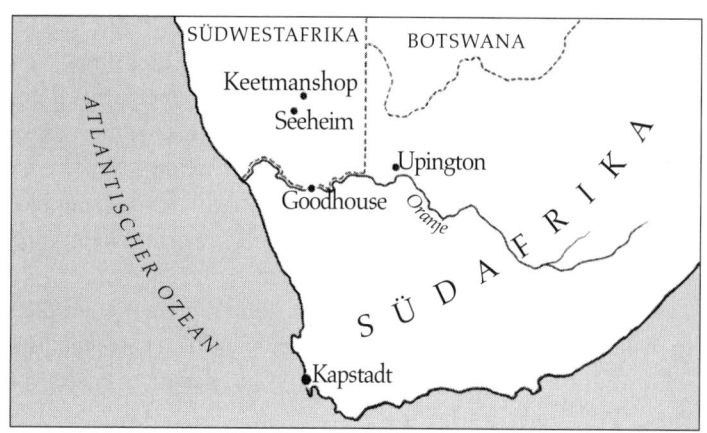

weiter mehr zu vernehmen ist als, sehr fern und sehr gedämpft, der kreischende Heulton der Sirene eines Polizeiautos. Der Lärm hat nicht aufgehört; der Atem von hunderttausend Schläfern in den Häusern weit umher, das grelle Licht der Straßenlampen, durch das die Nacht aufgehoben wird, der Strom in abertausend Drähten, das Wasser in den Leitungen, die Abgase aus den Heizungen – alles ist nach wie vor im Gange und vereint sich zu einem niemals ruhenden, sozusagen lautlosen Lärm – auch morgens früh um vier Uhr – man braucht nur aufmerksam hinzuhorchen, sich ein wenig vom Alltäglichen zu lösen.

Und je stärker sich unsere Welt verstädtert, desto dringender wird für Empfindsame das Verlangen, endlich einmal wieder allein zu sein, wahrhafte Ruhe und Einsamkeit um sich her zu spüren, dem ewigen Lärm zu entgehen und den leisen Stimmen in der eigenen Tiefe endlich einmal zuhören zu können.

Ich für mein Teil werde zuweilen von der beinahe krankhaft zu nennenden Sucht überfallen, das anspruchsvoll schnatternde Getriebe des Alltags meilenweit hinter mir zu lassen und irgendwohin zu fahren, wo man des Nachts nichts weiter hört als etwa das Wehen des Windes, das Rauschen der Bäume oder – wenn es das Schicksal besonders gut meint – das ferne Raunen einer Brandung oder das eintönige gleichmütige Lied eines Wasserfalls – wo die Sterne nicht vom Schein der Bogenlampen und Straßenlaternen, dem weißen Schimmer der nächsten Stadt zu wenigen jämmerlichen Lichtpünktchen entwürdigt werden, wo der Mond seine silbernen Fäden über das schlafende Land hinwegspannen kann, ohne dass sie vom Scheinwerfer eines Autos oder einer Lokomotive zerrissen werden –

wo die Tage strahlen in Sonnenglanz und reinem, tiefem Blau, in welchem Schönwetter-Wolkentürme lockig schweben und schimmern in einem allerweißesten Weiß, das nicht mehr von dieser Welt zu sein scheint –

und wo dann die Ohren nichts weiter vernehmen als die Stimmen der Vögel, die Melodien der bewegten Luft im Gesträuch und Gezweig. Die Lispellieder der schwankenden, hohen Gräser, zu denen eine große Hummel oder die Bienen gelegentlich den Kontrabass streichen oder ein Violoncell. Aber solche Paradiese der Stille und Einsamkeit werden den Menschen des Westens kaum noch gewährt – und wenn er sie doch einmal gefunden zu haben glaubt, an der Nordsee, im Schwarzwald, im Salzburger Land, so bleibt ihm das Glück der vollendeten Entspannung verweigert, denn im Hintergrund beharrt das Bewusstsein, bleibt dem Empfindlichen stets gegenwärtig, dass ringsum das Getöse, der chaotische Lärm weitergeht. Er hat sich sozusagen nur auf ein Inselchen im Meer des unaufhörlichen Lärms gerettet, während er in Wahrheit danach verlangte, jene nur noch zu ahnende Welt zurückzugewinnen, in welcher nichts weiter als die freundliche Stimme, das leise Geflüster des natürlichen Lebens zu vernehmen ist, während sich ringsum das unermessliche Meer menschenferner Ruhe und Einsamkeit in die Ewigkeit dehnt. –

Ich habe sie niemals bewusst angesteuert, die Ozeane der Stille, habe sie nie gesucht. Aber ich fand sie doch von Zeit zu Zeit, auf allen Kontinenten, selbst im überfüllten Europa. Ich nahm es dann mit allen Sinnen auf, wie herrlich unser alter, guter Dunkelstern Erde sich dargeboten haben muss, als er noch nicht von allzu schnell sich vermehrender und allzu gierig sich befriedigender Menschheit hundertfach gekränkt wurde. Diese Erlebnisse fielen mir zumeist – wie in Bamian – vom Himmel, irgendwo, irgendwann; ich brauchte sie nur wahrzunehmen und aufzuheben. Und habe sie nie wieder vergessen.

Ich wollte, da ich es eilig hatte, möglichst in einem Tag von Springbok aus Mariental erreichen, dazu sind über Grünau an die siebenhundert Kilometer zurückzulegen. Grünau, Mariental

– das klingt, als wenn's in Franken wäre oder in Hessen. So ist es aber nicht. Springbok liegt noch auf der südafrikanischen Seite der Grenze, aber Grünau und Mariental liegen nördlich davon in Südwestafrika, das heute »Namibia« zu nennen man sich beinahe schon gewöhnt hat, obgleich die Leute im Lande selbst bisher nichts dergleichen beschlossen haben.

Damals vor dem Zweiten Weltkrieg, als ich zum zweiten Mal auf einer langen Reise auf meine Manier Schwarzafrika erkundete (das heißt das Afrika ohne die afrikanischen Länder am Mittelmeer), hatte sich noch niemand einfallen lassen, Südwestafrika nach seiner sterilen, praktisch völlig leeren Küstenwüste, der Namib, umzubenennen.

Ich weiß nicht, wie die Straßen im nordwestlichen Kapland, durch das ich über Bitterfontein nordwärts gefahren war, heute aussehen. Neuere Karten geben eine mit dem Auto gut befahrbare Allwetterstraße an – und das wird wohl stimmen, wenn ich auch kaum noch einmal dazu kommen werde, die »Allwetter«-Straße in der Regenzeit auszuprobieren. Allerdings, je weiter nach Norden, desto weniger kann man sich, selbst in der »nassen« Zeit des Jahres, im Südsommer, also von etwa Weihnachten bis April, auf Regen verlassen. Die Küstenwüste Namib sendet ihre Ausläufer – je näher am Meer, desto ausgiebiger – nach Süden weit ins westliche Kapland.

Die gebahnte Straße hatte sich schon wenige hundert Kilometer hinter Kapstadt und Piketberg mehr oder weniger in Wohlgefallen aufgelöst und war dann ins Tal des Olifantsflusses hinuntergestiegen. Schließlich bestand sie nur noch in einer leidlich von gröbstem Geröll befreiten Räderspur, die vor dem Wagen her durch die immer dürrer und steiniger werdende Wildnis zog, sehr verlässlich übrigens, denn die wenigen Abzweigungen zu entlegenen Farmen oder Minen waren durch meist sehr verwitterte, simple Wegweiser gekennzeichnet.

Bis Springbok war ich leidlich vorangekommen, auch dort noch, wo die Straße nur aus zwei schmalen Fahrstreifen im Sand oder Geröll bestand. Das so genannte Hotel in Springbok hatte sich als die klägliche Enttäuschung erwiesen, die ich erwartet hatte. Unfreundliche, sonderbar misstrauische burische Wirtsleute! Und das Essen ein ungenießbarer Fraß! Doch solches bekümmert mich wenig. Man lernt daraus! Vielleicht wurde ich nur deshalb so ablehnend behandelt, weil ich das Afrikaans, die aus dem holländischen abgeleitete Sprache der Buren, nicht verstand und mich des Englischen bediente, der zweiten Staatssprache in Südafrika. Und die Buren blieben den Engländern seit dem für sie verlorenen »Burenkrieg« zu Beginn dieses Jahrhunderts gram und sind es noch heute – was zu verstehen ist, wenn man sich der bösen, alten Umstände vor achtzig Jahren erinnert.

Hinter Ookiep war ich nach Nordosten abgebogen. Die heutige, wahrscheinlich sehr viel bessere Straße über Vioolsdrif gab es damals nur andeutungsweise. Ich aber musste Goodhouse ansteuern, am Nordrand des »Kleinen Namaqualandes« gelegen, denn dort allein gab es, wie man mir versichert hatte, eine einigermaßen brauchbare Wagen- oder Autofähre über den mächtigen Grenzstrom Oranje zwischen der Republik Südafrika (damals noch Südafrikanische Union) und Südwestafrika. Die einzige Brücke führte weit im Osten bei Upington über den Oranje; sie wäre für mich nur über einen Umweg von achthundert Kilometern zu erreichen gewesen, durch das menschenleere Bushmanland, wo stecken zu bleiben oder eine Panne zu haben sich durchaus nicht empfahl. Über das Namaqualand stracks nach Norden zu fahren, um die entwickelten Gebiete in Zentral-Südwest zu erreichen, war schon riskant genug. Im Bushmanland gab's kein Benzin und erst recht keine Hilfe, sollte man ihrer bedürfen. Ich hatte also gar keine andere Wahl, als auf Goodhouse zu fahren. Die Fähre dort über den Oranje sollte einem Deutschen gehören. Einem Landsmann mochte ich nicht zutrauen, sich einer Fähre zu rühmen, die womöglich nicht funktionierte.

Durchs Namaqualand auf Goodhouse, zweihundert Kilometer durchs Nichts! Keine Menschenseele weit und breit! Der Weg über weite Strecken nur zu ahnen, denn im Geröll und auf endlos übereinander dachenden, flachen Felsenplatten hinterlassen die Fahrzeuge nur wenige deutliche Spuren. Und doch verfuhr man sich nicht, denn die Auswahl an überhaupt befahrbaren Strecken war äußerst gering.

Karg bebuschtes Land, hier und da ein paar Placken kümmerlichen gelben Grases. Die harte, sengende Sonne der trockenen, der »kalten Zeit« lässt nicht vermuten, dass die Nächte sehr kalt werden, manchmal bis unter null; gegen Mittag aber wird die Motorhaube des Autos von dem gnadenlosen Gestirn so erhitzt, dass man sich darauf sein Setzei braten kann. Die Felsenplatten unter den Rädern am Nachmittag sind glühend heiß; man verbrennt sich die Haut an ihnen. Der scharfe Wind scheint aus einem glühenden Ofen zu kommen. Der Gedanke »wenn ein Reifen platzt bei dieser Glut –!« wurde zu einer Art Albdruck. Aber es blieb nichts weiter übrig, als auf das Wohlwollen, das schon oft bewährte, des Schicksals zu hoffen und eben weiterzufahren. Es platzte auch kein Reifen, nichts ging schief, die dürre, felsige Weite dehnte sich rings umher, von wenigen dürftigen Gesträuchen nur unvollkommen »belebt«, weit von mir fort, ein Land der Klippen – Marmorklippen vielleicht; mit den Gesteinsarten bin ich mein Leben lang nicht ins Reine gekommen –, öde, menschenleer, von »Buschmännern«, wie der Name verhieß, keine leiseste Spur, sandig auf lange Strecken oder auch, weniger erfreulich, mit grobem, hellfarbigem Geröll bedeckt, aber doch nicht ganz kahl, nicht vollkommen wüstenhaft, denn überall, wo sich ein wenig Bodenkrume hatte ansammeln können, wo das Wasser der seltenen Regen zusammenlief, stand Gras an und, wie gesagt, kärgliches Kraut. Ab und zu flog auch ein Vogel durch die vor Hitze wabernde Luft. Das Leben ist sehr bescheiden, vor allem aber unheimlich zähe.

Und mit der Zeit bemächtigte sich meiner in dieser kargen, unwegsamen Welt ein seltsames Gefühl der Gehobenheit, als hätte mir ein Gott eine besondere Gunst erwiesen, die ich weder erbeten noch verdient hatte; es war wie ein leichter Rausch. Das Außenthermometer am Auto zeigte zweiundvierzig Grad im Schatten und in der Bewegung. Aber das war wie Sekt. Die Luft war völlig trocken. Ich wunderte mich, dass ich überhaupt nicht schwitzte. Der von der Haut ausgeschiedene Schweiß verdunstete sofort. Die Stirn blieb trocken.

Und hatte ich je irgendwo eine so ungemeine Klarheit der Luft erlebt? Die kantigen Hügel und Schroffen dieser seltsamen Landschaft aus Stein und Gras und Sand waren wie mit allerhärtestem Stichel umrissen; jede Falte, jede Spalte im Gestein zeichnete sich glasklar ab, noch in letzter Ferne am Horizont.

Und über allem hob sich die ungeheure Kuppel des Himmels in so ungemein starkem, tiefem Blau, dass es wie ein Wunder gegen alle Vernunft anmutete, wie unter so dunklem Blau solch eine strahlende Überfülle an Licht ausgegossen sein konnte.

Ich fuhr und fuhr durch den ungeheuren Glast, tauchte in flache Schluchten, erklomm steile Geländestufen, stets dankbar dafür, dass an ihren Flanken die Straße deutlich eingekerbt war, dass ich mich also noch auf dem richtigen Wege befand, jenem Wege, der über weite Abschnitte nur schlecht auf dem harten Untergrund auszumachen war, bedurfte er doch keiner künstlichen Befestigung, auf dem Weg also nach Goodhouse, dem Ort, wo die einzige Wagenfähre über den Oranje führen sollte.

Längst war ich in jenen halb geistesabwesenden Zustand verfallen, in dem der Autofahrer nur noch zu einem Teil seiner

Maschine wird, lenkt, schaltet, bremst, beschleunigt, ohne nachzudenken, ganz mechanisch, präzise zwar, aber nur noch wie ein computergesteuerter Automat auf die Anforderungen der Straße reagiert.

Aus solcher Versunkenheit wurde ich aufgeschreckt, als mich der Weg eine sanft ansteigende steinige Fläche hinaufgeführt hatte, auf der Höhe sich aber nicht eine sachte Senke vor mir öffnete, wie ich sie schon dutzendfach durchfahren hatte. Stattdessen brach die Fläche erschreckend schroff und übergangslos ab, hinunter in ein tief eingesenktes breites Tal, das auf der fernen Gegenseite durch ein ebenso schroff aufragendes anderes Ufer begrenzt wurde. In der Tiefe aber wälzte er sich heran von Osten, der mächtige, schon lange erwartete Strom, der Oranje, gelb und wallend. Ich hatte sie endlich erreicht, die Grenze zwischen Süd- und Südwestafrika. Ein schwarzer Prahm ließ sich erkennen am diesseitigen Ufer – und am jenseitigen eine schräg in die beinahe senkrechte, wohl über fünfzig Meter hohe Uferwand geschnittene, wie mit dem Lineal gezogene Zeile: die Straße, die von der Landestelle der Fähre auf die Südwester Hochfläche hinaufführte. Und ich sagte mir gleich: Wenn sie sandig ist da drüben, die Rampe, wird sie mir einiges zu schaffen machen.

Aber das war eine spätere Sorge. Zunächst einmal musste ich den Herrn der Fähre ausfindig machen, besagten Herrn Weidner, einen der Pioniere dieses abweisenden Erdenwinkels, der im Oranjetal, wie man mir versichert hatte, sich ein wahres, wenn auch entlegenes Paradies geschaffen hatte.

Nicht immer stimmen solche Voraussagen. Doch da am Oranje wurde ich nicht enttäuscht. Von meinem hohen Standort genoss ich einen weit reichenden Überblick. Auf dem linken, dem Südufer des Stroms, dehnten sich flussauf dichte, dunkelgrüne Haine in wohl geordneten Reihen, Orangen wahrscheinlich, aber auch anderes Obst, wie an dem verschiedenfarbigen Grün der Plantagen erkennbar war. In dem allgemeinen Braun, Gelb und Grau der Wände und Sände leuchtete das schöne Grün der offenbar reichlich mit Oranjewasser getränkten großen Pflanzung herausfordernd kräftig, ein strahlender Protest gegen die fahlen Farben der Steppe.

Eine halbe Stunde später saß ich ihm dann gegenüber, dem legendenumwobenen Mr. Weidner, der sich hier aus dem Nichts im Nichts ein kleines Königreich geschaffen hatte. Doch muss ich gestehen: Er hatte gar nichts Königliches an sich, war klobig und viel zu dick und hatte offenbar viel zu lange schon seine schwarzen Arbeiter herumkommandiert, als dass er sich einem wohl ziemlich unerheblichen Reisenden aus dem fernen Europa zu besonderem Zuvorkommen verpflichtet zu fühlen brauchte. Ich saß ihm auf der anderen Seite seines großen, mit Papieren bedeckten Schreibtisches gegenüber wie ein Bittsteller, klein und verstaubt.

Ein Bittsteller war ich ja auch. Ich wollte übergesetzt werden. Wenn es ihm so passte, konnte er mich wieder zurückschicken, und ich hätte tausend Kilometer über Upington umfahren müssen. Also ließ ich sein Verhör – anders kann ich die Ausfragerei nicht bezeichnen – über mich ergehen, stand Rede und Antwort über Woher und Wohin, Warum und Wieso. Er machte mir klar, dass die schreibende Zunft, zu der ich zweifellos zu rechnen wäre, ihm keinen besonderen Respekt abnötigte. Aber immerhin: Sicherlich hätte ich viel erlebt; es kämen ja nur selten Fremde in seine Abgelegenheit, und wenn ich wollte, könnte ich da in Goodhouse, dem »Guten Hause«, über Nacht bleiben und ihm was erzählen.

Ich wollte nicht. Ich wollte nur über den Oranje gesetzt werden. Der schwere plumpe Mann mit dem aufdringlich gönnerhaften und herablassenden Betragen war mir keineswegs sympathisch. Außerdem hielt er mich schon über eine Stunde fest mit seiner Fragerei und seinen Ansichten über die Fehler der führenden Leute in der Weltpolitik. Es war mir bereits klar, dass ich das Tagesziel, das ich mir vorgenommen hatte, bestimmt nicht erreichen würde – und schließlich riss mir die Geduld; ich fragte kurz und bündig, ob ich wohl bald übergesetzt werden könnte – ich hätte es leider eilig – und was ich dafür zu bezahlen hätte.

Er nahm es sichtlich krumm, dass ich ihm als kostenloser Abendunterhalter entging, kniff den Mund zusammen und nannte mir einen Preis, der doppelt so hoch war wie das, was mir als der übliche Fährlohn genannt worden war. Ich hatte natürlich keine Wahl und nahm ihn an. Wir schieden nicht als Freunde. Es steht nirgendwo geschrieben, dass Pioniere und erfolgreiche Unternehmer – er war beides – stets sympathische Leute sein müssen.

Es verging schließlich noch eine weitere Stunde, ehe ich den breiten Strom endlich überwunden hatte. Die sechs Schwarzen, die den Prahm mit meinem wackeren Wagen – made in Germany – und mir ans Gegenufer stakten – sehr geschickt übrigens und die Strömung mit wahrer Meisterschaft nutzend, sodass diese den an einem Stahlseil entlangrollenden Prahm beinahe ohne menschliche Hilfe ans andere Ufer drängte – die sechs Schwarzen im schwarz geteerten Boot hatten mich mit ihrer heiteren Freundlichkeit für die unerfreuliche Großfürstenpose ihres Herrn und Meisters entschädigt. Sie hatten auch mit viel Hallo und Gelächter mich die allzu steile und, wie gefürchtet, tief versandete Rampe hinaufgeschoben, die von der Landestelle der Fähre zur Oberkante des Gegenufers hinaufführte. Als ich endlich wieder auf ebenem, festem Grunde stand, hielt ich an. Die sechs Burschen im Hüftschurz oder in verdreckten Tropenhöschen waren wirklich großartig. Ohne sie hätte ich den Hang nie im Leben so in einem Zuge bewältigt. Sie standen da mit ihren

Bronzeleibern, wischten sich den Schweiß von der Stirn und den Sand, den die wirbelnden Räder hochgeschleudert hatten, von den erzenen Brüsten und den muskelbepackten Armen – und schnatterten und lachten, als hätten sie eben ein heiteres Spiel hinter sich gebracht. Als ich die für solche Zwecke stets bereitgehaltenen Silbermünzen zückte und jeden von ihnen mit einer solchen beglückte, kannte ihre Begeisterung keine Grenzen. Wir, das ist sicher, schieden als Freunde!

Und dann klemmte ich mich wieder hinters Steuer, winkte noch einmal zum Fenster hinaus und rollte auf harter »Pad«, dem Autopfad, nordwärts nach Südwestafrika hinein, in die große, abendliche Stille der dürren Steppe. Der Oranje, die vergnügten schwarzen Fährleute, die Marmorklippen des Namaqualandes im Süden, die große Oase im Tal und der pompöse, weit übergewichtige, strotzende, protzende Herr Weidner waren hinter mir versunken, als hätte es sie nie gegeben. An die vier oder fünf Stunden war ich hinter meinem Fahrplan zurückgeblieben. Die Sonne neigte sich zu meiner Linken schon zum Horizont. Vielleicht gab es auch hier in weiten, weiten Abständen irgendwo Farmen, auf denen Schafe gezüchtet wurden. Für Rinder wäre der Pflanzenwuchs viel zu kärglich gewesen in der weiten, kaum bewegten Ebene, die ich nun durchfuhr. Aber Wollschafe und besonders auch das vor dem Ersten Weltkrieg von den Deutschen in Südwestafrika eingeführte Karakul-Schaf aus Turkestan gediehen in der wüstenhaften Hochsteppe des Landes und lieferten die kostbaren »Persianer«-Fellchen, in die sich die Damen Europas und Amerikas hüllen, so weit sie dafür genügend Geld ihren Ehemännern abschwatzen können.

Dergleichen bedachte ich indessen nicht, als ich an jenem späten Nachmittag nach Südwest hineinrollte. Ich fragte mich vielmehr, wo ich wohl in der kommenden Nacht mein Haupt zur Ruhe betten könnte. Denn ich merkte allmählich, dass mir der vergangene Tag genug abverlangt hatte an schwieriger und stets gefährdeter Fahrerei. Man darf sich in der gähnenden Öde leerer Länder keine einzige falsche Reaktion oder auch nur Unaufmerksamkeit erlauben, wenn man keinen Schiffbruch, vielmehr Autobruch erleiden will. Oft kann und muss man sich in solchen Fällen allein helfen, aber ebenso gut riskiert man dabei Kopf und Kragen. Weshalb mich auch niemals in meinem langen und weit umhergeworfenen Reiseleben während solcher Fahrten durch die vielen grenzenlosen Einöden dieser Erde jene im Untergrund unaufhörlich bebende Spannung verlassen hat, die man mit der dummen Frage umschreiben kann: Wird das gut gehen? Bin ich wirklich auf alle denkbaren Zwischenfälle ausreichend und vor allen Dingen richtig vorbereitet? Auf alle denkbaren – und was geschieht, wenn mir die undenkbaren passieren? Und dergleichen mehr an solchen nur unscharf zu formulierenden Fragen! Trotzdem begibt man sich immer wieder in diese Tage und Wochen der nie ganz nachlassenden Spannung. Sie lockt und lockt, ein ungiftiges Gift, das süchtig macht, Glück des Reisens in höchster Potenz! Und kaum hat man eine gefährliche Ödnis hinter sich, atmet man auf: Alles gut gegangen, mit jeder Panne fertig geworden, Auto und Fahrer: Prüfung bestanden! – So hält man schon wieder nach der nächsten Wildnis Ausschau, sie zu queren und zu bewältigen. Glück des Reisens, Rausch des Reisens, der trunken macht, wie kein anderer und doch in dieser Trunkenheit dem Herzen und Verstand eine Helle und Schärfe des Bewusstseins und der Beobachtung beschert wie kein anderes Rauschgift; das eben doch nur Gift ist, verfälschendes Gift, und kein echt beseligender Rausch.

Das Namaqua-Land, das Bushman-Land und den großen Oranje hatte ich also gequert, schließlich auch die Nervenprobe vor Herrn oder Mr. Weidners Schreibtisch bestanden, ohne aus der Rolle zu fallen. Aber nach den Erfahrungen in dem burischen

Hotel in Springbok und der zweifelhaften Gastlichkeit des Herrn von Goodhouse spürte ich kein Verlangen danach, spät am Abend oder gar erst nachts eine Herberge in Warmbad oder Karasburg anzusteuern; Seeheim oder Keetmanshoop waren ohnehin nicht mehr erreichbar. Nein, genug für diesen Tag!

In plötzlichem Entschluss bog ich vom Wege ab. Da drüben, hundert Schritt zur Rechten würden mir ein paar höhere Büsche Wind- und Sichtschutz bieten. Wind würde vielleicht aufkommen des Nachts; er schläft nie ganz ein auf den Hochsteppen im südlichen und östlichen Afrika. Aber Sichtschutz – den brauchte ich kaum; denn wer sollte wohl hier vorbeikommen in dieser Leere? Der Zustand der Straße, die Spuren auf ihren sandigen oder mit tiefem Staub erfüllten Strecken hatten mich darüber belehrt, dass hier seit Tagen oder Wochen niemand unterwegs gewesen war.

Es war sehr still. Der Nachtwind, den ich erwartet hatte, war ausgeblieben. Die schmale Sichel des Mondes, die mich am vergangenen Abend noch silbern gegrüßt hatte, war der Sonne hinterher in den Westen getaucht. Das Gebüsch, das mich gegen den zwei Steinwürfe weit entfernten Autopfad abschirmte, schob sich als schattenhafte, reglose Kulisse hinter mein Auto, in dessen Laderaum ich schon vier Stunden fest und traumlos geschlafen hatte, sauber gewaschen nach dem staubigen Tag und in meinem wattierten Schlafsack mit dem Luftpolster als Kopfkissen warm und trocken aufgehoben.

Und dann war ich gegen Mitternacht plötzlich aufgewacht, als hätte mich ein lauter Ruf getroffen. Ich lag eine Minute oder zwei bewegungslos und lauschte: atemlose Stille, nicht anders als die, in der ich mich bei Anbruch der vollen Nacht gelegt hatte. Was also hatte mich so jäh geweckt?

Ich öffnete den Verschluss an meinem Schlafsack und schlüpfte schnell in die Hosen und Stiefel. Ich rutschte aus dem Hinterteil des Autos ins Freie und blickte mich um. In der unendlich reinen Luft der mondlosen Nacht vermochte der Sternenhimmel seinen Funkelglanz wunderbar zu entfalten, völlig ungetrübt, durch keinen noch so leisen Dunst verschleiert. Das aus der Höhe rieselnde silberblasse Licht genügte vollkommen, das ruhende Land in allen Einzelheiten zu erkennen. Aber so genau ich mich auch umschauen, Abschnitt für Abschnitt die Umgebung mustern mochte, ich konnte nichts Ungewöhnliches entdecken; es regte sich nichts. Unruhe und Leben, jedoch vollkommen lautloses, wurde nur durch die Sterne vorgetäuscht, die als ein dicht gewobener Flimmerteppich die ungeheure Kuppel des Nachthimmels – Diamantensplitter auf schwarz-blauem Samt – unvergleichlich auskleideten.

Als ich mich schon abwenden und in die warme Obhut des Schlafsackes im Auto zurückkehren wollte, erscholl ganz aus dem Nichts der laute Ruf, der mich geweckt hatte, von neuem: ganz hart und klar, etwa, als würde eine geborstene Glocke oder ein großer Kupferkessel mit einem hölzernen Hammer angeschlagen. Zwar hatte ich noch nie vernommen, wie es klingt, wenn eine gerissene Glocke mit einem solchen Hammer angeschlagen wird, aber der Vergleich drängte sich mir sofort auf. Weiter als zwanzig, dreißig Schritte konnte der Ursprung des Lautes nicht entfernt gewesen sein. Aber in der Richtung, aus welcher der Schall an mein Ohr gedrungen war, ließ sich durchaus nichts Auffälliges entdecken.

So wild und aufrührerisch hatte der Laut aus dem Nichts die Nacht zerrissen, dass an Schlaf vorläufig nicht mehr zu denken war. Ich machte mich auf, nach der Quelle des, wie mir schien, schier unirdischen Getöns zu fahnden. Aber so weit ich auch die Kreise um meinen Rastplatz schlug, stolpernd oft genug, außer Klippen, geringem Gesträuch und bald dichter, bald lückenhafter stehenden Grasbüscheln fand ich nichts, was meine mir selbst nicht erklärliche Unruhe hätte besänftigen können.

Ich kehrte zu meinem Wagen zurück. Ich wollte warten, ob der sonderbare Laut sich zum dritten Mal wiederholte – und ihm dann auf die Spur kommen, das nahm ich mir fest vor. Ich fegte mir mit dem Reisigbesen vor einem Hinterrad des Autos einen Sitzplatz frei und ließ mich auf einer zusammengefalteten Zeltplane nieder. Man weiß in dieser Gegend nie, ob man sich nicht gerade auf einen Skorpion setzt, wenn man sich auf dem Erdboden niederlässt. Skorpione können peinlich werden, und in halber Dunkelheit ist Vorsicht besser als Nachsicht.

Ich saß und wartete. Vergaß mit der Zeit, worauf ich eigentlich wartete, sank sachte auf den tiefsten Grund der Nacht. Und wie ein leiser, aber deutlicher Duft schwoll mir aus dem Sternendunkel, in dem alles Irdische zu bloßem Schatten geworden war, die Empfindung ins Herz: welch grenzenlose Verlassenheit, welch namenlose, ungeheure Einsamkeit auf diesem unserem kleinen Planeten, der selbst kein Licht hervorbringt, sondern es lediglich von außen, von seinem Mutterstern Sonne empfängt, und auch dies immer nur auf einer Hälfte.

Und es zog wieder einmal leise in mich ein: das Glück der großen Reise. Ich war allein, ich, ein Funken Leben in der ungeheuren Einsamkeit des Alls, so allein, als wäre ich aus einem Raumschiff ausgestiegen, das mich am Gestade eines fernen, unbekannten Himmelskörpers abgesetzt hätte und danach weitergeflogen wäre.

Ringsum schwieg die Steppe, schattenhaft, wie tot, ohne Wirklichkeit. Nur ich lebte; ich hörte mein Herz pochen, ruhig wie immer, trotz allen Glücks der Einsamkeit, trotz aller verborgenen Urangst des Alleinseins, war ich doch der Ewigkeit von Angesicht zu Angesicht ausgeliefert.

Ja, und schließlich noch zum dritten Mal der sonderbare Ruf

aus der Tiefe der Nacht! Aber von weit her diesmal und nur gedämpft, keinen Schrecken mehr verstrahlend.

Also musste es doch der Ruf eines Vogels gewesen sein, der mir die Nachtruhe geraubt hatte. Und bald danach nahm ich einen vierten Ruf wahr, kaum noch zu erkennen. Nur die vollkommene Stille der Nacht machte es möglich, dass ich den allerdings unverkennbaren Laut überhaupt vernahm. Irgendwie ernüchtert kroch ich wieder in meinen Schlafsack. Bis zum heutigen Tage habe ich weder in Afrika noch anderswo herausfinden können, was es für ein Vogel oder anderes Tier gewesen sein mochte, das mich damals narrte.

Doch blieb ich dem unbekannten Wesen dankbar: Wenn es mich nicht aus dem Schlaf gestört hätte, hätte ich die unermessliche Einsamkeit der afrikanischen Hochlandsteppen wohl nie mit solcher Eindringlichkeit erlebt.

Unsere Erde, dieser gute, vielleicht ganz einmalige, von der Sonne erwärmte Himmelskörper, ist immer noch groß, riesengroß, setzt man sie in Beziehung zu der Winzigkeit des Menschen. Die Menschen auf der Erde, sie sind noch viel winziger in Wahrheit als etwa die Blattläuslein auf einem Rosenbusch. All die stolzen Ausklügelungen der Menschen, ihre Autos, Blitzzüge, Flugapparate bis hin zu den Überschall-Concordes und Starfighters bilden schneckenhaft bleibende Versuche, sich den Geschwindigkeiten anzupassen, die außerhalb der dünnen Lufthülle um die Erde vorherrschen. Und selbst noch die allerschnellsten Satelliten, die wir ins uferlose Blau des Himmels schießen, bleiben nichts weiter als ziemlich kümmerliche Kriecher, misst man ihren Sauseflug an der Geschwindigkeit des Lichts. Und dies unvorstellbar geschwinde Licht braucht unvorstellbare Milliarden von Jahren, um von fernen Sternen her unsere Erde und das Auge des Beobachters zu erreichen. Wir hören dies, und die Astronomen vermögen es auf ihre trickreiche Weise indirekt sogar zu »beweisen«, aber keine menschliche Vorstellungskraft, nicht einmal die Fantasie, reichen aus, sich mit solchen Größenordnungen wirklich anschaulich vertraut zu machen. Wahrlich, die Erde, unser heimatlicher Planet, ist unter den Myriaden von Sonnen, Milchstraßen und seltsamsten Himmelswesen wie den Radio-Sternen oder »Schwarzen Löchern«, die selbst das Licht noch fressen, die Erde ist gleichsam nur wie ein Stäubchen, das vor meinem Fenster durch einen Sonnenstrahl zum Aufblinken gebracht wird.

Aber bleiben wir auf der Erde, auf der wiederum der Mensch so winzig ist wie besagtes Stäubchen im Licht der Nachmittagssonne. Man kann, wenn man die Sache ohne Wohlwollen betrachtet, die Menschen für eine keineswegs gutartige Milbenkrankheit der Erde ansehen. Wir in Europa und an einigen anderen Stellen der Erde mögen den Eindruck gewinnen, dass die Milben schon ganz unerträglich anfangen, sich auf dem Erdenrund zu drängen, und dass die Erde nicht mehr ausreicht, sie alle zu beherbergen und zu ernähren. Aber bei genauerem Zusehen ergibt sich doch, dass die Überfülle nur für verhältnismäßig begrenzte Gegenden der Erde gilt, insbesondere für die äußeren Ränder der Erdteile. In Nord- wie in Südamerika verdichtet sich die Besiedlung stark entlang der atlantischen wie der pazifischen Küste, in Nordamerika dazu noch am Südrand der großen nordamerikanischen Binnenseen. – Auf dem euroasiatischen Kontinent zeigt sich ebenfalls die stärkste Menschendichte an den Rändern: auf der westlichen Halbinsel dieses allergrößten Erdteils, die wir Europa nennen (das ja in Wahrheit, geografisch genommen, keinen selbstständigen Erdteil darstellt), und dann im Süden, Südosten und Osten Eurasiens, das heißt auf dem indischen Subkontinent, in Hinterindien mit der südostasiatischen Inselwelt und schließlich in China und Japan. Ganz besonders deutlich drängt sich auf dem australischen Kontinent die große

Mehrheit der Bevölkerung um ganz wenige – nur fünf – großstädtische Zentren an der Ost- und Südküste zusammen. In Afrika, dem heute an Menschenzahl wohl am schnellsten zunehmenden Kontinent, liegen die Verhältnisse in dieser Hinsicht nicht ganz so klar wie z. B. in Australien oder Nordamerika. Aber auch in Afrika finden sich, von wenigen Ausnahmen abgesehen, die wichtigsten städtischen Ballungen an den oder in der Nähe der Küsten, von Kairo bis Kapstadt.

Wir lesen immerfort von der steigenden Gefahr, dass die Erde ihre kaninchenhaft schnell sich vermehrenden Kinder nicht mehr sättigen könne. Das mag stimmen, denn die Zahl der Menschen nimmt schneller zu als der Umfang und die Ergiebigkeit der Äcker, auf denen das Brot für die Menschen heranreift. Aber dies bedeutet nicht, dass die Weiten der Erde wirklich überall voll von Menschen wären, welcher Eindruck sich aus den drohenden Berichten und Statistiken der Wissenschaftler nur allzu leicht ergibt. In Wahrheit ist das Ausmaß der leeren oder beinahe leeren Einöden und Wildnisse auf dieser Erde nach wie vor viel, viel größer als das der wirklich dicht oder gar allzu eng besiedelten Gebiete. Unermessliche Wälder, Steppen und Wüsten dehnen sich auch heute noch in allen Erdteilen, von der einzigen Ausnahme Europa abgesehen, wenn man Europa als selbstständigen Kontinent ansprechen will. In weiten, weiten Landschaften dieser Erde blieb der Mensch ein seltener Einzelgänger, ein regelwidriger Fremdling; er besetzte, wenn überhaupt, nur einige weltverlorene Stützpunkte, Zapfstellen, Schröpfköpfe in unabsehbarer, ganz unberührt bleibender Leere.

Mit anderen Worten: Wer die große Einsamkeit sucht, wer von der Sehnsucht nach menschenferner, reiner Stille, nach der wunderbaren Ruhe des Geschaffenen geplagt wird, wo diese noch nicht von dem Störenfried Mensch zerschlagen wurde, der braucht nicht vergeblich zu suchen. In den Wäldern des Nordens, in den

218

Steppen und Wüsten beider Amerika, Afrikas und Australiens vermag er die großen Oasen der Stille und glückseligen Einsamkeit in überreichem Maße zu entdecken; er braucht sich nur auf eigene Faust für wenige Meilen seitwärts in die Büsche zu schlagen, die begangenen, immer gleichen Touristenrouten, die überreich propagierten »Sehenswürdigkeiten« zu meiden, und er wird mit dem erfüllten Schweigen, auch dem leisen, vertrauten Flüstern, Lispeln und Murmeln der unberührten Natur so eins und gemeinsam werden, als gäbe es nur ganz allein ihn auf der Welt.

Ich erzählte von zwei wunderbaren Nächten, in denen mich der große Friede vollkommener Einsamkeit unmittelbar und ohne jede Beirrung in seine Arme genommen hat, Erlebnisse, die man nie mehr verliert. Sie sind längst nicht die Einzigen, die mir geschenkt wurden. Von vielen anderen könnte ich noch berichten. Jedoch stellte dies eine schwierige und kaum vernünftig lösbare Aufgabe dar; denn in solchen Stunden »ereignet« sich ja so gut wie nichts. Nur selten bilden fassbare Einzelheiten wie Buddhastatuen oder seltsame Vogelrufe den »Aufhänger«, der das Erlebnis erst erzählbar macht – und eigentlich verfälscht, denn nur dann ist die große Einsamkeit vollkommen, wenn sie ohne äußeren Anlass in sich selber kreist, sich aus sich selbst gebiert. Solches aber entzieht sich der Berichterstattung und lässt sich höchstens in einem lyrischen Gedicht oder in Musik wenigstens andeuten. Deshalb lasse ich es bei Bamian und Goodhouse bewenden.

Etwas ganz anderes aber gehört mit Sicherheit hierher, die Frage nämlich: Was ist das überhaupt, die »Große Reise«, und ist sie bei der heutigen Unsicherheit und Verworrenheit der politischen Zustände auf dieser Erde überhaupt noch möglich?

Ich glaube ja, falls nicht demnächst der Himmel einstürzen sollte; dann wären bekanntlich alle Spatzen tot, einschließlich der Reisenden mit den allerbesten und klügsten Absichten.

IV

Fahren, Fahren –
mit Schiffen, der Bahn
oder dem Auto?

Über die Meere

Die Welt ist um vieles ärmer und langweiliger geworden, seit es den so genannten Luftverkehr gibt, bei welchem tatsächlich nur die Lüfte miteinander verkehren. Den Menschen – hokus, pokus, fidibus – werden einfach die Augen verbunden, und dann schüttelt sie der fliegende Teppich, von dem aus bestenfalls die Oberseite von Wolken zu sehen war – fremdartig schöne, manchmal, das sei zugegeben –, streift sie in wenigen Minuten von sich ab und die noch halb benommenen Leute von anderswo werden ohne jeden Übergang in ein fremdes Land oder einen anderen Kontinent hinausgejagt, während sie sich noch ausweislich ihrer Uhren, ihrer Schläfrigkeit, Kleidung, ihrer Pässe und Stolpersprache im Lande ihrer Herkunft befinden.

Der Mensch in seiner angeborenen Hinfälligkeit ist einfach nicht im Stande, die Fixigkeit im Wechsel seines Standortes zu verdauen, die ihm von seinen eigenen Machwerken, den Riesenvögeln aus Aluminium, aufgezwungen wird. Vielleicht werden unsere Enkel und Urenkel besser angepasst sein als wir, die wir noch die Entfernung eines jenseits des Waldes unserer Kindheit herniedersausenden Blitzes danach berechneten, wie lange der Schall des Donners brauchte, um unser Ohr zu erreichen. Heute fliegen die Maschinen der Lufthansa oder der Pan American allesamt beinahe mit Schallgeschwindigkeit, und die stolzen franko-britischen Concordes fliegen noch schneller, und die F-17 oder weitere geheimnisvoll bezifferte Teufelsdinger knallen noch viel gewaltsamer durch die geduldigen Lüfte.

Ich bin wahrscheinlich viel zu antiquiert veranlagt, um mich jemals zu der Meinung zu bekehren, dass die Verkehrsfliegerei einen Fortschritt darstellt. Ein solcher ist sie wohl für Leute, die irgendwas zu verkaufen haben, Pepsi Cola etwa, oder Büromaschinen oder kussfeste Lippenstifte; sie können höhere Provisionen verdienen, je schneller sie von Kontinent zu Kontinent eilen und ihren Kram an den Mann oder die Frau verhökern.

Auch für Politiker und also auch für die mit ihnen gesegneten Völker ist die Fliegerei sehr bedeutsam; sie oder ihre Beauftragten können notfalls mit mehr als Schallgeschwindigkeit zu anderen Politikern fliegen, ihnen gefährliche Flausen ausreden oder die Daumenschrauben ansetzen oder Zuckerbrot unter die Nase halten – und gewiss ist so mancherlei Wahnsinn schon verhindert worden.

Aber für die richtigen Reisenden, jene also, die unterwegs sein wollen, um unsere Heimat Erde und die Mitbewohner auf diesem vermutlich doch sehr einmaligen kleinen Dunkelstern kennen zu lernen, bildet die Fliegerei nur insofern einen Vorteil, als sie in den vier oder höchstens sechs Wochen Urlaub, die ihnen gewährt sind, die Anreise und Rückreise zum Beispiel nach Peru in Südamerika leicht unterbringen können.

Wie viel klüger und richtiger, wie viel – um es einmal so auszudrücken – menschlich angemessener war es, wenn man früher an die fünf Wochen brauchte, um zu Schiff etwa nach Japan, an die sechs oder mehr, um nach Australien oder gar Neuseeland zu gelangen. Der Körper konnte sich sachte an den sich allmählich vorverlegenden Sonnenaufgang gewöhnen. Sozusagen nur schrittweise entfernte man sich von den vertrauten europäischen Verhältnissen, lernte und begriff bei der Fahrt von Port Said und Suez, an Aden und Sokotra vorbei, dass man sich fremden Welten näherte, hatte dann Zeit, sich an die Gerüche, den Lärm und die bestürzende Andersartigkeit der Völker Asiens zu gewöhnen, wenn man in Bombay, Colombo auf Ceylon, Singapur oder Schanghai Gelegenheit gehabt hatte, sich einen oder mehr Tage lang an Land umzusehen. War man endlich in Yokohama angekommen, so war man bereits großartig eingestimmt und empfand Japan als das, was es ja war und ist, nämlich als einen weiteren Akt in dem vielfältigen und fremdartigen Drama Asien. Vielleicht ist einer der Gründe dafür, dass heute Japan im Westen so vielfach falsch eingeschätzt wird, darin zu suchen, dass die allzu schnelle und übergangslose Anreise nach Japan den Menschen des Westens nicht mehr bewusst macht, dass trotz aller vordergründigen Technisierung, Demokratisierung und Kommerzialisierung Japan hinter der »westlichen« Fassade ein asiatisches Land geblieben ist und mit anderen Maßstäben gemessen werden muss als die Industrienationen in Europa und Nordamerika.

Über dergleichen kann man sich noch lange die Köpfe heiß reden – gerade weil es sich um Umstände handelt, die sich nicht mit der Elle des Verstandes, der kühlen wissenschaftlichen Beobachtung und Kontrolle abmessen oder auch nur abschätzen lassen. Für den Reisenden, der hier gemeint ist, der sich also von den heimatlichen Gefilden trennt, um die bunte, fremde Vielfalt der übrigen Erde zu erleben, bringt die Fliegerei einen die Wirklichkeit verfälschenden Nachteil mit sich; ihm wird das Bild des Erdballs, das er sich ja gerade aneignen will, von vornherein verzeichnet, weil er die ungeheure Ausdehnung der Weltmeere gar nicht mehr erfasst. Er begreift nicht mehr, dass er, wenn er in den wenigen Stunden, die er braucht, um von Europa nach Amerika oder von Afrika nach Indien zu fliegen, die er essend, trinkend, lesend, dösend oder Hollywoodfilme genießend hinbringt, ja, dass er nur von einer Landinsel in den ungeheuren Wasserwei-

ten des allumspannenden Weltmeers mit Windeseile zu einer
andern Insel durch die Stratosphäre hinüberkatapultiert worden
ist.

Es tritt nicht in das Bewusstsein des Reisenden ein, was doch
das Bild der Erde ganz entscheidend mitbestimmt, dass die Oberfläche unseres Himmelskörpers überwiegend von Wasser bedeckt ist, dass auf ihr Wasser die Regel, Land die Ausnahme
bildet. Wer begreift daher im Westen wirklich, was es für Folgen
haben muss, wenn die größte Landmacht der Erde, die Sowjetunion, sich anschickt, nun auch zur stärksten Seemacht zu werden? Haben nicht die Amerikaner ihre Seemacht deshalb so
sträflich vernachlässigt, weil sie viel stärker auf die Fliegerei ein-
geschworen sind als die Russen? Konnte nicht deshalb der Streik
von wenigen tausend amerikanischen und kanadischen Fluglot-
sen den Verkehr zwischen Amerika und Europa so gut wie zum
Erliegen bringen?

Als noch der Suezkanal infolge der ägyptisch-israelischen
Auseinandersetzungen blockiert war, bin ich dank günstiger
Umstände zweimal zu Schiff von der Wesermündung nach Ost-
asien gefahren – auf einem Schwergutfrachter der ältesten und
angesehensten Hamburger China-Reederei. Das ging dann den
ganzen Atlantik hinunter um die Südspitze Afrikas herum, dann
über den Indischen Ozean in der Diagonale zum Eingang der
Malakkastraße und diese hinunter nach Singapur, danach hinauf
durch die Südchina-See, das heißt durch die Randgewässer des
Pazifischen Ozeans, um Taiwan herum, das früher den schönen
Namen Formosa trug, hinauf durch die Ostchina-See und das
Gelbe Meer nach Dairen, den großen Hafen der Mandschurei:
für Wochen und Wochen und mit der langen Rückreise für Mo-
nate auf See! Und unermüdlich rauschte das schnelle, schmucke
Schiff durch die blanke See, Tag um Tag und durch alle hohen
Nächte – und die Männer gingen ihre Wachen rund um die Uhr,

und mir, als dem einzigen Passagier, gehörte das ganze Schiff, und nirgendwo verweilte ich lieber als auf dem Peildeck noch über der Kommandobrücke – und spürte am eigenen Leibe, wie wir im Atlantik aus der Zone der Westwinde in die der angenehmen Passate tauchten und aus ihr in den Gürtel der Windstillen; dieser entließ uns wiederum in den lauen Atem des anderen Passats; schließlich bei der Fahrt ums Kap der Guten Hoffnung und um Kap Agulhas bekamen wir einen Vorgeschmack von den »roaring forties«, den »brüllenden Vierzigern«, den längs des vierzigsten Breitengrads auf der Südhalbkugel von Westen her, immer von Westen brausenden Stürmen. Als wir erst Madagaskar im Westen liegen gelassen hatten, glitt unser Schiff für Tage mit eintönigem starken Rauschen über die spiegelblanke Wasserfläche des Kalmengürtels, bis dann die Windstille von dem gerade einsetzenden Sommermonsun in der Nähe Asiens über der salzigen See abgelöst wurde. Und der Monsun, langsam seine Richtung von Süden nach Osten und Nordosten ändernd, blieb uns treu, bis wir auf der Rückfahrt um die Nordspitze von Sumatra wieder nach Südwesten wendeten, um Südafrika zu umschiffen, Kap Verde anzusteuern, die Westspitze Afrikas, und dann auf nördlichen Kurs zu drehen – zur heimatlichen Nordsee hinauf, nachdem wir vier, fünf, sechs Monate (je nach den manchmal langen Liegezeiten vor den chinesischen Häfen) ununterbrochen auf drei Ozeanen unterwegs gewesen waren. Ich schätze mich glücklich, dass ich noch zu Schiff – über Suez und um Ceylon – nach Ostasien gefahren bin, dass ich das größte der Weltmeere, das Pazifische, von San Francisco über Hawaii nach Japan und von Australien über Neuseeland durch die Südsee nach Vancouver B. C. durchfahren habe in viele Wochen dauernden Reisen. Ich weiß nun, was »Großer Ozean« bedeutet. Ich weiß, warum der Nordatlantik zu den stürmischsten aller Meeresgegenden gezählt wird, habe Unwetter auf ihm erlebt, dass selbst erprobten Schlechtwetter-Seeleuten die Haare zu Berge standen. Als ich auf einem kleinen 6000-Tonnen-Frachter fünf Tage Orkan im Mittelatlantik zwischen Florida und England abzuschaukeln hatte, das Schifflein manchmal Kopf zu stehen schien, ist mir der Respekt vor dem Nordatlantik mit allem Nachdruck eingebläut worden.

Heute fliegt man nun in weniger als acht Stunden von Frankfurt nach Toronto, sieht, wenn man klare Sicht hat, auf die Eisberge und Eisfelder vor Südgrönland hinunter, überquert Labrador, lässt sich vom St.-Lorenz-Strom nach Südwesten leiten und ist am gleichen Nachmittag, an dem man in Frankfurt abgeflogen ist, schon im hochtürmigen, stolzen Toronto, praktisch ohne den Atlantischen Ozean überhaupt zur Kenntnis genommen zu haben.

Wahrlich, bei Reisen zu Schiff mit menschlich noch fassbaren Geschwindigkeiten wird das Ausmaß, die gelegentliche Sanftmut, die häufige Wildheit, die atemberaubende Großartigkeit der Meere auf echte Weise erfahrbar. Die Fliegerei aber hat das Weltmeer aus dem Kranz der großen Reiseerlebnisse verdrängt.

Auf den Strömen

Das Reisen zu Lande, nicht eigentlich zu Lande, sondern zu Fluss durchs Land, ist wohl die angenehmste und – falls man darauf Wert legt, was man nicht unbedingt tun sollte! – erholsamste Art des Reisen. Man ist nicht an einen elenden, engen Sitz gefesselt, braucht sich nicht in schmalen Gängen, schrecklich unbequemen und oftmals anrüchigen Toiletten mit anderen ebenso verärgerten Reisegenossen zu drängeln, kann sich stets zur Genüge auf sauberen Planken die Beine vertreten, auch jeden Tag oder wenigstens jeden Abend den Fuß auf festen Boden setzen, den Einheimischen in die Läden und Fenster schauen, auf einer Terrasse im Sonnen- oder Mondenschein ein Tässchen Kaffee, ein Gläschen Absinth oder roten Wein trinken; vor allem auch braucht man keine Orkane, Sturmtiefs, Kreuzseen und ähnliche Unerfreulichkeiten der Meere zu fürchten, man fällt auch nicht wie bei der Fliegerei in »Luftlöcher« – wobei einem der Atem stockt und das Herz flattert, auch wenn man sich sonst für einen tapferen Reisekrieger hält – und des Nachts schläft man so friedlich und geborgen – weit draußen im großen Strom verankert – wie sonst nirgendwo unter dem lautlos sein Silberlicht über die ruhende Welt hingeisternden Gestirn der Nacht.

Im großen Strom verankert – man braucht die wunderbaren Stunden der Stille über dem unablässig strömenden Element, das sich nur dann und wann durch ein verstohlenes Glucksen der Wallungen oder den Klatsch eines dem Wasser entspringenden und ihm doch wieder anheim fallenden Fisches bemerkbar macht, ach, man braucht sie gewiss nicht alle zu verschlafen. Man kann stattdessen z. B. mit dem Kapitän des flachgehenden Raddampfers und dem alten Missionar vom Porcupine oben im Brückenhaus zusammensitzen und das Gespräch über dem in verhaltener, ewiger Unruhe hier und da blinkenden Strom, dem Yukon z. B., in die Tiefe sinken lassen, eine Tiefe, ebenso dunkel und voller nie versiegender Bewegung wie die des großen Stroms. Er war nicht markiert, der gewaltige Strom des Nordens. Der Kapitän musste sich bei jeder Fahrt hinauf oder hinunter über die Untiefen, die Felsen und Sandbänke im Flussbett das Fahrwasser von neuem suchen – auf der langen Reise von Fairbanks, genauer von Nenana, den Tanana abwärts und dann den Yukon aufwärts nach Dawson, wo man sich einem kleineren, stärkeren Schiff anvertraute, das den oberen Yukon bis Whitehorse bewältigte (von wo eine der abenteuerlichsten Eisenbahnen der Welt nach Skagway am Salzwasser des Stillen Ozeans hinunterkletterte).

Wälder, Felsen, Berge, unermessliche Einsamkeit, Berge, Felsen, Wälder, durch die der Strom unermüdlich heranrollt, an die zweitausend Kilometer weit von Whitehorse bis zur Einmündung des grünklaren Tanana, der ewige Strom, der unberechenbare, von dessen Oberfläche der Kapitän »abzulesen« hat, wie und wo er sich gegen die Strömung hinaufschaufeln muss, ohne aufzulaufen. Die Laubbäume an den Ufern werden schon vom »Indianersommer« in leuchtende Farben gekleidet, die Birken und Espen, Weiden und Pappeln, in roten Purpur und flimmerndes Gold. Denn dies ist die letzte Reise der »Northern Bride« vor dem Frost. In Dawson wird sie auf Land gezogen und für den langen Winter eingeschläfert werden. Die Nächte sind schon bitterkalt; in stillen Buchten am Ufer bildet sich bis zum Morgen schon ein Film von Eis auf dem Wasser. Ein Elch weckte mich eines Morgens: Ich vernahm im Schlaf, wie am Ufer Eis zerklirrte. Im Nu war ich draußen auf dem Decksgang vor der Reihe der – zumeist leeren – Kabinen. Im ersten Morgengrauen stapfte das schwere Tier mit dem gewaltigen Geweih durch die dünne Bordüre des Ufereises, um an noch freies Wasser zu gelangen und die Wasserpflanzen in der stillen Bucht abzuweiden. Vom Ufer aus gesehen mochte das große Schiff nur ein stiller Schatten sein, fremd, aber nicht gefährlich. Das Schiff war im Strom, im tieferen Wasser, vor Anker gegangen wie jede Nacht und schlief noch. Keinen Steinwurf weit von mir entfernt senkte der Elch das schwere Haupt ins Wasser und fand, was er suchte. Als er den Kopf wieder hob, troff es aus seinem Maul und langfädige Wassergewächse hingen in zwei langen Bärten daraus hernieder, verschwanden langsam aufwärts zwischen den mahlenden Zähnen. Plötzlich schlug tief im Bauch des Schiffes – in der großen Stille eben noch vernehmbar – eine Glocke an, und gleich darauf setzte sich das große Heckrad knarrend in Bewegung, ließ seine breiten Schaufeln hart ins Wasser schlagen. Gleich kam Bewegung voraus ins Schiff und die lange Kette, an der die »Northern Bride« über Nacht vor Anker gelegen hatte, wurde schlaff. Mit lautem Gezisch und Gepolter konnte die Kette von der Ankerwinde über dem niedrigen Bug eingeholt werden.

Ich krümmte mich ein wenig vor all dem harten Lärm, der die große, keusche Ruhe der Einöde wie mit Keulen zerschlug. Der Elch hatte den Kopf hochgerissen und flüchtete vor dem so plötzlich antobenden Gespenst, dem langsam Fahrt aufnehmenden Schiff, in langen Sätzen ans Ufer, Wasser und zersplitterndes Eis spritzten hinter ihm her; nach wenigen Sekunden war er in den Kulissen der schwarzen Fichten über dem Gestade verschwunden.

Das Schiff war schon frei, wendete in die Strömung und arbeitete sich mit seinem gleichmäßig schaufelnden Riesenrad am

Heck weiter stromauf. Dem Kapitän war es gerade schon hell genug gewesen, wieder auf die Reise zu gehen und den Kampf mit dem nie schlafenden, nie um Überraschungen verlegenen Yukon für weitere zwölf Stunden aufzunehmen. Außerdem wurde ihm in diesem Jahr keine weitere Reise mehr abverlangt; fern im Süden, in Seattle, warteten Frau und Kind –; er mochte keine Viertelstunde verlieren; wir reisten dann auch zusammen den oberen Yukon nach Whitehorse hinauf, nach Skagway hinunter und weiter bis nach Vancouver, B. C. – und nun hatte er Zeit, war nicht mehr im Dienst, und ich konnte ihn bewegen, mir hundert Geschichten aus Alaska und dem Yukonland zu erzählen, und ebenso meinen Mitpassagier, den einzigen, den Indianermissionar mit dem stolzen Titel »Bischof«; auf solche Art kommt man auf großer Reise zu seinen Geschichten – und niemals ausgiebiger, als wenn man auf wallendem Strom Tag für Tag durch das wilde Land wandert, das den Nährboden für all die bunten Geschichten abgegeben hat.

Heute liegt der Yukon wieder leer. Die mächtigen, bärenstarken Heckraddampfer, die ihn einst befuhren und ihre dumpf brüllenden Dampfsirenen durch die seit ewigen Zeiten schweigenden Wildnisse des hohen Nordens brechen ließen, verrotten längst an den Ufern des Stroms. Ein paar kümmerliche Ausflugsboote versuchen, von Whitehorse oder Dawson aus den Touristen den Geschmack der alten Flussreisen in kleinen Dosen zu vermitteln. Aber solche Nostalgie nimmt niemand mehr recht ernst. Die Zeit, in welcher der große Strom die einzige verlässliche Straße in und durch das riesige Land im äußersten Nordwesten Nordamerikas bildete, ist längst vorbei. Das Flugzeug und der Helikopter haben überall im hohen Norden die Flussdampfer zu altem Eisen werden lassen; es ist schade um sie! –

Hat auf dem Yukon der so genannte Fortschritt der Technik das unvergleichliche Erlebnis einer langen Reise auf einem der mächtigen Ströme dieser Erde in den Hintergrund gedrängt, aus dem es wohl nie wieder auftauchen wird, so ist es anderswo die so genannte große Politik, die dem Reisenden den Weg verbaut. Zweimal in meinem Leben bin ich vom Tanganjikasee aus, genauer von Kabalo, das mit einer bescheidenen Bahn von Albertville am See, dem heutigen Kalemi, am schäumenden Lukuga entlang zu erreichen war, bis zum Ende der Flussschifffahrt vor Kinshasa, früher Léopoldville, den ganzen gewaltigen Kongo im zentralen Afrika hinuntergefahren, wobei die Schnellen im Strom einige Male auf kürzeren Eisenbahnstrecken umgangen werden mussten. Man kam also nicht recht dazu, sich an die kleinen, heißen Dampferchen zu gewöhnen. Das wäre auch ohnehin nicht ganz leicht gewesen, denn die Schiffe waren eng und alles andere als komfortabel. Doch erfüllten sie durchaus ihren Zweck, den, der die zentralafrikanische Wildnis kennen lernen wollte, einigermaßen zuverlässig vom Fleck zu bringen.

Auf dem Mittel- und Oberlauf des Kongo, der dort noch Lualaba heißt, schoben sich die Schiffe auf schnell strömendem lauen Wasser durch eine verhältnismäßig lichte Savannenlandschaft, auch durch unabsehbare Schilfmeere, ähnlich denen des Nil im südlichen Sudan. Die Flusspferde schnaubten, bliesen Sprüh aus den runden Nüstern, blickten aus schwarzen Kugelaugen zu dem gleichmütig vorüberrauschenden Dampferlein, der gewöhnlich eine leichte Rauchfahne hinter sich herschleppte und großmächtig die Flagge Belgiens am Heck flappen ließ, und sackten plötzlich wieder weg in den flüssigen, dunklen Untergrund des Stroms. Elefanten standen am Ufer und trompeteten zur Begrüßung des zweimal im Monat vorüberziehenden Schiffchens. Ordnung und erstaunliche Pünktlichkeit überall auf der wohl über zweieinhalbtausend Kilometer langen Wasserstrecke. Ganz selten nur prustete ein anderes Dampferlein an uns vorbei, hoch voll gepackt mit Kisten und Ballen und buntem Reisevolk aus vielen Stämmen Afrikas; die Schwarzen reisen leidenschaftlich gern. An den Flanken der Schiffe stapelten sich ganze Barrikaden von Feuerholz für die Dampferkessel. Auch unser Schiff hatte von Zeit zu Zeit am Ufer festzumachen, wo in endlosen Klaftern fertig zugeschnittenes Brennmaterial für die Dampfer bereitlag. Die nackten Matrosen trugen die großen, schweren Scheite über wippende Laufplanken vom Ufer an Bord; der Schweiß perlte ihnen von der Stirn, über Brust und Rücken; aber stets blieben sie guter Laune dabei, sangen sogar die eintönigen und doch so sonderbar das Blut erregenden Singsänge Afrikas, tanzten zuweilen auch wild über die Uferbänke, wenn sie eine Schlange in den Holzstapeln aufgestöbert hatten. Mit Vorliebe versteckten sich die Schlangen in den im Innern kühlen Stapeln, ungiftige, oft aber auch sehr giftige. Ich habe nicht erlebt, dass irgendeine mit dem Leben davonkam. Die schwarzen Schiffer waren grimmig entschlossen und zeigten sich überaus geschickt, kühn und blitzschnell, wenn es galt, die dicken und die dünnen, die langen und die kurzen Schlangen ohne Gnade ins Jenseits zu befördern.

Gazellen löschten ihren Durst, wo das Ufer sandig und fest war, und stoben davon; Rhinos standen stumm am Hang und glotzten; man mochte die unförmigen Kolosse kaum glauben; sie waren von der Vorzeit vergessen, rührten sich nicht vom Fleck, bis die Krone eines ins Wasser gestürzten riesigen Baumes sie unseren Blicken entzog. – Und einmal überraschten wir sogar einen Leoparden, der sich gerade zum Wasser vorgebeugt hatte, um mit leckender, schöpfender Zunge seinen Durst zu löschen. Das schwarz und braun gescheckte Katzentier sank in den Vorderbeinen zusammen, duckte sich erschrocken, als der dicht unter dem Ufer fahrende Dampfer unvermutet über ihm auftauchte, nicht wissend offenbar, was angesichts des schnaufenden, noch nie erlebten Ungetüms zu tun wäre. Ein paar Sekunden später riss der Kapitän auf der Brücke, der das Raubtier ebenfalls sofort entdeckt hatte, am Seil der Schiffssirene; sie brüllte auf, drohend und gellend. Es war, als drückte dieser fremde Laut den Leoparden flach in den Uferschlamm, aber nur für einen Augenblick; dann schnellte der schlanke Leib, ein bräunlicher Blitz, in einem einzigen Satz auf die Uferbank hinauf.

Unterhalb der tobenden, schäumenden Stanley-Fälle und Schnellen, von wo ab der Lualaba seinen Namen in Kongo abändert, tritt der Strom in das große, zentralafrikanische Becken ein, das er in gewaltigem, weit nach Norden ausholendem und dann nach Südwesten sich wendendem Bogen, von rechts und links viele andere große Ströme in sich einschlingend, durchströmt, beruhigt und lässig, in manchmal unabsehbar weit aufgefächerten Betten. Gegenüber von Kisangani, dem ehemaligen Stanleyville der belgischen Zeit, endete die Bahn, die die lange Strecke der Stanleyschnellen umging. Gleich unterhalb der Schnellen, in denen die Schwarzen kunstvoll ihre Fischnetze ausgespannt haben, weitet sich der Strom gewaltig, als wäre er müde nach der langen, wilden Reise, die er hier bereits hinter sich hat. Eine Fähre brachte die wenigen Reisenden, die von Süden her unterwegs waren, über die meeresgleiche Wasserfläche hinüber zu der unter betäubend duftenden Blumenbäumen und Gebüschen, unter Palmen und Tropeneichen scheinbar träumenden, in Wahrheit bei aller schwülen Hitze sehr geschäftigen Stadt Stanleyville, von der aus wichtige Straßen zu den Gebirgen im Osten hinüberzogen, durch dichtesten Regenwald, zu den unwegsam bewachsenen mächtigen Höhenzügen, die Zentral- von Ostafrika trennen.

In Stanleyville/Kisangani wartete schon das große Schiff, das die Reisenden auf dem nun für tausend und mehr Kilometer beruhigten Strom nach Léopoldville (Kinshasa) bringen sollte.

Ich habe das alte Stanleyville unterhalb der gleichnamigen

Fälle in angenehmster und zugleich melancholischer Erinnerung als eine der schönsten und liebenswürdigsten Tropenstädte (es liegt nur wenige dutzend Kilometer nördlich des Äquators), die ich je irgendwo erlebt habe: Die breiten Alleen der geruhsamen Stadt, gesäumt von riesigen, Schatten spendenden Bäumen, die luftigen, gepflegten Häuser, gebettet in duftende Gärten, das behäbig flandrische Hotel mit guter Küche und gutem Wein aus Frankreich (dem man hier vorsichtiger zusprechen musste als im kühlen Europa). Und immer blitzte der große Strom am Ende der langen Straßen; ein Missionar aus dem berühmten, hochverdienten Orden der »Weißen Väter« wanderte in langer, blütenweißer Kutte über die Uferstraße und kümmerte sich um die Güter für seine entlegene Station am mittleren Lindi, in Maganga vielleicht oder bei Bafwasende; und abseits in den silbern überschäumten, rauschenden Schnellen und Fällen, in denen sich der Lualaba zum wahren Kongo wandelt, beugen sich die blanken, braunen Oberkörper der Frauen über ihre Wäsche, die sie im schnellen Nass reiben und schwenken und mit Klöppeln walken, bis sie die nun strahlend reinen Tücher über die Felsen am Ufer zum Trocknen breiten oder auch die Büsche damit verkleiden.

Der blitzende Strom, die dichten, dunklen Gehölze an den in der Ferne verdämmernden Ufern, die gepflegte, stille und in all ihrer scheinbaren Ruhe so lebendige Stadt mit ihren wenigen weißen, ihren vielen, offenbar immer und überall heiteren und munter schwatzenden schwarzen Einwohnern – das alles schien mir in eine Aura des Friedens, beruhigter Sicherheit, eines gemächlichen, doch zugleich zielbewussten Fleißes getaucht. In dieser Stadt Stanleyville fühlte ich mich von der ersten Stunde an auf wohl tuende Weise wie zu Hause, und ich bedauerte es beinahe, dass ich schließlich doch wieder das Schiff, diesmal ein neues, großes und recht feudales, besteigen musste, um den nun sehr majestätisch und würdevoll langsam und breit gewordenen Kongo in großem Halbkreis durch Afrikas innerstes Herz nach Léopoldville abzufahren, der damaligen Hauptstadt der belgischen Kongokolonie, dem heutigen Kinshasa, Hauptstadt der »Republik Zaire«.

Ich mag nicht mehr an Stanleyville denken oder gar es wieder sehen. Der Name ist befleckt mit der Erinnerung an schreckliche Gräuel, die in den ersten Jahren der 1960 erlangten Unabhängigkeit des großen Landes (es ist zehnmal so groß wie die Bundesrepublik) in und um Stanleyville begangen wurden. Die alte, schöne Tropenstadt ging dabei unter. Was übrig blieb, ist inzwischen genauso heruntergekommen wie die einstmals vorzüglich funktionierende Flussschifffahrt auf dem Kongo. Ich habe auf meiner zweiten Reise noch erlebt, dass die Schiffe nun auch des Nachts fuhren, nicht vor Anker zu liegen brauchten, denn die Fahrrinne war inzwischen sorgsam vermessen und in dichten Abständen durch Bojen markiert. Die Schiffe – nicht mehr Dampfer wie vor dem Weltkrieg, sondern höchst moderne, sogar elegant zu nennende Motorschiffe – tasteten sich mit ungemein starken Scheinwerfern von Boje zu Boje und brauchten nicht jeweils für zehn oder elf von vierundzwanzig Stunden die Dunkelheit im Strom zu verliegen.

Aber das ist alles vorbei. Der Kongo ist wie andere große Gebiete Afrikas für den nur zu seinem Vergnügen oder seiner Belehrung reisenden Europäer mehr oder weniger unpassierbar geworden. Das gilt übrigens auch oder erst recht für den reisenden Afrikaner. Der ehemalige Belgische Kongo hat sich mir – und jedem vorurteilslosen Beobachter – in der Vergangenheit stets als eine vorzüglich, ja musterhaft verwaltete Kolonie dargestellt. Über den heutigen Kongo lassen sich wie über jeden zweiten sonstigen »befreiten« Staat in Afrika nur zynische Witze reißen – woraus zu ersehen ist, dass es sich nicht empfiehlt, alt zu werden und damit in die Möglichkeit versetzt zu sein, Vergleiche zwischen einst und jetzt anzustellen. Ich für mein Teil habe unmittelbar erlebt und mit angesehen, dass die Welt in den letzten fünfzig, sechzig Jahren schrecklich auf den Hund gekommen ist, ein höchst unerquicklicher Vorgang, der sich weiter zu beschleunigen scheint.

Was mich jedoch nicht daran hindert, voller Dankbarkeit und in stets heimlich wiederkehrender Erregung an die Nächte zurückzudenken, in denen sich das kluge Schiff mit den grellen, schlanken Kegeln seiner Scheinwerfer von Boje zu Boje durch die Tropennacht lotste, hier und da die stumme Kulisse der Urwälder am Ufer, die verhangenen Lianendickichte auf den vielen Inseln im Strom, ja sogar die schlafenden Krokodile auf den Sandbänken plötzlich aus der nächtlichen Finsternis hervorflammten im fahlweißen künstlichen Licht vom Peildeck des großen Bootes her, in dessen innerstem Innern das warme, leise Surren der starken Motoren nie verstummte.

In Léopoldville wurde das untere Ende der Kongoschifffahrt erreicht. Man hatte in die Bahn nach Matadi umzusteigen, dem brütend heißen Überseehafen am inneren Ende des Kongomündungstrichters, denn unterhalb von Léopoldville durchbricht der Strom, sich wieder auf seine Kraft und Fülle besinnend, den äußeren Wall der Randberge der großen zentralafrikanischen Schüssel und stürzt ungeheuer über hohe Felsen, Stufen und Klippen auf die Höhe des Meeres hinunter.

Zwar bildet der Nil den längsten Stromlauf in Afrika, aber der Kongo befördert die größte Menge von Süßwasser in den Ozean, wird in dieser Hinsicht nur noch von dem Amazonas in Südamerika übertroffen; er entwässert wie dieser im südlichen Amerika den Gürtel der stärksten Tropenregen in Afrika. Wenn man ihn befuhr, so erlebte man diese Zone einer überüppigen, überschwülen, im Grunde besonders den weißen Menschen überfordernden Natur. Jeder Europäer (oder Nordamerikaner), der allzu lange in den Regenwäldern am Kongo oder Ubangi oder Kasai lebte, erfuhr merkwürdige und oft genug nicht wieder gutzumachende Änderungen des Charakters und Temperaments, von körperlichen, meistens krankhaften Störungen gar nicht zu reden.

Und doch: Kongo – oder Amazonas –, ihn oder beide nicht befahren und mit allen Sinnen erfahren zu haben, bedeutet, eine der großartigsten großen Reisen, die die Erde bietet, nicht unternommen zu haben. –

Ich habe schon von der Fahrt auf dem Yangtse berichtet, dem ungeheuren Strom, dem viertgrößten der Erde, der aus den entlegensten Regionen des tibetischen Hochlandes herkommt, einsamste Abschnitte Zentralasiens durchströmt, ständig mächtiger werdend, die Grenze des eigentlichen China in der Provinz Yünnan überschreitet, stets von ragenden Bergzügen eingefasst, sich dort nach Norden wendet, um den Süden der wohl schönsten chinesischen Provinz, nämlich Ssetzschwan zu durchströmen, um schließlich in himmelhohen, engen Schluchten die Randgebirge des zentralasiatischen Hochlands zu durchbrechen und in die weiten, unerhört fruchtbaren, seit Jahrtausenden kultivierten Ebenen des chinesischen Tieflandes hinauszutreten – in allgemein ostwärts gerichtetem Unterlauf Nord- von Südchina scheidend. Wenige Meilen nördlich der größten Stadt Chinas, Schanghai, vergeht der Yangtse im Chinesischen Meer, in das er jedes Jahr, wie geschätzt wird, sechshundert Millionen Tonnen Schlamm und Sand hinausbefördert und ablagert, es langsam (zusammen mit dem Hoangho weiter im Norden), aber sicher auffüllend.

Yangtse – doch ich glaube, ich habe schon zu viel über ihn geschrieben und lasse es hier lieber bleiben. –

Oder den Ohio abwärts und dann in den Vater aller nordamerikanischen Gewässer hinein, den Mississippi, an Cairo vorbei, dem hübschen Städtchen auf der lang gestreckten Landzunge zwischen Ohio und Mississippi, und schließlich sehr gemach auf höchst bequemem und zuverlässigem Schiff hinunter nach einer der wenigen wirklich interessanten und charaktervollen amerikanischen Großstädte, New Orleans. Zur Linken sind die großen amerikanischen Staaten Kentucky, Tennessee und Mississippi vorbeigezogen, zur Rechten Missouri, Arkansas und Louisiana, auch große Städte wie Memphis und Baton Rouge, dessen Name ebenso wie jener der Stadt am Mündungsdelta des Mississippi, Neu-Orleans, noch heute verrät, dass hier einst die Flagge mit den Lilien der Könige von Frankreich im lauen Wind geweht hat. Diese erholsame und höchst instruktive Reise kann jedes Jahr von neuem unternommen werden. Weder technische noch politische Unzulänglichkeiten brauchen wie auf dem Kongo oder Yangtse den Europäer davon abzuhalten.

Gewiss kann man auch den Rhein oder die Donau befahren, die Rhône und die Loire, sogar die Wolga und den Paraguay/Paraná; aber verglichen mit dem Kongo oder dem Yangtse sind das nur Strömchen.

Von den wahrhaft großen Strömen, die auch für normale Sterbliche erreichbar und unbedenklich sind, bleiben heute nur noch übrig der Nil (wenigstens in seinem Unterlauf), der Amazonas (nicht besonders komfortabel) und der Mississippi (höchst angenehm und unterhaltsam zu befahren). Man kann auch, wenn man sich darum bemüht, an Neufundland vorbei den Sankt Lorenz hinaufgondeln und über vier der fünf großen amerikanischen Binnenseen Chicago erreichen oder Milwaukee, aber das ist einer richtigen Flussreise nur deshalb ähnlich, weil das Kielwasser hinter dem Schiff aus Hamburg oder Liverpool Süßwasser ist und kein Salzwasser.

Schienenwege

Es stimmt nicht, was man oft genug lesen und hören kann, dass die Eisenbahn »ausgespielt« hätte. Besonders im Schwergut- und Massengutverkehr werden weder Eisenbahn noch Schiff je durch das Flugzeug verdrängt werden können; die Entwicklung immer neuer, ungeheuer starker Lokomotiven, die meilenlange Güterzüge schleppen, der Bau beinahe unvorstellbar gewaltiger Schiffe wie der Riesentanker, der Erz- und Getreidefrachter, beweisen, dass Transport auf Schienen und auf See nach wie vor zukunftsträchtig bleibt.

Handelt es sich aber darum, Menschen von einem Ort zum anderen zu bringen, so ist das Fahren mit der Eisenbahn etwas problematisch geworden, allerdings nicht überall und nicht in jedem Fall. Das Auto bietet so viele Vorteile verglichen mit der Eisenbahn, wenn man sich zu einem nicht allzu weit über Land entfernten Ziel begeben will, dass die Eisenbahn weithin an Bedeutung verloren hat, was den Personenverkehr anbelangt, besonders in jenen zwei Gegenden auf der Erde, welche den Erfordernissen des längst sehr zuverlässigen Automobils am großzügigsten Rechnung getragen haben, in Nordamerika und Westeuropa mit ihren weit gespannten Netzen von Schnell- und Allwetterstraßen.

In den Vereinigten Staaten von Amerika, von denen aus das Auto seinen Siegeszug als Fortbewegungsmittel für jedermann – gerade auch den »kleinen Mann« – angetreten hat, ist der Per-

sonenverkehr auf der Schiene (vom Vorortverkehr in den Großstädten abgesehen) so gut wie erloschen. Versuche, ihn neuerdings wieder zu beleben, hatten keinen überzeugenden Erfolg.
In den USA sind so viele vorzügliche Fernstraßen von Ozean
zu Ozean und von Nord nach Süd gebaut worden, dass der um-
ständlichere Personenverkehr auf der Schiene kaum noch eine
Chance behalten hat. Und wenn die Leute nicht tagelang, ja
wochenlang hinterm Autosteuer sitzen wollen, um etwa von
Florida nach Oregon zu gelangen oder von Boston nach Los
Angeles, da fliegen sie lieber und fahren nicht – ebenfalls tagelang – mit der Eisenbahn.

Im dicht besiedelten und zersiedelten Europa hat die Zahl der
Autos derart zugenommen, dass mancherorts die Wohltat bereits zur Plage geworden ist. Es hat sich also gelohnt – und wird
sich sogar in der Zukunft noch stärker lohnen – die Qualität und
Schnelligkeit des Personentransports auf der Schiene derart zu
steigern, dass über weitere Entfernungen, besonders von Großstadt zu Großstadt, das Auto sich zweifellos geschlagen geben
muss. Das gilt auch ganz deutlich für das hoch industrialisierte
und noch dichter als West- und Zentraleuropa mit Menschen
und Siedlungen angefüllte Japan. Die sehr alte, enge und fest in
sich verzahnte japanische Kulturlandschaft bietet einfach nicht
Platz genug für die Raum fressenden vielspurigen Autobahnen
mit ihren aufwändigen, vielfach verschlungenen Kreuzungen,
Auf- und Abfahrten; ein relativ schmaler Schienenstrang für
eine Eisenbahnschnellstrecke lässt sich eher erübrigen. Auch
lassen sich im engen Japan nicht beliebig viele Flugplätze anlegen; sie beanspruchen jeweils riesige flache Areale – wie sie aber
in Japan noch viel weniger zu finden sind als etwa in Deutsch-
land/West mit seinen 250 Menschen auf dem Quadratkilometer.
Kein Wunder also, dass in Japan auf besonderem Gleiskörper die
schnellsten Züge der Welt verkehren und Stunde für Stunde

242

z. B. das riesige Tokio mit dem riesigen Osaka verbinden. Und auch in Deutschland fährt längst jeder, der seine Nerven und seine Kräfte schonen will oder muss, lieber mit dem eiligen TEE oder einem Intercity, um etwa von Dortmund nach Augsburg oder von Kiel nach Basel zu gelangen.

Doch die Verhältnisse in Westeuropa oder in den USA dürfen nicht darüber hinwegtäuschen, dass in ungleich ausgedehnteren Bezirken des festen Landes einige große Strecken ihre Bedeutung für den Personenverkehr immer noch behalten haben und wohl auch noch für längere Zeit behalten werden. Dem reiselustigen Mitteleuropäer bieten sich hier noch einige Möglichkeiten, Gegenden der Erde kennen zu lernen, wenigstens zu schauen, die sonst gar nicht zu erreisen sind oder dem Autofahrer weit überdurchschnittliche Schwierigkeiten in den Weg legen.

Das Land, das ebenso wie Nordamerika alle Voraussetzungen für den Bau von Autostraßen böte, solche aber nur in ganz unzulänglichem Maße gebaut hat, ist die Sowjetunion, das größte Land der Erde vor Kanada, dem zweitgrößten. Es gibt keine brauchbare mit Autos befahrbare Straße, die das europäische Russland, Moskau, mit dem Gestade des Pazifischen Ozeans, mit dem eisfreien (oder annähernd eisfreien) Hafen Wladiwostok verbindet. Dafür aber gibt es die längste in einer Richtung – von Westen nach Osten – fortlaufende Eisenbahnstrecke der Erde, die zu Beginn dieses Jahrhunderts, noch in der Zarenzeit, gebaute Transsibirische Bahn, die gewaltige Magistrale, auf der man von Paris oder Berlin bis praktisch vor die Tore von Japan fahren kann, ohne dass für fast zwei Wochen das Ratata-tat, ratata-tat der Schienenstöße unter dem Wagenboden verstummt, wenn auch zuweilen bescheidene Pausen eingelegt werden müssen, in denen man aussteigen und sich die Beine vertreten kann.

Ja, in Sibirien kann man sogar am Bahnsteigrand ein knusprig gebratenes Huhn erstehen oder heiße, mit Käse gefüllte Piroschki – und heißes Wasser für den Teekessel, ohne den kein richtiger Sibiriake auf lange Reisen geht, gibt es reichlich auch noch auf der unbedeutendsten Station. Durch die dunklen Fichtenwälder des Ural geht die Fahrt, verhältnismäßig gemächlich. Blumen zu pflücken während der Fahrt ist nicht gerade erlaubt, aber von japanischen oder TEE-Geschwindigkeiten lässt sich zwischen Omsk und Nowosibirsk oder zwischen Blagoweschtschensk und Chabarowsk nur träumen. Aber »Russland ist groß, und der Zar ist weit«, der rote auch, und man kann im Abteil der internationalen Klasse mit den russischen Reisegefährten, mit denen man ja tage- und wochenlang zusammengesperrt ist, die interessantesten Bekanntschaften schließen, die knusprigen Hühnerbeine mit ihnen teilen und sich von ihren wohlriechenden Brotlaiben einen kräftigen Knust abbrechen. Und wenn man Glück hat und sich die richtigen Abteilgenossen zusammengefunden haben, dann wird bis spät in die Nacht hinein erzählt, gelästert und debattiert und man erfährt vielerlei, was wahrlich nicht in der »Prawda« oder in der »Literaturnaja Gazeta« steht. Denn für die Russen – habe ich stets gefunden – bleibt es ein Fest, weite Strecken mit der Eisenbahn zu fahren, ewig rollende Räder unter sich, die alle anderen Geräusche, auch das, was gesprochen wird, übertönen – und die Wände der Abteile haben keine Ohren, und man kennt den zufälligen Reisegefährten nicht, weiß nicht seinen Namen, will ihn auch nicht wissen und wird ihn mit beinahe hundert Prozent Wahrscheinlichkeit niemals wieder sehen.

Hinter Irkutsk geht die Reise an der schäumenden Angara entlang zum Baikalsee hinunter, der im Süden umrundet wird. Vom linken Abteilfenster dehnt sich die schwärzliche, unabsehbare Wasserfläche nach Norden fort, bei Sturm schlägt, wie ich es erlebt habe, der Gischt der Brandung bis an die Abteilfenster. Und wenn der Sturm am Ausgang der vielen Tunnels, die sich durch die ragenden Vorgebirge und das Ufergefels bohren, den ins Freie rollenden Zug von neuem trifft, dann beugt sich der schwere Wagon erschrocken zur Seite, sodass man als Passagier beinahe fürchten muss, umgekippt zu werden. – Dicht über den Ufern des Amur windet sich die Bahn in großem Bogen nach Osten, nach Chabarowsk. Der Strom blitzt ab und zu herüber. Auf seinem anderen Ufer, sagt man sich, beginnt die Mandschurei, beginnt China. Man ist im fernen Ostasien. In Ulan Ude und in Tschita bekommt man schon einen Vorgeschmack davon, wenn auf den Bahnsteigen braunhäutige, schlitzäugige Mongolen in fremdartiger Tracht und auch mit fremdartigen Gebärden ihr scheinbar völlig unbeteiligtes und gleichmütiges Wesen treiben. Amur, Amur – über die ganze ungeheure Breite Eurasiens hat dich der Zug getragen, eine große Reise in der Tat! Und wenn man im weitläufig um eine große Bucht des Stillen Ozeans gelagerten Wladiwostok zwar einigermaßen steif, aber angefüllt mit tausend Eindrücken den Zug verlässt, der einem schließlich zu mehr als einem rollenden Quartier, beinahe zu einer Häuslichkeit geworden ist, dann sehnt man sich schon danach, wieder einzusteigen und die unerhörte Reise quer durch ganz Asien und Europa, über 120 Breitengrade östlicher Länge hinweg, von neuem, aber nun in umgekehrter, in westlicher Richtung unter sich abspulen zu lassen.

Es gibt auf der ganzen Erde kaum eine zweite Reise mit der Eisenbahn, die sich auch nur entfernt mit einer Fahrt auf der Transsibirischen Bahn vergleichen ließe. Allerdings, in Kanada, wo beinahe ebenso weite Entfernungen zu bewältigen sind wie in Sibirien, kann man auch heute noch in Halifax, Neu-Schottland, am Atlantik in den Zug steigen – einen der ausgezeichneten Züge der Canadian Pacific – und ihn nach sechs Tagen in Vancouver, British Columbia, wieder verlassen, wo zwar der offene Pazifische Ozean noch nicht erreicht ist, aber sein Salzwasser in vielen geschützten Buchten, Fjorden und Hafenbecken bereits die Ufer bespült. Aber diese vorzüglichen, im Gegensatz zu den USA immer noch regelmäßig verkehrenden transkontinentalen Züge, haben einen Nachteil, dem man bei Reisen im Auto sozusagen notgedrungen entgeht: Sie fahren auch des Nachts, sodass dem Reisenden das Land für ein Drittel bis zur Hälfte der Reisezeit von der Dunkelheit, in der sich wenig oder nichts erkennen lässt, vorenthalten wird. Das bedeutet in der flachen, endlosen, sich überall selbst gleichenden Prärie nicht allzu viel, aber es bedeutet sehr viel, bedeutet unvergleichlich Großartiges, wenn die lange Stahl- und Aluminiumraupe des Zuges ins Felsengebirge vordringt, wenn sie den Columbia zweimal überquert, dem Thompson folgt und schließlich sich in lotrechten Wänden, bald hoch oben, bald tief unten durch die den Atem eng machenden Schluchten des Fraser windet, um mit ihm schließlich in das herrlich sich weitende Mündungsdelta des großen, noch immer ungebändigten Stroms vorzudringen und eine der schönstgelegenen Städte der Welt, Vancouver, B. C., und das Salzwasser des Pazifischen, des unermesslich Großen Ozeans zu erreichen.

In Halifax oder in Montreal also einen der höchst bequemen und gut bedienten, dazu pünktlichen Züge der Canadian Pacific oder der Canadian National zu besteigen, nachts ein gutes Bett zu haben, tags angenehm (wenn auch nicht ganz billig) zu speisen, hoch über den Dächern der Wagons im Aussichtsdom am Zugschluss zu sitzen und die wilden Landschaften des Großen Laurentischen Schildes an sich vorüberziehen zu lassen wie einen fantastisch bunten, nie sich wiederholenden Film, über gewaltige Uferfelsen auf die meeresgleichen Weiten des Huronensees und des Lake Superior hinauszublicken, den dunklen Höhenzügen des Großen Escarpments im Westen des Oberen Sees entgegenzufahren, die grenzenlosen, sehnsüchtigen Weiten der Prärien zu durchrollen – man meint bei Tagesanbruch, dort wieder beginnen zu müssen, wo man am Morgen zuvor die großen Ebenen erreichte, ehe man für eine oder zwei Stunden Aufenthalt in das weit sich ins tischflache Land verzettelnde Winnipeg einlief – und, wenn man sich mit dem Fahrplan darauf geeinigt und ein Vorrecht auf das Glück des Reisens verabredet hat, bei erstem rosenfingrigen Morgenlicht aus der Stadt Calgary hinauszurollen und wie einen Traum die purpurn angestrahlten, rissigen, zackigen Wälle des Felsengebirges auftauchen zu sehen und fast bestürzend schnell und übergangslos im Tal des schäumend zur großen Ebene hinunterjagenden Bow-River und damit ins innerste Innere der Rockies einzudringen, die den Zug dann westwärts bis ans Meer, strahlend oder auch finster, drohend oder auch in freundlicher Anmut begleiten – in der Tat eine so erlebnisreiche und zugleich mühelose Reise wie die mit dem Zug von Halifax nach Vancouver oder umgekehrt ist auf der ganzen Welt nirgendwo sonst zu unternehmen. Auch eine Fahrt über die ganze Länge der Transsibirischen Bahn von Moskau nach Wladiwostok bietet nicht annähernd eine solche Fülle von landschaftlichen Eindrücken wie die quer durch Kanada.

Erst recht gilt das, wenn man von Perth in Westaustralien mit der Bahn über Adelaide in Südaustralien und Melbourne im Staate Victoria nach Sydney in New South Wales reist mit den guten und zuverlässigen, aber erheiternderweise verschiedenspurigen Eisenbahnen des australischen Kontinents. Man kann sogar noch weit über Sydney hinaus die Ostküste des Erdteils nordwärts hinauffahren, über Brisbane, die Hauptstadt von Queensland, hinaus bis nach Cairns. Dort kommt dann das »Große Barriere Riff« der Küste ganz nahe, und man kann, wenn man sich für dergleichen eignet, im Taucheranzug die Wunder der Korallen, die ihren Namen auch dem Meer jenseits des Riffs geliehen haben, aus nächster Nähe unter Wasser bestaunen. Aber Australien im Ganzen ist sicherlich der eintönigste der Kontinente – und insbesondere die Reise durch die Mitte und den Westen des Erdteils, von Broken Hill oder Adelaide nach Perth zahlt sich nicht aus. Ich habe sie einmal gemacht, aber mir ist nichts weiter davon in Erinnerung geblieben als endlose Strecken von hundert und mehr Kilometern schnurgeradeaus über öde, vollkommen reizlose Ebenen, als das von trocknen, müden Wind überblasene Nichts der »Nullarbor Plain«, der »Baumlosen Fläche«. Behält man aber von einer langen Reise nichts so deutlich in der Erinnerung – und so beglückend –, als hätte es sich erst am Tage zuvor ereignet, so ist die Reise vergeblich gewesen, besteht doch der Sinn und das Glück des Reisens vornehmlich auch darin, das Gedächtnis mit einem Schatz unvergesslicher Bilder und Eindrücke zu bereichern.

In Afrika könnte man heute – in der Theorie wenigstens, auf der Karte – von Lobito in Angola quer durch den Süden des Erdteils nach Beira in Moçambique oder gar (von Zambia auf der von den Chinesen gebauten Bahn) nach Daressalam in Ostafrika fahren. Ich kenne aus friedlicher Vergangenheit nur den Abschnitt vom südlichen Kongo, das heißt von Elisabethville (heute Lubumbashi) durch Angola zur atlantischen Küste – endlose, eintönige Steppe und Savanne. In der Praxis jedoch ist diese große Eisenbahnfahrt, die Querung des afrikanischen Südens, nicht zu vollbringen, denn »die Verhältnisse, sie sind nicht so –«, die politischen nämlich und auch die technischen.

Die von den Chinesen mit großem Eifer gebaute Strecke von Daressalam ins Kupfergebiet von Zambia ist, nach allem was man hört, bereits jammervoll auf den Hund gekommen.

Da fährt man lieber, wenn es schon Eisenbahn sein soll, mit den guten schwedischen Bahnen nach Stockholm hinauf und hinüber nach Narvik im nördlichen Norwegen, mit dem »Train

Bleu« von Marseille nach Paris, dem »Flying Scotsman« von London nach Edinburgh oder mit dem großartigen »Trans-Europa-Express« (TEE) Nr. 7 »Rheingold« von Amsterdam über Mannheim und Basel nach Genf. Da kann einem nicht viel passieren. Aber dass man damit eine »Große Reise« gemacht hätte, lässt sich – einige Bescheidenheit vorausgesetzt – schwerlich behaupten.

Lob des Autos

Dass sich heute auch gewöhnliche Sterbliche bei einigem Mut, einigem Geld und einiger Besonnenheit auf wahrhaft große Reisen begeben können, ohne erst eine umständliche Expedition vorbereiten zu müssen, ist dem Auto zu verdanken. Auch entlegene und – im Vergleich zum engen Europa – äußerst weiträumige Gebiete sind durch das Auto in den Erfahrensbereich der reisewilligen und reisebegierigen Europäer, Amerikaner und Japaner einbezogen worden. Vom Flugzeug aus sieht man nichts außer Wolken von oben, erfährt man nichts außer dem Reiseziel des Sitznachbarn und erlebt man nichts außer meist unerfreulichem Essen und vielleicht höchstens noch einer reizend hochnäsigen, gleich einem Sioux kriegsbemalten Stewardess.

Im Auto komme ich leidlich schnell voran, kann aber jederzeit anhalten, aussteigen, mich umsehen, kann fischen gehen, kann mir z. B. in Amerika einen Pancake- oder Waffle-Shop am Wege suchen und Seite an Seite mit den Einheimischen an der langen Theke eine goldbraune duftende Waffel mit Ahornsirup zu mir nehmen oder zwei Eier mit Speck und heißen Kaffee, so viel ich trinken will.

Ich glaube auch nicht, dass die Araber und ihre Ölgenossen es fertig bekommen werden, den ölarmen Europäern und Japanern und den halb ölarmen Nordamerikanern die Freude am Auto zu verderben. Das Auto gehört ja längst zu den Gliedmaßen vor allem der westlichen Menschen (die östlichen träumen vorerst nur davon, voll großer Sehnsucht); und wer lässt sich schon gern ein beinahe lebensnotwendig gewordenes Glied abtrennen. Unsere westliche Welt, unsere Lebens- und Denkweise ist ohne das Auto nicht mehr recht vorstellbar, in Europa nicht, aber erst recht nicht in den wirklich weiträumigen Kontinenten wie Nord- und Südamerika, Afrika oder Australien.

Das Auto zieht dem Reisenden nicht wie Schiffe oder Flugzeuge buchstäblich den Boden unter den Füßen weg. Seine Geschwindigkeit bleibt immer noch im Rahmen des Menschlichen (in den USA Höchstgeschwindigkeit 88 Kilometer!), des Vogelflugs oder ist dem Tempo eines Frühlingssturmes oder eines Windhunds oder Rennpferdes vergleichbar.

Und wo unterwegs ein normaler Personenwagen sich als zu schwach oder zu niedrig erweist, da kann man in einen robusten und hochbeinigen Jeep, Landrover, Mercedes oder Toyota mit Vierradantrieb umsteigen und sich damit lachend – oder wütend – durch Schlamm, Sand, Geröll und Gebüsch wühlen und – beinahe – senkrechte Wände erklimmen.

Ich lobe die weiten, wahrhaft großen Reisen, die »per Auto« unternommen werden können. Da weht mir der Duft des Landes in die Fenster. Ich schmecke seinen Staub auf der Zunge und schnaube ihn mir aus der Nase. Ich sehe sein Gebirge langsam über den Horizont heraufsteigen, wie zartes Gewölk zuerst, das aber bald festere Formen annimmt und schließlich in Mauern, Wänden und schneegekrönten Zinnen vor mir hochragt, mich und mein Fahrzeug samt der Straße verschluckt und zur hastenden Ameise entwürdigt in der Tiefe seiner Täler, auf den Serpentinen seiner Pässe. Aber ich brauche vor den Höhen nicht zu versagen oder zu verzagen. Das Auto trägt mich wieder in die weite Ebene, führt mich durch dunkelnde Wälder, durch grünende Gärten, reifende Felder ins Freie – und der Fahrtwind braust in den Ohren, die Räder singen, der Motor summt und brummt in gebändigter Kraft und voller Gleichmut – und der Mensch hinter dem Steuerrad genießt so unmittelbar wie nie und auf keine andere Weise sonst: das Glück des Fahrens, Fahrens, Fahrens, was in früheren Zeiten weder das Wandern noch das Reiten, weder das Segeln noch das Kutschieren zu vermitteln vermochte.

Das Auto erst hat dem Menschen den nüchternen Rausch mühelos fließender Bewegung beschert, ihm Bezirke einer ganz neuen Freiheit, Weite und Unabhängigkeit eröffnet, ohne ihm aber menschlich nicht mehr begreifbare Maßstäbe, nicht mehr recht zumutbare wie in der Luftfahrt aufzuzwingen.

Und wenn es wirklich endgültig kein Benzin mehr geben sollte, dann werden ein paar kluge Köpfe längst den Wasserstoffmotor oder genügend Kunstbenzin oder den Elektromotor erfunden haben. Das Auto wird bleiben, weil wir es nicht entbehren können – es sei denn, dass die gesamte westliche Zivilisation dem Untergang anheim fällt, wie schon so manche Zivilisation vor ihr.

V

Und die wahrhaft »Großen Reisen« heute?

Dass sich die politischen und gesellschaftlichen Zustände auf unserer alten, schönen und so geplagten Mutter Erde in der nahen Vergangenheit übel vergröbert und verschlimmert haben, geht für mich unter anderem daraus hervor, dass auch derjenige, der bereit ist, mit mancherlei Ungemach und Ärgernis fertig zu werden, heute nicht mehr daran denken kann, einige der ganz großen Reisen zu unternehmen, obgleich sie noch vor zehn oder zwanzig Jahren und erst recht völlig fraglos vor dem letzten Weltkrieg möglich waren. – Wer kann zum Beispiel heute noch daran denken, die berühmte Reise »vom Kap nach Kairo« anzutreten! Ich komme mir als vom Schicksal besonders begünstigt vor, dass ich es noch selbst erlebt habe, mehr als einmal, dass man sich in Kapstadt ins Auto setzen konnte und Kurs nach Norden nahm – wobei noch großartige Umwege eingelegt werden konnten, etwa zur Etoschapfanne in Südwest, durch die Kalahari, zum Nyassasee und den Victoriafällen des Sambesi, nach Simbabwe, zum Ruwenzori und Kilimandjaro und zum oberen Nil. Man brauchte nur an die technischen und geografischen Schwierigkeiten zu denken, wenn man losfuhr. Mit Aufständen, Überfällen, Raub und Mord und Totschlag brauchte man nicht zu rechnen. Man sorgte sich nur, ob und wie man die große Barriere nördlich des Äquators überwinden würde, ob man die Route durch den Norden Kenias und über Äthiopien, Eritrea und den Sudan am Roten Meer entlang wählen sollte, oder etwa von Uganda aus, allgemein dem Weißen Nil folgend, an seinen großen Sümpfen vorbei, über Khartoum nach Ägypten vorzudringen versuchen müsste. Aber auch auf dieser Route gab es nördlich von Khartoum durch die Gebiete des uralten, längst verschollenen Landes Kusch, das schon im Alten Testament erwähnt wird, dort, wo der Nil seine große S-Schleife macht, ein sehr riskantes und kaum zu überwindendes Loch.

Auch wenn man sich quer über Afrika längs des Südrands der Sahara nach Timbuktu etwa durchschlagen wollte, um von dort auf alter Karawanenstraße zum Mittelmeer vorzustoßen, wurde die Sache äußerst schwierig. Ich zum Beispiel muss bekennen, dass ich mich für die allerletzte Strecke zur Nilmündung von Massaua, dem Hafen Eritreas am Roten Meer, lieber bis Port Said einem italienischen Frachter anvertraute. Ich wollte meinen wackeren VW-Bus, der mich damals kreuz und quer durch ganz Afrika getragen hatte (von der Sahara und dem Regenwald Zentralafrikas abgesehen) nicht noch auf dem letzten Abschnitt zu Schanden fahren, auch nicht außerdem neben dem zu Schanden gefahrenen Bus irgendwo verdursten, was ein sehr unangenehmer Tod sein soll, wie mir allgemein versichert wurde.

Heute brauchte man sich mit einem zuverlässigen Vierradantrieb, unverwüstlichen Reifen, Klimaanlage usw., usw. vor den technischen Schwierigkeiten nicht mehr zu fürchten. Aber dieser stolze Zustand nutzt nicht viel. Denn die politischen Wirren, das vielfach groteske Chaos, die Misswirtschaft, denen viele der ehemaligen europäischen Kolonien anheim fielen, sie haben den großen Kontinent kreuz und quer verbaut, haben ihn, von einigen rühmlichen Ausnahmen abgesehen, für den Einzelautofahrer unpassierbar gemacht. Ich brauche nur Namen zu nennen wie Idi Amin oder Bokassa oder Mobutu oder Ghadafi oder Menghistu usw., usw., und jedermann in Europa wird wissen, was ich meine. Kap – Kairo bleibt bis auf weiteres ein Traum. Ich habe ihn wenigstens noch annähernd und sozusagen in letzter Minute verwirklichen können.

Ähnlich wie mit diesem Traum steht es mit einem andern, der vielberufenen »Traumstraße der Welt« – ein blöder Ausdruck übrigens, wie mir stets vorgekommen ist, denn wer diese Straße wie im Traum befuhr, der endete mit Sicherheit im Sumpf, an einem Felsen oder gar in einem Abgrund. Gemeint ist der Weg über Land von Alaska im äußersten Nordwesten Nordamerikas zum Feuerland im äußersten Süden Südamerikas. Aber bis heute gibt es diese Straße als durchgehenden Autoweg, den sie doch darstellen müsste, nicht. Die Dschungelgebiete in und um Panama verweigern sich noch immer jeder Straße. Man muss das Auto auf ein Schiff verladen, um die große Straßenlücke zwischen Costa Rica und Kolumbien oder Ecuador zu überbrücken. Hatte man das schließlich geschafft, so bereitete die Weiterfahrt nach Süden auf der über weite Strecken völlig verwahrlosten Straße kein Vergnügen – besonders auch deshalb nicht, weil die Straße sich, sozusagen der Linie des geringsten Widerstandes folgend, vorwiegend in den Tälern oder an der Küste südwärts bewegte, wo nicht viel zu sehen ist.

Die eigentlich atemberaubenden, zuweilen halsbrecherischen Autowege verliefen weiter östlich, entlang der hohen Anden, in Peru etwa von Huancayo über Abancay durchs alte Inkaland nach Cuzco, am Titicaca vorbei nach La Paz und Potosí in Bolivien und dann nach Chile hinüber durch die Atacamaküstenwüste nach Iquique und Antofagasta. Das waren zwar keine Abschnitte aus der »Traumstraße der Welt«. Aber was ich da in den hohen Anden und an den wilden Strömen, am Ucayali und Urubamba, am Pilcomayo oder Loa erlebte, das wandert noch jetzt manchmal durch meine Träume, als wären es Erlebnisse von einem anderen Stern.

Die Australier unternehmen jedes Jahr eine Wettfahrt rings

um ihren Kontinent – von Sydney nach Sydney. Das ist also nun schon möglich, mag es auch im Norden und Süden des Erdteils, besonders aber im Westen auch noch sehr holprig sein und über Hunderte von Kilometern den Autoachsen, Stoßdämpfern und Filtern wenig bekömmlich. Aber im Ganzen lohnt sich diese annähernd 7000 Kilometer lange Reise kaum. Denn Australien – hat man erst einmal seine zum Teil sehr schönen und auch vielgestaltigen Gebiete im Südosten und Osten hinter sich, bildet lediglich eine Kette von langen, heißen, staubigen Ebenen mit dürrem, kargem Busch, seltsamen, trockenen Landstrichen, erfüllt von Termitenhügeln, kreischenden Schwärmen von Papageien, nach Tausenden zählend, und gelegentlich den Weg verstellenden kahlen, melancholischen Gebirgen. Stets und überall, zum Beispiel auch in der allzu groß und auf – vorderhand ausgebliebenen – Zuwachs geplanten Hauptstadt Canberra erschien mir dieser fremdartigste und abweisendste der Kontinente von einer gewissermaßen wesenhaften Melancholie überschattet, gerade auch da, wo er sich, von gnadenlos harter Sonne unnachsichtig erhellt, bis in den fernsten Hintergrund deutlich darbot.

Von dieser geheimen Schwermut bleibt Australien in meiner Erinnerung unverwandt verhüllt – wie von einem Geheimnis, das mich noch im Nachhinein beunruhigt, das ich aber nie zu formulieren und damit zu entkräften vermochte. –

Eine andere große Reise, die durch die heutige, anscheinend ständig zunehmende politische Unruhe und Wirrnis auf dem Erdenrund unmöglich geworden ist, stellt die auch schon in beruhigteren Zeiten abenteuerliche Fahrt aus dem Herzland Europas über den Balkan, durch Kleinasien, den Iran, Afghanistan und Pakistan nach Indien dar. Sie war noch vor fünf Jahren bei einiger Umsicht und Unverfrorenheit durchaus zu bewältigen. Sie ist es nicht mehr. Zur Begründung braucht man außer den Namen Iran oder Afghanistan nichts weiter zu erwähnen.

Sven Hedin, der unermüdliche schwedische Reisende, konnte noch vor einigen Jahrzehnten die seit alters berühmte »Seidenstraße« neu erkunden und bereisen, die von Sian-Fu im eigentlichen China oder Lantschau über Samarkand und Teheran zur Ostküste des Mittelmeers führte. Aber Sven Hedin ist tot und die von ihm für einen kurzen Augenblick in der Geschichte wieder zum Leben erweckte uralte »Seidenstraße« aus Ostasien nach Europa ist wieder vergessen und längst wieder politisch blockiert.

Ich bin überzeugt, dass die Menschen Europas und Nordamerikas in wenigen Jahrzehnten auf das Zeitalter vor dem Ersten Weltkrieg – und sogar noch bis über den Zweiten hinaus – wie auf ein goldenes zurückblicken werden. Wenn auch die Staaten des Westens sich gegen Ende dieser Epoche fürchterlich in die Haare gerieten (was schließlich den Untergang ihrer Macht heraufbeschwor), so waltete doch außerhalb der westlichen Welt, auch in Süd- und Mittelamerika, der von den Europäern verordnete Friede und eine an ihren Vorstellungen und Interessen orientierte Sicherheit und Ordnung. Ein Europäer oder Nordamerikaner (oder Australier, Neuseeländer oder Südafrikaner) durfte reisen, wohin er wollte – besonders, wenn man nur die Zeit bis zum Ersten Weltkrieg betrachtet; er befand sich überall auf der Welt, auch in den entlegensten Winkeln Afrikas oder Asiens, unter dem Schutz europäischer oder nordamerikanischer Gesetze – oder auch Waffen. Moralisch war das nicht überall zu rechtfertigen, oder es genügte nicht, was zur Rechtfertigung angeführt wurde. Doch es funktionierte, weithin auch zum Wohle der Beherrschten, der ihrer Eigenständigkeit beraubten Völker. Aber die Europäer, die in der übrigen Welt für beträchtliche Zeit Ruhe und Frieden erzwungen hatten, entkräfteten sich selbst in blutigem Bruderzwist, mussten den Anspruch auf Weltkontrolle an die Amerikaner abtreten und an die Russen.

Solange auf der übrigen Welt noch der europäisch/amerikanische Frieden waltete (natürlich gab es Störungen genug), brauchte ein Europäer kaum einen Pass, um rings um die Welt zu reisen. Eine mit englischen Pfunden, goldenen Mark oder Franken oder Dollars gefüllte Brieftasche genügte. Sven Hedin hat mir, als wir uns im damaligen Hankau in Zentralchina kennen lernten, wo wir viele lange Tage die Ankunft des »Marschalls« Tschiang Kai-schek abzuwarten hatten, damals hat er mir in langen Nächten erzählt, wie er in den Jahren vor dem Ersten Weltkrieg seine weit gespannten, wahrhaft großen Reisen durch West- und Zentralasien veranstaltete:

Hedin war damals, als er sich noch nicht zu dem berühmten Reisenden, Forscher und Schriftsteller ausgewachsen hatte, der er später geworden ist, Beamter des schwedischen Außenamtes in einem Konsulat am Westrand Russisch-Asiens; wenn ich nicht irre, in Tiflis, dem heutigen Tbilisi. Seine Einkünfte und sonstigen Mittel waren verhältnismäßig bescheiden. Aber zusammen mit einigen Stipendien geografischer Gesellschaften reichten sie aus, während seiner offenbar sehr großzügig gewährten langen Urlaube jene großen Reisen auszurüsten, die ihn dann kreuz und quer durch das damals (vor dem Ersten Weltkrieg) noch viel weiter als heute entlegene Hochasien hinüber ins Chinesische und hinauf ins Mongolische führten und ihn bald berühmt machten. Offenbar können seine Konsulatspflichten nicht allzu drückend gewesen sein. Denn bevor noch der erste Tag seiner Ferien anbrach, hatte er bereits seine Last- und Reitkamele oder Pferde, seine Treiber, Dolmetscher und Wächter beisammen und machte sich auf den Weg nach Osten. Um unterwegs die Kosten der Reise – für vielleicht landeskundige Führer, Gastgeschenke, Nahrungsmittel, »Andenken« von wissenschaftlichem oder künstlerischem Wert, Tagelöhne und dergleichen – bestreiten zu können, hängte er einem Lastkamel zwei handfeste Kästen an den geduldigen Rücken; der eine war mit Silber-, der andere mit dem »Kleingeld«, mit Kupfermünzen gefüllt. Von etwa papiernen Reisemitteln, wie Pässen, Visen, Empfehlungsbriefen war keine Rede. Auch an kriegerische oder räuberische Verwicklungen brauchte er kaum zu denken. So zog er los auf eigene Faust ins Wilde, so gut wie Unbekannte und erkundete gewaltige Gebirge wie den Tien Schan, den Hindukusch, den Karakorum, durchmaß die zugleich eisigen und glühenden Hochwüsten Takla Makan und Gobi, brachte den Altyn Tagh, den Kuen Lun und den Großen Tschingan wieder auf die Landkarten, blickte schließlich den Mandschuren in die Jurten und stand am Großen Knie des Hoang-Ho.

Aber – und das war der Witz bei der Geschichte, und es zeigt, wie sich die Zeiten geändert haben, wie merkwürdig sicher und sorglos man damals selbst die abgelegensten Landschaften der Erde durchreisen konnte – an die Um- und Heimkehr fing Sven Hedin erst dann zu denken an, wenn – wie er es ausdrückte – der Boden seiner Geldkisten zwischen den Silber- und Kupfermünzen sichtbar zu werden begann. Daraus ersah er, dass es Zeit war, den Rückmarsch anzutreten und sich nicht weiter mit neuerlichen Gebirgen, Wüsten, Tibetern, Dsungaren und Kasachen die staubigen, heißen Tage und die kalten Hochlandnächte zu vertreiben.

Selige Zeiten und wahrhaft große Reisen! Sie sind vorbei, wohl auf der ganzen Welt!

Heute würde man mit dem vierradangetriebenen Lastauto unterwegs sein, wie auch Sven Hedin es in seinen späteren Jahren zwischen den Weltkriegen praktiziert hat. Aber Zentralasien ist genauso für jeden einigermaßen normalen Reisenden verschlossen wie Zentralafrika, wie Südostasien oder der Nahe und Mittlere Osten und selbst Mittelamerika.

Vom kleinräumigen Europa und dem wenig verlockenden

Australien abgesehen, scheint mir für wirklich große Reisen über Land nur Nordamerika übrig geblieben zu sein, wobei man vielleicht Mexiko noch mit einbeziehen kann.

Gewiss, auch in Südamerika lässt sich noch Großartiges unternehmen, besonders dann, wenn man der spanischen Sprache mächtig ist. Es ist auch von Leuten, die für jeden Tag auf neue Erregungen und Überraschungen – wenn auch nicht immer angenehme – aus sind, unternommen worden. So kann man etwa – hoffentlich gut vorbereitet – vom Hafen Guayaquil in Ecuador über Lima und am Titicacasee in Peru vorbei nach La Paz und Sucre in Bolivien reisen, nach Argentinien vordringen, über San Miguel de Tucumán und Córdoba schließlich Buenos Aires erreichen. Wenn man bis dahin noch nicht von den zum Teil jammervollen Straßen genug bekommen hat, darf man sich sogar den Pampas anvertrauen, den weiten Steppen Süd-Südamerikas, vielleicht mit den Gauchos, den Rinderhirten, Bekanntschaft schließen, in die windüberheulten, schwermütig öden Gebiete der Schafzucht hineinstolpern, um in Rio Gallegos oder südlich der argentinisch/chilenischen Grenze das weltentlegene Städtchen Punta Arenas zu besuchen. Weiter geht's dann nicht mehr nach Süden, wenn man nicht ein Schiff besteigen will und über die berühmt schöne Magellanstraße hinweg die südlichste Siedlung auf der Erde überhaupt, Ushuaia, wieder auf argentinischem Land, kennen lernen möchte – was sich bei dem ständigen Weststurm nicht recht lohnt, denn zu sehen ist dort außer einer verschüchterten Ansammlung schmuckloser Häuser und Hütten, eventuell vieler Schafe und kahler Berge wahrlich nichts Bemerkenswertes. Das berüchtigte Kap Hoorn, Südamerikas Südspitze, das man gern zu Gesicht bekommen hätte, ist von Ushuaia immer noch an die hundert Kilometer in Luftlinie entfernt. – Von Lima in Peru nach Punta Arenas im südlichen Chile – das bedeutet rund viertausend schwierige und schwierigste Kilometer auf weithin kümmerlichen Straßen, eine große Reise in der Tat, die eines sehr zuverlässigen und standhaften Autos bedarf. Und wem solch Stolz oder Ehrgeiz das Herz beschwert, der kann danach sagen, dass er dem berühmten Kap Hoorn zu Lande so nahe gekommen ist, wie man ihm nur irgend kommen kann.

Eine kleinere »Große Reise«, die fast nie von Europäern unternommen wird und die doch unvergleichliche landschaftliche und geografische Wunder bereithält, wie ich aus eigener Erfahrung bestätigen kann, führt vom fast schon tropischen Norden der Nordinsel Neuseelands (New Zealand) mit ihren fantastischen Kolonien von Millionen Seevögeln über des gut englischen Landes größte Stadt Auckland an den Vulkanen und heißen Quellen um Rotorua und Tongariro nach Wellington, der Hauptstadt Neuseelands, hinunter. Dort lässt man sich über die Cookstraße nach Nelson auf der Südinsel übersetzen, wo dann dem Reisenden in kühlen, schon fast ins Antarktische hinunterreichenden Gefilden so herrlich großartige und noch ganz jungfräuliche, unmittelbar aus dem Tasmanmeer aufsteigende Gebirge bevorstehen wie die »Southern Alps«, die »Alpen des Südens«, mit dem 12 349 Fuß hohen Mount Cook und an der Südwestecke der Südinsel der wohl noch grandiosere »Fjordland National Park« mit bergumkränzten blauen Sunden und weit ins Land reichenden Fjorden.

An die zweitausend Kilometer misst das auf der Erde seinesgleichen suchende herrlich schöne Neuseeland von Norden nach Süden. Die Straßen sind schmal, werden aber gut gehalten. Die Maoris, der südlichste Zweig der polynesischen Menschenrasse, sind heute längst gleichberechtigte und geachtete Bürger des immer noch der Königin von England gern verpflichteten Staates Neuseeland; sie ließen sich nur wenige Jahrhunderte vor den Europäern nach langen, kühnen Segelfahrten über die Weiten der Südsee auf den Inseln nieder, »Wikinger der Südsee«, wie man sie mit gutem Grund genannt hat. Sie sind niemals von den Weißen regelrecht besiegt oder gar vernichtet worden; sie gingen schließlich nach jahrzehntelangen Kämpfen auf Grund von ehrlichen Verträgen im Staate auf, nachdem ihre älteren Rechte gesichert waren. Bis zum heutigen Tage blieb der exotische Zauber der alten Maorigebräuche und Kunstfertigkeiten erhalten.

Und überall im wohl geordneten und friedlichen Lande Neuseeland ist der Autofahrer ebenso sicher und ebenso nahe einer hilfsbereiten Werkstatt wie in Europa oder etwa den USA, vielleicht sogar noch sicherer. Wenn die schönen Inseln im Süden der Südsee nur nicht bei den Antipoden lägen, den »Gegenfüßlern« auf der anderen Seite des Erdballs, noch viel weiter entfernt als Australien! Aber deshalb sind sie in unserer Epoche des schier uferlosen Reisens auch noch nicht überlaufen, bieten immer noch Stille und Einsamkeit, ohne dass man auf Ordnung, Sicherheit und Komfort zu verzichten braucht.

Also auf nach Neuseeland, wer genügend Geld und Unternehmungslust dafür aufbringt! Ich kann mich dafür verbürgen, dass er dort unten in der fernen Südsee keine Enttäuschung erleben wird.

Man mag die Dinge drehen und wenden wie man will: Frage ich mich, wo man heute außerhalb Europas noch wirklich eine große, eine alle Anstrengung und Kosten lohnende Reise unternehmen kann, im Auto wohlgemerkt, von welchem aus man den Menschen und auch entlegenen Winkeln nahe kommt, ohne über das übliche Maß hinaus seine Sicherheit und Gesundheit aufs Spiel zu setzen, so bleibt bei Licht besehen nur Nordamerika übrig, die Staaten Kanada und die USA und – mit einigem Abstand und Vorbehalt – auch Mexiko – ich sagte es schon. Wer sich nur dann richtig und glücklich auf Reisen fühlt, wenn er allein oder mit einem guten Gefährten männlichen oder weiblichen Geschlechts unterwegs ist, jederzeit und überall anhalten und verweilen kann, jederzeit und ohne Umstände den Staub eines nicht genehmen Ortes von den Sohlen bzw. Reifen schütteln, unerwünschter Gesellschaft einfach dadurch entgehen kann, dass er morgens um fünf Uhr schon auf der Straße ist, um fünfhundert oder tausend Kilometer weiter erneut Land und Leute zu erproben, der muss sich mit genügend Geld im Beutel nach Toronto, Boston oder San Francisco auf den Weg machen.

Ich habe bereits, als ich mich ein wenig über die langen Reisen mit der Eisenbahn ausließ, angedeutet, wie viel an Vergnügen, an vielfältigsten Eindrücken, auch an Wissen einzuheimsen ist, wenn man in einen der transkontinentalen Züge der Canadian Pacific steigt, in Halifax am Atlantischen Ozean, und ihn nach viele Tage dauernder Reise in Vancouver, B. C., am Salzwasser des Pazifischen Ozeans wieder verlässt.

Aber noch unvergleichlich viel reicher und stärker drängen die Erlebnisse beinahe Stunde für Stunde heran, wenn man mit einem verlässlichen Auto von Ozean zu Ozean fährt, »A Mari usque ad Mare«, wie es im kanadischen Wappen heißt, »Von Meer zu Meer«. Der Reisende kann dabei weiter noch ausholen als mit der Bahn; denn die längste Autostraße der Welt innerhalb nur eines und desselben Landes, der »Transcanada Highway«, die »Transkanadische Landstraße« (man ist versucht, »Transkanadischer Hochweg« zu übersetzen), beginnt bereits in jener Gegend Nordamerikas, die Europa, genauer Irland, am nächsten liegt, nämlich in der Hauptstadt der großen Inselprovinz Neufundland, in St. John's (nicht zu verwechseln mit der großen ostkanadischen Hafenstadt am Atlantik, Saint John in New Brunswick – was in englischer Schreibweise nichts anderes bedeutet als Neu-Braunschweig).

Man kann sich also mit seinem Auto in Saint John's, Nfld., auf den Transkanada setzen, gewöhnt sich schnell an seine Beschilderung – ein Ahornblatt – und braucht dann durch das ganze ungeheure Land, das an Größe lediglich der Sowjetunion nachsteht, nur diesen Ahornblättern am Wegrand zu folgen, um an die 7500 Kilometer und zehn bis vierzehn Tage später (je nach Ausdauer im Fahren) am Pazifischen Ozean, und zwar in Victoria auf Vancouver Island anzukommen, der großen, dem Festland der westlichsten kanadischen Provinz, British Columbia, im Südwesten vorgelagerten Insel. Victoria bildet die Hauptstadt von British Columbia wie St. John's von Neufundland. Mitten in der schönen und erstaunlich vornehmen Stadt Victoria bezeichnet ein mächtiger, kantig behauener Felsblock die »Meile 0« des Transkanada.

Auf der kühlen und wilden Wälderinsel Vancouver Island mit ihren riesenhaften Tannen und Fichten verweile ich gern und sooft ich es mir erlauben darf; aber ich habe letzthin nicht eigens nachgeschaut, ob der große Stein, der den Beginn des Transkanada bezeichnet, auch auf Kilometer umgeschult worden ist wie neuerdings alle Entfernungsangaben im großen Lande Kanada.

Für den in Nordamerika sich reisend umtreibenden Europäer ist es dabei wichtig – und auch ärgerlich – zu wissen, dass die Kanadier zwar mit Entschlossenheit zu Kilometern übergegangen sind, die US-Amerikaner, ihre einzigen Nachbarn, sich aber von den Meilen (1,6 km gleich einer Landmeile; 1,85 km gleich einer Seemeile oder einem »Knoten«) nur theoretisch getrennt haben, in der Praxis aber durchgehend bei Meilen verblieben sind. Weicht man also einmal vom Transkanada, der ja allgemein parallel zur amerikanisch/kanadischen Grenze ost/westwärts verläuft, nach Süden ins Amerikanische aus, um die gleich jenseits der Grenze sich anbietenden grandiosen amerikanischen Nationalparks, den Glacier- und den North-Cascades-Park, nicht zu versäumen, so muss der Reisende von Kilometern auf Meilen umschalten, was einige lästige Rechnerei verursacht. Auch auf die gleiche Menge einer Gallone Benzin haben sich die Nachbarn USA und Kanada nie einigen können (eine kanadische Gallone, imperial gallon, war gleich 4,5459 Litern, eine amerikanische ist gleich 3,7853 Litern). Also kam man mit den Preisen leicht durcheinander, hielt das amerikanische Benzin für billig, während es in Wahrheit vielleicht, auf die Menge, nicht auf »Gallone« bezogen, teuer war. Heute sind die Kanadier wie zu Kilometern so auch zu Litern übergegangen und die Verwirrung ist vollkommen.

Und der nachdenkliche Europäer stellt mit einiger Betrübnis bei sich fest: Wenn sich schon zwei im Grunde so gleichartige, gleich gemischte Staaten auf diesem geschlossenen, großen Kontinent Nordamerika mit wesentlich gleicher Sprache und einer unbefestigten, nie und nirgend gefährdeten Grenze zwischen sich nicht einmal auf Gallonen, Liter oder Kilometer einigen können, wie sollen sich da die alten Mutterländer der USA und Kanadas je auf eine gemeinsame Linie einigen! »Vernunft ist stets bei wenigen nur gewesen«, stellt das klassische Zitat fest. In Nordamerika und in Europa aber wohnen schrecklich viele Leute –, leider, mag man sagen. Also ist es mit der Vernunft, wie das Beispiel zeigt, nicht weit her. –

Der Transkanada – er schlägt von St. John's, der alten, grauen Stadt am Meer, dem atlantischen, einen weiten Bogen nach Norden, durch schwarze Wälder und nicht enden wollende Sümpfe, über Felsen und uralte Berge hinunter zur Südwestspitze der großen Insel Neufundland zum Hafen Port aux Basques, von wo aus eine Wagen- und Eisenbahnfähre nach North Sydney auf der Cape-Breton-Insel hinüberführt, dem nördlichen Teil der Provinz Nova Scotia (Neu-Schottland).

Ja, wenn man so den endlosen Transkanada abfährt – mehr als

90 Kilometer schnell, höchstens 100, darf man nicht fahren – und fährt und fährt, Tag für Tag, und es ist immer noch der Transkanada, der im Rückspiegel verschwindet, dann hat man Zeit, endlos nachzudenken oder mit dem Reisegefährten die allgemeine Weltlage zu erörtern.

Und er sagt:

»Wir hätten auf Neufundland doch den Abstecher zur Nordspitze der Insel machen sollen, nach L'Anse aux Meadows, um wenigstens einmal im Leben für eine Stunde auf dem Platz gestanden zu haben, wo vor tausend Jahren – oder sind's mehr? – die Wikinger als erste Europäer auf dem Boden Amerikas gelandet sind und sich niedergelassen haben.«

Ich überlege mir das und sage:

»Gut vierzehnhundert Kilometer von Deer Lake am Transkanada nach St. Anthony hin und zurück, über die Neufundland 430, ich weiß. Und dann noch von St. Anthony nach L'Anse aux Meadows, nicht ganz einfach! Die Straße soll jämmerlich sein. Der Abstecher hätte uns mindestens 5 Tage gekostet. Der Transkanada ist noch lang. Lieber fahre ich noch einmal hinüber nach Osten zur atlantischen Küste. Dort ist Louisbourg wieder aufgebaut worden, die alte französische Seefestung, die dann den Franzosen im Siebenjährigen Krieg doch nicht viel genutzt hat. Ich bin vor vier Jahren da gewesen. Da waren die Regierungsbaumeister noch am Restaurieren und Reparieren, wenn auch die französischen Posten mit langen Musketen und in weißen Uniformen mit vielen goldenen Tressen schon auf den dicken Mauern Wache hielten und noch immer dieselben gelangweilten Gesichter machten wie ihre noch waschechten Vorbilder vor zweihundertvierzig oder -fünfzig Jahren. Louisbourg, das ist nicht so weit wie L'Anse aux Meadows; nicht mehr als vierzig Kilometer östlich von Sydney.«

Aber ich komme mit meinem Vorschlag zur Güte nicht an.

»Da müssten wir wieder zurückfahren. Das geht auch mir gegen den Strich. Nein, lassen wir den Transkanada für eine Weile links liegen und umfahren wir die Gaspe. Das muss nach allem, was ich gehört habe, herrlich sein.«

Ich versprach es, woraus zu ersehen ist, dass dieser Reisegefährte weiblichen Geschlechts war, mehr, eheweiblichen Geschlechts! Ich rechnete nach. Sechshundert Kilometer Umweg, sehr knapp kalkuliert, würde uns der Umweg zur Gaspe, also ein bis zwei Tage mit all den Zwischenaufenthalten mindestens kosten.

Davon abgesehen habe ich es nicht zu bereuen brauchen, die Gaspe-Halbinsel mit dem »durchbohrten Felsen« (Perce) und den vielen hübschen Ortsnamen bis hinunter nach Trois Pistoles und Riviere du Loup zum zweiten Mal umfahren zu haben.

Aber mit der Gaspe waren wir schon in der franko-kanadischen Provinz Quebec angelangt, hatten die kleinste, aber am geschlossensten besiedelte Provinz Prince Edward Island jenseits der Northumberlandstraße im Golf von St. Lorenz rechtsab liegen lassen (ein Paradies für jene, die an endlosen, reinen Sandstränden wandern, liegen, sonnenbaden wollen), hatten Fredericton, die verträumte Hauptstadt von Neu-Braunschweig berührt, waren dem fruchtbaren Tal des St. John River nordwärts gefolgt und waren hinter seinen Grand Falls bei Van Buren nach Nordosten vom Transkanada abgebogen, um die Küstenstraße um die mächtige Gaspehalbinsel zu gewinnen. Auch Neu-Braunschweig lag hinter uns. –

Es würde jedoch ein ganzes Buch erfordern, den Transkanada mit all den Herrlichkeiten, die er auf seinem langen Wege zum Pazifischen Ozean berührt oder die leicht von ihm aus angesteuert werden können, in allen Einzelheiten zu schildern und im Detail nachzuweisen, dass er in der Tat eine der erstaunlichsten

Autostraßen und der allerbilderreichsten Hochwege auf dieser Erde darstellt.

Die alte, stolze Stadt Quebec, die Hauptstadt der gleichnamigen Provinz, der größten Kanadas, mit ihrer noch heute genutzten gewaltigen Festung auf hohem Felsen über dem linken Ufer des hier sich stark verengenden St.-Lorenz-Stroms, Quebec, die ehrwürdige, unverkennbar französische Stadt mit harten, schneereichen Wintern und strahlenden, duftreichen Sommern, immer noch »altes Europa auf amerikanischem Boden«, ist allein schon eine Reise wert.

Und so auch Montreal, das bis noch vor zwei Jahrzehnten sicherlich die größte und betriebsamste Stadt Kanadas darstellte. Seit das frankokanadische Nationalbewusstsein sich kräftig zu regen begann, hat nach und nach ein großer Teil der Anglokanadier der Stadt Montreal den Rücken gekehrt, womit ihr viel Handel und Wandel entzogen wurde. Profitiert hat von diesem Exodus vor allem die größte Stadt Ontarios, das mit seinen ständig nachwachsenden Wolkenkratzern am großen Lake Ontario stolz sich weiter und weiter ausbreitende Toronto.

Von Montreal bis Thunderbay im Westen des Lake Superior hält sich der Transkanada ohne große Abweichungen an die gleiche Route, die auch zwei, drei Jahrhunderte zuvor von den abenteuernden Voyageurs, Frankokanadier allesamt, benutzt wurde, die in gebrechlichen, von den Indianern übernommenen Kanus aus Birkenrinde die Mitte und den fernen Westen des amerikanischen Kontinents aufschlossen, um ihre europäischen Waren – und »Feuerwasser« – an den indianischen Mann und die indianische Frau zu bringen, stählerne Messer, Scheren, Flinten, Nähnadeln, Spiegelchen, Glasperlen, Äxte, gewebtes buntes Tuch, und um dafür Pelze einzuhandeln.

Voyageurs – längs des Transkanada kann man es im westlichen Ontario auf viele hundert Kilometer am Straßenrand lesen:

270

»Route des Voyageurs«, »die Route der Reisenden«, denn »Voyageurs« bedeutet ja lediglich »Reisende«. Im großen Kanada waren sie »die« Reisenden.

All dies und noch vieles andere wird dem heutigen Autoreisenden gegenwärtig, wenn er auf dem Transkanada Stunde für Stunde und Tag für Tag die Schilder mit der Aufschrift »Route des Voyageurs« vorübergleiten sieht.

Hinter Thunderbay durchquert der Transkanada den Südwesten des riesigen Kanadischen oder Laurentischen Schildes mit seinen unabsehbaren, höchst unwegsamen Wäldern, zahllosen Seen, Bächen und Flüssen mit einem großen Reichtum an Fischen und dem überall und manchmal sehr grob zu Tage tretenden gewachsenen Fels, ein gewaltiges Gebiet im großen Halbkreis um die Hudson Bay im Norden, das auch die großen amerikanischen Seen einschließt, dem Ackerbau nur ganz wenig Raum gewährt, dafür aber die Forstwirtschaft begünstigt, das außerdem unerhört reich ist an mineralischen Schätzen.

Vor der Westgrenze der Provinz Ontario, bei Kenora, quert der Transkanada zum letzten Mal die alte Kanuroute der Voyageurs. Dort tritt der Winnipegfluss aus dem dunkelschönen »See der Wälder« (Lake of the Woods) aus und wendet nordwestwärts über viele Stromschnellen zum großen Lake Winnipeg. Drei Tage bei etwa siebenhundert Kilometer Tagesleistung hat man gebraucht, um allein die große Provinz Ontario von Osten nach Westen zu durchqueren und hat – von den schmalen Siedlungsstreifen längs der Straße abgesehen – nur dunkle Wälder, graues Urgestein und wildes Wasser zu Gesicht bekommen.

Aber nun, mit dem Eintritt in die Provinz Manitoba, ändert sich die Landschaft beinahe schlagartig. Nach einer knappen halben Stunde Fahrt hat man die Wälder so vollständig vergessen, als hätte es sie gar nicht gegeben. Die scheinbar grenzenlosen Prärien haben den Fahrenden aufgenommen und werden ihn für weitere drei Tage nicht entlassen, werden ihre fernen Horizonte vor ihm dahinsinken lassen, sodass man meinen kann, ein zu Land erstarrtes Meer zu befahren.

Es wird oft behauptet, dass es sterbenslangweilig wäre, durch die tischflachen oder nur eintönig gewellten Prärien zu gondeln. Ich habe das nie empfunden. Im Gegenteil! Der Himmel hebt sich ungeheuer über den weit gespannten Ebenen, die ja längst keine Prärien mehr im eigentlichen Sinn dieses Wortes sind. Gegen Anfang August dehnen sich dunkelgolden die im ewigen Wind wogenden Gefilde reifenden Weizens bis zum Gesichtskreis, später anderswo die wippenden, unzähligen goldgelben Blütensonnen der Sonnenblumen, ein Anblick, an dem man sich nicht sattsehen kann. Und in der Höhe wandern die ewig wechselnden, nie sich wiederholenden Landschaften der weißen Wolken, ziehen, ehe das beständige Wetter des August und September mit seinem satten, ungetrübten Blau die Herrschaft antritt, zuweilen die Gewitter, die gewaltigen, blau-schwarzen Revolutionen der Lüfte, über die Bühne der Himmel, schmettern ihre Blitze zur Erde oder von einer finsteren Wolke zur andern, rollen ihre Donner über das wie geduckte Land, schütten Fluten prasselnden Regens über alle Welt, die Fernen verschleiernd, das so gut wie erblindete Auto an den Straßenrand zwingend – um sich schließlich mit doppelten, ja dreifachen Regenbögen der Versöhnung und verklingendem Abschiedsgegrolle südostwärts zu empfehlen. –

Die Straßen auf der Prärie zielen pfeilgerade vor dem Autofahrer zum fernen Horizont, zwei Parallelen, die sich erst in der Unendlichkeit vereinen. Solche Straßen, wie nur die großen Westebenen sie bieten, saugen sozusagen den Reisenden vorwärts, fordern ihn auf zu fahren, zu fahren bis ans Ende des Himmels!

Wegweiser der Sehnsucht, Symbole des ewigen Fernwehs, das sind sie, die endlosen Straßen über die Prärien.

Und irgendwann taucht dann wie ein blasser, schmaler Traum zuerst, als wäre es nur ein zarter Wolkenstrich, die Kette der Rocky Mountains auf, weit voraus, noch kaum recht zu glauben. Aber mit jedem Kilometer, den man unwillkürlich schneller werdend zurücklegt, wird das Gebirge deutlicher, unbezweifelbarer, wächst schließlich zu grauen Wänden, Türmen, Kämmen zusammen und immer höher in den Himmel hinein. Ein neben der Straße auftauchender, dem Fahrenden entgegenspringender, gläsern klarer Fluss lenkt den Transkanada oder die Drei, die Elf, die Sechzehn, die Siebenundzwanzig – welcher Westroute auch immer man sich anvertraute –, lenkt die Straßen und die Reisenden in die tiefen Täler hinein, in welchen die Gewässer aus den Wällen des Felsengebirges hervorbrechen.

Was aber das Reisen in British Columbia anbelangt, so habe ich bereits ein Buch darüber geschrieben und kann es niemandem zumuten, es hier zum zweiten Mal vorgesetzt zu bekommen.

In Victoria dann, der Hauptstadt British Columbias, erreicht der Transkanada seine »Meile 0«, nachdem man noch ein paar Stunden zuvor die größte Stadt der Provinz, das ungemein geschäftige Vancouver zwischen salziger See und hohem Schneegebirge passiert hat. Und es wird kein Kundiger bestreiten, dass man mit dem Transkanada die längste und in ihrer Art großartigste, innerhalb eines einzigen Landes verlaufende Autostraße er-fahren hat, die auf dieser Erde zu finden ist.

Und nimmt man noch all die Wunder und Herrlichkeiten hinzu, die sich längs, wenn auch nicht unmittelbar an der Straße anbieten, so braucht man viele Monate, ich würde meinen ein halbes Jahr, um sie alle zu erleben – falls solche Fülle überhaupt hintereinander zu bewältigen, zu »verdauen« ist.

Gewiss gibt es auch in den Vereinigten Staaten eine Reihe von großartigen Ost-West-Straßen (ich zähle im fernen Westen sechs), auf denen sich ähnlich Großartiges erleben lässt wie auf dem Transkanada. Aber so lang und so alle nordamerikanischen Großlandschaften durchschweifend wie der Transkanada sind sie nicht. Nur eine einzige große Reise wäre – auf dem Boden Nordamerikas – noch länger, bilderreicher und – alles in allem genommen – noch großartiger als der Transkanada, nämlich die beiden Diagonalen durch den Erdteil; entweder von San Diego im Süden Kaliforniens über Denver, Chicago, Montreal nach St. John's auf Neufundland, oder von Fairbanks im Herzen von Alaska über Calgary, Kansas City, Memphis, Miami nach Key West an der äußersten Südspitze Floridas und damit der Vereinigten Staaten überhaupt. Aber diese Diagonalen gibt es als einheitlich fortlaufende Straßen wie den Transkanada nicht. Der auf ganz Nordamerika Begierige müsste sie sich Abschnitt für Abschnitt erst auf der Karte und dann in der Wirklichkeit zusammenbasteln. Die beiden Diagonalen warten also noch darauf, so weit ich weiß, von einem ausdauernden und für ein so gewaltiges Vorhaben gut ausgerüsteten Reisenden unternommen zu werden: Es wären an die zehntausend Kilometer vom Rande der Arktis bis zum Rande der Tropen durch alle Landschaften Nordamerikas zu bewältigen! –

Ost-West in Nordamerika zu fahren scheint allen Leuten vordringlicher zu sein als Nord-Süd. Doch bietet sich auch hier mindestens noch eine große Reise an. Vom Norden nach Süden durch die unendlich weiten stillen Landschaften, die sich im amerikanischen Westen zwischen den beiden gewaltigen Gebirgszügen, den Rocky Mountains im Osten und den gleich über der pazifischen Küste aufragenden Gebirgen, als eine lang gestreckte, im Norden engere, im Süden sich mächtig erweiternde Senke darstellen, die sich aber immer noch bis an die tausend Meter über den Meeresspiegel erhebt. An der Küste haben die Gebirge keinen einheitlichen Namen, der hier ebenso gerechtfertigt wäre wie der der Rocky Mountains als der Ostbegrenzung der ineinander übergehenden großen Becken. Die Küstengebirge tragen – von Süden nach Norden – die Namen Sierra Nevada, Kaskaden (Cascades) und – im Kanadischen – einfach Küstenkette (Coast Range).

Die Küstengebirge fangen die Feuchtigkeit ab, die mit den vorwiegenden Westwinden in den Erdteil eindringen will. Die Senke zwischen den beiden Gebirgszügen, tief im Regenschatten der Küstenketten, bleibt also weithin trocken. Diese Zone, mit mageren und je weiter nach Süden desto kärglicheren Niederschlägen, wird für den aufmerksamen Beobachter bereits im Norden bis in den Yukon hinein erkennbar mit lichteren, dürftigeren Wäldern und auch grasbewachsenen Savannen.

Schon im Süden der Mitte von British Columbia ist der dort in den Tälern verbreitete Garten- und Obstbau nur mit künstlicher Bewässerung möglich.

Schon tauchen hier erste Kakteen auf; und die Leitpflanze der halbtrockenen und trockenen Gebiete des fernen Westens Amerikas, der Salbei (sage oder sagebush), breitet sich mit seinen olivgrünen Stauden und seinem herben Duft immer entschiedener aus, bis schließlich zur mexikanischen Grenze hin die Riesenkakteen auftauchen, der Saguaro und der Organpipe, während anderswo sogar echte Wüsten sich entwickelt haben.

Der Weg vom oberen Yukon etwa bis zum großen Knie des Rio Grande del Norte, dem Grenzfluss gegen Mexiko weit im Süden, wenn auch nicht als eine einzige durchlaufende Straße vorgezeichnet, ist wahrlich eine große Reise, besonders dann, wenn man ab und zu durch die Küstenketten zum Meer hinüberstößt, durch die Schluchten des Skeena, des Fraser, des Columbia, wenn man die im Winter nicht befahrbaren Pässe über die Sierra Nevada erlebt und immer wieder eintaucht in die schier unabsehbaren Weiten der Salbei- und Kakteensteppen mit ihren aufgesetzten, unvermittelt aufragenden Gebirgsstöcken und Vulkankegeln, dem Mount Hood, Mount Rainier, Mount Shasta etwa, oder dem Steens Mountain, den Zion-Gebirgen, den Chisos am Rio Grande, den roten Felstürmen der »Monuments« im Staate Colorado, mit den tief in die dürren Felsplateaus gegrabenen Canyons des Stikine, des Kootenai, des Snake, Colorado oder Gunnison.

Sie wird nur selten unternommen, diese große Reise von etwa dreitausend Kilometern. Aber wer sie, bewaffnet mit einer guten geografischen Straßenkarte, einem ausdauernden, möglichst vierradangetriebenen Auto, genügend Geld und einer gehörigen Portion an Auto-Erfahrung und Ausdauer, wer diese Reise mit vielen Umwegen und Abschweifungen sorgfältig plant und dann bewältigt, der wird Wochen und Monate so inhaltsreich wie sonst nicht Jahre erleben, wird sie für den Rest seines Erdendaseins nicht vergessen.

VI

Die Menschheit
ist ein Ganzes

Manch ein Leser wird mir vorwerfen, ich hätte zu Unrecht Europa völlig vernachlässigt, auch in Europa ließen sich herrliche Reisen machen. Das ist beinahe eine Binsenwahrheit, und ich bin weit davon entfernt, sie zu bestreiten.

Aber das war nicht das Thema dieses Buches. Wenn ich vom »Glück des Reisens« sprach, so meinte ich Reisen, große Reisen, die einer gewissen inneren Einheit nicht entbehren, wie etwa die Letztgenannte vom Yukon zum Rio Grande oder die Eisenbahnfahrt durch Asien von Warschau oder Moskau zum Stillen Ozean oder die große Flussreise auf dem Lualaba und Kongo. Reisen von solchem Ausmaß und zugleich solcher Geschlossenheit, sozusagen Ausrichtung auf ein großes Thema, sind in Europa kaum möglich. Europa ist zu klein dazu – und viel zu vielgestaltig!

Mir schwebte für dieses Buch etwas anderes vor: Ich wollte versuchen, dem Leser ein wenig von dem sonderbaren Glück zu vermitteln, das ein Mensch erfährt, der, seiner Sesshaftigkeit überdrüssig, sich entschließt, die Maße des kleinräumigen Europa in den Wind zu schlagen und auf eigene Faust festzustellen, wie groß sich auch heute noch der Planet, auf dem wir geboren sind, in Wahrheit um uns dehnt. Wir können ihm ja nicht entrinnen, dem winzigen Bällchen Erde im grenzenlosen All der Sternenwelten. Aber die Erde ist winzig nur vor dem Hintergrund der Milchstraße und noch viel winziger, wenn man sich klarmacht, dass unsere Milchstraße nur eine bescheidene unter unzählbaren ferneren Milchstraßen darstellt.

Doch die räumlichen und zeitlichen Maßstäbe des Weltraums vermögen wir zwar theoretisch zu benennen, wirklich sie uns vorzustellen vermögen wir nicht. Wir kurzlebigen Eintagsfliegen bleiben an die Erde gefesselt. Sie allein liefert uns die Maßstäbe, die wir echt erleben und empfinden können. Auf ihr allein, in ihrem Rahmen wird uns Weite, Freiheit, Einsamkeit, werden uns Entfernungen, Räume und die unabsehbaren Bereiche der Farben und Formen wirklich fassbar, auf ihr allein begreifen wir, was Zeit bedeutet.

Mir jedenfalls hat sich die Erdenwelt, in der jeder von uns nur ein kleines, schnell vergängliches Würmlein darstellt, am unmittelbarsten in ihrem Wesen erschlossen, wenn ich die festen Inseln im Wassermantel der Erde, die Kontinente, mit rollenden Rädern unter mir in einer der beiden Grundrichtungen, die sie bieten, Ost – West oder Nord – Süd durchmessen, ja Meile für Meile ausmessen konnte, wenn ich die Stunden, die Tage, die Wochen zählte, um vom Kap Finisterre (an der Südwestecke zur Biskaya) zum Kap der Guten Hoffnung oder genauer zum Kap Agulhas an der Südspitze Afrikas und von da nach Singapur am Ostausgang der Malakkastraße zu reisen.

Oder wenn sich mir Nordamerika, das geliebte, dies von der Kleinheit und Kleinlichkeit, der Zergrenzung und dem Zank des »alten Landes« befreite Europa, von St. John's bis nach Vancouver und weiter bis nach San Diego in seinem Wesen großartig als Einheit in geografischer, aber auch in menschlicher Hinsicht erschloss. Seit man sich der »Großen Reise« hingab (wobei keinem Menschen mit der Fliegerei geholfen ist, die uns von der allein uns angemessenen festen Erde forthebt, keine allmählichen Übergänge zulässt, ganz einfach un-menschlich schnell vor sich geht), hat man hautnah er-fahren, was Amerika ist, was seine beiden Wirklichkeiten, die kanadische und die US-amerikanische bedeuten. Das Wesen der Länder ist in den Reisenden eingegangen; er wird es von da ab nicht mehr verlieren; ihre Lebensäußerungen werden ihm von da ab besser verständlich sein; er hat gewissermaßen den Stil ihrer Existenz begriffen. Brüder oder Enkel der Europäer sind sie gewiss, die Amerikaner und Kanadier, aber die freie Weite, der Reichtum, das starke Licht und die harten Winter, die gewaltsamen Stürme, die Wälle der Gebirge, die schier grenzenlosen, fruchtbaren Ebenen, die unermesslichen Wälder des neuen Kontinents haben die eng und ängstlich denkenden Kinder Europas aufgenommen, verwandelt und zu all ihren Möglichkeiten befreit – im Guten und im Bösen.

Solches oder auf anderer Ebene Ähnliches in Ostasien oder Spanisch-Südamerika erst gesehen, erlebt, dann begriffen zu haben, das ist die Frucht der großen Reise. Die Einheit in der Vielfalt der Menschen dieser Erde erfasst, sich selbst als einen unerhört lebendigen Teil solcher Vielfalt begriffen, das bestürzende Gleich-, aber auch Anderssein des Chinesen, Malaien, des Schwarzen aus Alabama, des aus Namibia, des Kanadiers aus Alberta, des Amerikaners aus Oklahoma, das des Indios aus den hohen Anden Perus verstanden zu haben oder wenigstens zu ahnen – darin liegt das Glück der großen Reisen beschlossen. Es ist ein echtes Glück, denn was ich gesehen und erlebt habe, ist mein Eigentum geworden; es kann mir nicht mehr genommen oder zerstört werden.

Aber die großen Reisen können auch zum Verhängnis werden. Es kann aus ihnen eine Art von Sucht erwachsen, immer neue und weitere zu unternehmen, vermitteln sie doch auf die Dauer auch die Erkenntnis, dass die Erde zu groß ist und zu bunt, als dass sie sich in nur einem Menschenleben er-fahren ließe. Ihre Vielfalt ist so unerschöpflich, ihre Schönheit, Anmut oder auch unbezähmbare Wildheit zeigt so viele Facetten, dass man daran verzweifeln muss, sie jemals alle oder auch nur zu einem bedeutenden Teil kennen und – vielleicht auch – lieben zu lernen. Man fährt und fährt und muss sich schließlich sagen, dass man nie ans Ende kommen wird oder auch nur einen Ausschnitt aus der ungeheuerlichen Vielfalt – und Verschränkung aller Erscheinungen des Lebendigen ineinander – wird erarbeiten und verarbeiten können. Man bemüht sich, schließlich beinahe atemlos, überall zu Hause zu sein – und endet damit, nirgendwo mehr zu Hause zu sein.

Aber es ist nicht gut, keine Heimat zu haben, aus ihr vertrieben zu sein oder sich selbst daraus zu vertreiben.

Indessen: In unserer Zeit können die wahrhaft großen Reisen, solche also, die uns das Bild ganzer Erdteile, das Wesen fernster, fremdester Landschaften vermitteln, zum ersten Mal in der Geschichte nicht nur von wenigen, seltenen Einzelnen verwirklicht werden, sondern von vielen Menschen, beinahe von jedermann, wenigstens den Möglichkeiten nach.

So bringen die großen Reisen vielleicht das trügerische Gefühl zum Verblassen, als Schweizer, Amerikaner, Japaner oder Deutscher etwas Besseres, etwas Besonderes darzustellen, und einer engeren Heimat unlöslich verbunden zu sein. Sie erwecken stattdessen – vielleicht! – die Empfindung, nicht mehr Bürger eines bestimmten Landes, etwa Belgiens oder Kanadas zu sein, sondern Bürger der Welt. Die großen Reisen schenken dem, der sie mit offenen Sinnen erlebt, nachdem er sich in der heimatlichen Klause fleißig vorbereitet hat, die im tiefsten beglückende Einsicht, dass die Erde rund ist, dass also niemand auf ihr verloren gehen kann, dass alle Erdteile nur erstaunlich ähnliche Inseln im allumspannenden Ozean darstellen. Überall auf diesen Inseln wohnen Menschen. Nur durch Unkenntnis oder Missverständnisse, natürlich auch – wir wären sonst keine Menschen! –

durch Neid, Geiz oder schiere Dummheit werden wir Erdenbürger davon abgehalten zu begreifen, dass wir, da die Erde nun überall offen ist, auf die Dauer nur überleben werden, wenn wir miteinander wahrhaft brüderlich umgehen. Erst dann wird unsere Erde das werden, was offenbar mit ihrer Existenz gemeint ist, nämlich Heimat des ganzen Menschengeschlechts, Heimat!

Wenn dazu die großen Reisen wesentlich beitragen – und dies ist, glaube ich, kaum zu bezweifeln –, so sollen sie gelobt sein!

Denn wenn sich das Bewusstsein der Menschheit nicht zu einem allgemein menschlichen wandelt, ohne wie bisher national oder ideologisch abgekapselt zu sein, dann sind die Tage dieser Menschheit auf Erden bereits gezählt.

REISEN, MENSCHEN, ABENTEUER

Catriona Bass
Gebetsfahnen im Wind
Begegnung mit Tibet
ISBN 3-89405-112-4

Angela Kahl
Tibets wilder Osten
Mit dem Fahrrad über den
Himalaya
ISBN 3-89405-066-7

Peter Matthiessen
**Auf der Spur des
Schneeleoparden**
ISBN 3-89405-089-6

Michel Peissel
Zu Fuß durchs Mittelalter
Wunderland Bhutan
ISBN 3-89405-128-0

John Pilkington
Am Fuß des Himalaja
Nepal-Trekking im
Alleingang
ISBN 3-89405-026-8

Broughton Coburn
Aama
Eine Pilgerreise in den
Westen
ISBN 3-89405-091-8

SIERRA BEI FREDERKING & THALER

REISEN, MENSCHEN, ABENTEUER

Rainer M. Schröder
Zwischen Kapstadt und Kalahari
Spurensuche im südlichen Afrika
ISBN 3-89405-090-X

Christine Cerny
Tempel, Kulte, Pharaonen
Eine Ägyptenreise durch Vergangenheit und Gegenwart
ISBN 3-89405-088-8

Désirée v. Trotha
Die Enkel der Echse
Lebensbilder aus dem Land der Tuareg
ISBN 3-89405-094-2

Thomas Troßmann
Wüstenzeit – Sahara grenzenlos
Mit dem Motorrad durch die Sahara
ISBN 3-89405-053-5

Mark Shand
Auch Elefanten weinen
Auf einem Dickhäuter durch Indien
ISBN 3-89405-084-5

Bernhard Lill
Zwischen Bombay und Benares
Mit Bahn, Bus und Taxi durchs nördliche Indien
ISBN 3-89405-064-0

SIERRA BEI FREDERKING & THALER

REISEN, MENSCHEN, ABENTEUER

Roberta Bondar
Eine Frau an Bord der Raumfähre Discovery
Touching the earth...
ISBN 3-89405-101-9

Fred Bruemmer
Mein Leben mit den Inuit
Reisen zwischen Grönland
und Alaska
ISBN 3-89405-106-X

Christina Dodwell
Jenseits von Sibirien
Mit Rentier-Nomaden durch
die weiße Tundra
ISBN 3-89405-096-9

Jean Louis Etienne
Transantartica
Expedition durchs Eis
ISBN 3-89405-095-0

Peter Habeler
Der einsame Sieg
Mount Everest-Besteigung
ohne Sauerstoff
ISBN 3-89405-098-5

Joe Tasker
Eishölle am Everest
Durch Winterstürme zum
Gipfel der Welt
ISBN 3-89405-031-4

SIERRA BEI FREDERKING & THALER

REISEN, MENSCHEN, ABENTEUER

Christine Cerny
Ferne Insel Madagaskar
Wo Vanille und Pfeffer
wachsen
ISBN 3-89405-058-6

Julia Keay
**Mehr Mut als Kleider im
Gepäck**
Frauen reisen im 19. Jh.
durch die Welt.
ISBN 3-89405-100-0

Bernhard Lill
**Zwischen Bombay und
Benares**
Mit Bahn, Bus und Taxi
durchs nördliche Indien
ISBN 3-89405-064-0

Dieter Kreutzkamp
Traumzeit Australien
Mit dem Fahrrad zwischen
Outback und Pazifik
ISBN 3-89405-107-8

Carmen Rohrbach
Inseln aus Feuer und Meer
Galapagos – Archipel der
zahmen Tiere
ISBN 3-89405-027-6

Thomas Troßmann
**Wüstenzeit - Sahara
grenzenlos**
Mit dem Motorrad durch
die Sahara
ISBN 3-89405-053-5

SIERRA BEI FREDERKING & THALER

REISEN, MENSCHEN, ABENTEUER

Pete Fromm
Ein Winter am Indian Creek
Allein in der Wildnis
Montanas
ISBN 3-89405-073-X

Konrad Gallei/
Gaby Hermsdorf
Blockhaus-Leben
Ein Jahr in der Wildnis von
Kanada
ISBN 3-89405-014-4

Bill Irwin/David McCasland
**Dunkle Nacht am
hellen Tag**
Ein Blinder auf dem
Appalachian Trail
ISBN 3-89405-099-3

Peter Jenkins
Das andere Amerika
Zu Fuß durch die
Vereinigten Staaten
ISBN 3-89405-019-5

Werner Kirsten
Westcoast-Story
Auf dem Pazifik-Highway
nach Süden
ISBN 3-89405-082-9

Dieter Kreutzkamp
**Mit dem Kanu durch
Kanada**
Auf dem Spuren der Pelz-
händler
ISBN 3-89405-045-4

SIERRA BEI FREDERKING & THALER